KB220576

목사, 술을 권하다

최성수 지음

모든 인간은 하나님의 형상을 닮은 존엄한 존재입니다. 전 세계의 모든 사람들은 인종, 민족, 피부색, 문화, 언어에 관계없이 존귀합니다. 예영커뮤니케이션은 이러한 정신에 근거해 모든 인간이 존귀한 삶을 사는 데 필요한 지식과 문화를 예수 그리스도의 사랑으로 보급함으로써 우리가 속한 사회에 기여하고자 합니다.

목사, 술을 권하다

초판 1쇄 찍은 날 · 2014년 2월 10일 | 펴낸 날 · 2014년 2월 14일
지은이 · 최성수 | 펴낸이 · 김승태
등록번호 · 제2-1349호(1992. 3. 31) | 펴낸 곳 · 예영커뮤니케이션
주소 · (136-825) 서울시 성북구 성북1동 179-56 | 홈페이지 www.jeyoung.com
출판사업부 · T. (02)766-8931 F. (02)766-8934 e-mail: jeyoungedit@chol.com
출판유통사업부 · T. (02)766-7912 F. (02)766-8934 e-mail: jeyoung@chol.com

Copyright ⓒ 2014, 최성수

값 13,000원

• 잘못 만들어진 책은 교환해 드립니다.
• 본 저작물은 저작권법에 의해 한국 내에서 보호를 받는 저작물이므로 무단전재와 무단복제를 금합니다.

국립중앙도서관 출판시도서목록(CIP)

목사, 술을 권하다 / 지은이: 최성수. -- 서울 : 예영커뮤니케이션, 2014
  p. ;   cm

ISBN 978-89-8350-880-5 03230 : ₩13000

목사(성직자)[牧師]
에세이[essay]

230.4-KDC5
230.002-DDC21   CIP2014002216

예영리틀빅총서 ③

목회에 대한 신학적 성찰, 논쟁 그리고 경험으로 목사를 말하다

목사, 술을 권하다

최성수 지음

예영커뮤니케이션

2부 시간강사로서 산다는 것

1부

목사로서 산다는 것

목사로서 산다는 것은 무엇일까?

목사를 정의한다는 것은 목사의 본질을 드러내는 일이다. 현실적으로 목사의 모습과 기능에 있어서 다양하고 복잡한 현상에 비추어볼 때, 쉽지 않은 일이다. 어떻게 정의되든 본질에 부합한 목사가 세상에 없고, 또한 목표로 삼으며 살아갈 수 있을 정도로 목사의 본질이 분명하게 드러나지 않기 때문이다. 어느 정도 말할 수는 있어도 다양성을 모두 포괄하진 못한다. 따라서 목사를 정의하는 일은 제한적일 수밖에 없고 단지 현상을 관찰하고 또 이해의 차이를 두고 벌어지는 논쟁을 통해 찾아갈 수 있을 뿐이다.

필자는 목사를 정의하기보다는 목사(혹은 전도사)로서 살다 겪은 경험들을 신학적으로 성찰하면서 목사를 말하고자 한다. 목사로서 산다는 것이 무엇을 의미하는지를 묻는 질문으로 시작하는 이 글은 목사에 대한, 목회 현실에 대한 신학적인 성찰이자 논쟁의 결과이며, 또한 나 자신을 포함한 여러 목회자들의 목회 경험을 반성하여 얻은 결론이라는 점에서 신학적 성찰에 치중했던 이전의 글과 구별된다.

대부분은 필자의 경험과 성찰에서 얻은 것이지만, 경우에 따라서는 교회에서 사역하고 있는 담임목회자들과 또 내게 가르침을 받은 학생들 가운데 목회 일선에서 사역하는 목회자(부교역자)들의 경험담을 귀로 듣고, 또 대중매체나 책으로 읽은 내용들을 참고 했다. 특정한 개인을 사례로 삼은 것도 있다. 누가 누구인지를 식별할 수 없도록 조심했지만, 무엇보다 먼저 비난하기 위한 의도가 아님을 밝히는 것이 좋겠다.

목사를 정의하는 것이 사실상 불가능하다는 사실을 알고 난 후에 언젠가 이런 질문을 한 적이 있다. '목사로 산다는 것은 무엇일까?' 목사에 대한 이미지나 갖가지 모양과 색채로 화려하게 포장된 모습이 아니라 실제 목사의 삶을 반성하고 싶었다. 관련된 책을 찾는 중에 먼저 실천신학적인 맥락에서 쓴 책들을 접할 수 있었고, 그 후에 고전으로 알려진 리처드 백스터의 『참된 목자(크리스챤다이제스트, 1988)』와 크레이그 그로웰 목사의 글 『목사로 산다는 것(두란노, 2008)』을 접할 수 있었다. 백스터의 글은 목자의 성경적인 의미에 착안하여 양과 목자의 관계에서 목회자의 정체성과 덕성 그리고 과제 등을 다루고 있다. 시대는 달라도 오늘날까지도 현대 목회 현실에서 유용하게 참고할 수 있는 내용을 담고 있다. 그러나 다양한 목회 현실을 말하기보다는 목자와 양의 관계에서 보는 목자론이라고 보면 될 것이다.

『목사로 산다는 것』은 미국 라이프교회 담임목사로 사역하면서 겪었던 다양한 경험들을 솔직하게 고백하는 글이다. 매우 신선하게 느꼈던 책이다. 그런데 그로웰 목사의 글은 목사의 삶 부분에서 주로 심리적인 부분을 다루었다. 목사라면 그러지 않을 것으로 생각했던 부분들을 솔직하게 인정하며 고백하는 글이 매우 인상 깊었다. 한국 상황과 크게 다르지는 않았지만, 다소 거리감을 느꼈던 기억이 있다. 문화적인 차이를 확인하면서 독서를 마쳤던 기억이 새롭다.

그 후 다시 한 번 목사로서 산다는 것의 의미를 묻는 계기가 있었다. 담임목사 청빙에서 연거푸 낙방되면서 나 스스로를 진지하게 돌아보게 된 것이다. 목회를 하기 위해 신학을 시작했고, 비록 중간에 신학자의 길로 들어서게 되었지만, 내가 목사이고 특히 목회하는 목사로서 살고 싶어서 담임목사 청빙공고를 보고 지원했는데, 왜 이렇게 잘 안 되는 것일까? 목사로서 부족한 것이 있는 것일까? 무엇이 부족한 것일까? 무엇이 사람들의 마음에 들지 않는 것일까? 목회철학이나 목회계획서 작성에 문제가 있었을까? 설교를 잘하지 못했기 때문일까? 도대체 사람들은 어떤 목사를 원하는 것일까? 목사란 무엇일까? 질문은 꼬리를 물고 이어졌고, 그럴수록 눈덩이처럼 커져가는 자괴감으로 괴로웠다. 게다가 나의 인생여정을 대충 들어서 알고 있었던 몇몇 목회자들은 목회의 성공비결과 실패를 운운하며 충고하는 의미에서 나의 삶을 일종의 '실패'로 규정하기도 했다. 그 당시 느꼈던 참담한 심정으로 쓴 다음의 글을 보면 필자의 마음을 어느 정도 이해할 수 있을 것이라 생각한다.

실수라고 한다

1

사람들은 나에게 말해
한국에서 대학원을 나와야 했다고
배우고 싶은 것을 가르칠 교수가 없다며
무조건 독일로 간 것이 실수였다고

사람들은 나에게 말해
장신대를 나와야 했다고
먹고 살 길이 막막하다며
돈 벌 기회를 찾아
지방 신학교를 다닌 것이 실수였다고

사람들은 나에게 말해
광야생활과 매한가지니
처음부터
인맥에 공을 들여야 했다고
접대를 위한 돈이 없다는 이유로
지방으로 오가는 강사생활에
시간이 없다는 이유로
연구에만 전념한 것이 실수라고
그렇다고

세상을 놀랠 만한 연구도 아니지 않는가

라고 말해

욥의 친구들이 부활했나

욥은 무어라 대답할까

내게 일어나는 일을

왜 굳이 실수로만 보는 걸까

하나님이 나와 함께 계시고

당신의 뜻을 내게서 이루시는

또 하나의 방식으로 이해할 수는 없는 걸까?

사람들은 나에게 말해

지금 상황을

섣불리 합리화하거나

미화하지 말라고

실수를 인정하라고

실수를 인정하라고

실수를 인정하라고.

2

실수했어

걷잡을 수 없는 일들이

벼랑길을 달려

실수했어

닿는 걸음걸음마다

실패딱지가 붙어

실수했어

만나는 사람마다

안됐다는 한숨이며

만나는 사람마다

훈계와 책망으로 바벨탑을 쌓아

그렇다고 해결되는 것은

아무것도 없어

그들은 말만 하니까

더불어 살며

나누며 사는 일이

구원임을 모르는 이 땅에서

실수는 실수를 낳고

또 실수를 낳지

그러다보면 어느새

끝도 없는 책망과 훈계 앞에

고개 숙이고

자괴감에 흐느끼며 떨고 있는

나를 보게 돼

그렇다고

포기하진 않겠지만

세상이 요구하는 조건들을

채우지 못했으니

한동안 지속될 것 같은

좌절감으로부터

지금 난

구원이 필요해

3

내가 실수라면

이 땅에서 태어난 거야

내가 실수라면

엄마 아버지가 만난 일이지

실수라면

뱃속에 있는 날 지우지 않은 일이지

그러나

내 뜻대로 되는 일이 아니잖아

그래도 내가 실수라면

예수님을 믿은 거지

복음을 전하겠다고

목사가 되겠다고

결심한 것이 실수지

그런데 왜 이것이 실수지?

은혜잖아

만일 이것이 실수가 아니라면

날 내버려 둬

최선을 다하며

게으르지 않고 성실하게 살려고 노력했거든

난 그저 피했을 뿐이야

주입식 교육

편향된 연구

창의적이지 않는 연구

남의 말로 스스로를 포장하는 언어들

질문을 허락지 않는 강의

성의 없는 논문들

담임목사의 전횡

철학은 물론 복음도 없는 교회

아이들은 뒷전이고

헌금 수입에 보탬이 되는 어른들만 챙기는 교회

물론 나의 선택에 실수가 없진 않아

그러나 어떻게 해

날 돕는 자가 없고

혼자 생각하고

혼자 결정해야만 했을 때

모든 상황을 파악할 지혜가 부족했는데

실수라고 생각한다면

날 도와줘

일어서서 반듯이 살아갈 수 있도록

더 이상 실수하지 않도록

내게 힘을 줘

내가 일할 기회를 줘

진짜 내가 실수했다면

이 땅에서 살아가는 방식을 몰랐던 거야

꿈만 크고 열정만 뜨거웠을 뿐

철이 없었던 거지

인연, 학연, 지연, 혈연 등으로

묶여있는 매듭에

엄히고설킨 삶을 거부한 거야

그런데 왜 이게 실수지?

    그래서 난 또 다시 질문을 던졌고 과거보다 더욱 심각하게 고민할 수밖에 없었다. 성경을 읽으며 조용히 묵상하는 중에 "목사로 산다는 것은 무엇을 의미하는가?" 이 질문이 적어도 나 자신에게 뿐만 아니라 목사로서 살아가는 많은 사람들에게 얼마나 많은 의미를 함축하는 것인지를 깨닫게 되면서 글을 쓸 생각을 하게 되었다.

　사실 이 질문에 대한 고민은 오랜 역사를 가지고 있다. 신학교에 다니기 전부터 시작된 일이었고, 신학 수업을 받으면서 그 질문의 방향이 바뀌었다. 무슨 말인고 하니, 신학 수업을 받기 전에는 교회 목사님들의 여러 모습들을 보면서 얻었던 충격 때문이었다. 바르게 목회하시는 분들도 있었으나 세상 사람들과 전혀 다르지 않은 탐욕을 갖고 목회하는 모습도 많이 보았다. 목사로서 산다는 것이 무엇을 의미하는지 묻지 않을 수 없었다. 다른 교회로 옮길 생각조차 못하던 때라서 대답을 얻기보다는 질문으로 만족해야 했다.
　목사도 사람이었다. 나와 크게 다르지 않다는 그동안의 생각을 수정해야 했다. 그러나 그것이 잘 되지 않았다. 목사는 평신도인 나와 달랐고 또 그래야만 했다. 신학을 공부하면서부터 질문은 나 자신에 대한 고민에서 비롯했다. 하나님이 원하시는 목사이길 바라는 마음에서 묻고 또 물으며 목사로서 준비하는 삶을 살았다. 그렇다고 실수가 없었던 것은 아니고 나 역시 인간의 한계에서 자유롭지 못하다는 사실을 확인해야만 했다. 그럼에도 현실의 나의 모습에 결코 안주할 수는 없었다. 또한 목회현장에서 부교역자로 사역하는 제자들과 만나 대화하면서 얻은 질문이기도 했다. 담임목사와 당회원과의 관계는 물론이고 성도들과의 관계에서 그들이 겪는 다양한 경험들은 한국교회 부교역자의 현실을 말해주고 있었고 긍정적이기도 했지만 부정적인 것도 많았다. 수많은 관계 속에서 갈등을 겪으면서 목사의 정체성을 두고 심각하게 고민하는 모습을 보았다. 그러다 질문은 청빙과 관련해서 나 자신의 문제와 얽히면서 적지 않은 고민으로 새롭게 다가온 것이다. "목사로서 사는 것은 무엇일까?"

과거에는 가족을 돌보지 못할 정도로 목회에 전념하시는 목사님들을 많이 보았다. 당시에는 목사님의 목회 활동이 가족들에게 얼마나 큰 부담으로 작용할 것인지에 대해서는 짐작조차 하지 못했다. 내가 볼 수 있는 모습은 오직 목사님과 사모님으로서 겉으로 드러난 것 밖에 없었기 때문이다. 부름 받아 사역하는 목사님의 헌신과 희생이라고 생각해서 당연시했고 그 모습을 존경했다. 보통 사람들과 달라도 많이 달라야 한다는 이미지가 그대로 내 생각을 차지하고 있었다. 또 그런 분이 내 주변에는 많이 계셨다.

그러나 나중에 알게 된 사실이지만, 목사님의 헌신 뒤에는 가족의 아픔과 슬픔이 숨어 있었다. 때로는 그것이 목회에 독소가 되어 목사님 개인과 사역을 힘들게 하는 경우를 보기도 했었다. 성도의 입에 오르내리는 자녀들의 온전치 못한 모습을 많이 볼 수 있었고, 사모님과의 관계가 악화되어 목회 활동은 물론이고 교회 안에서까지 큰 문제가 되는 것을 보았다.

목사로서 산다는 것은 무엇일까?

다소 괴로운 마음을 안고 이 질문을 생각하게 된 것은 이때가 처음이었다. 목사로서 사는 일에 두려움을 갖게 된 첫 경험이기도 했다.

그러다 생각지도 못하게 나 자신이 신학을 공부하게 되었다. 숙명으로 받아들였던 철학의 길을 접고 부름을 받았다는 확신에서 신학으로 방향을 바꾼 것이다. 신학교 등록금도 철학과 선배가 보태줄 정도로 사실 개인적으로 전혀 준비되지 않은 상태였다. 갑작스런 변화를 소명으로 받아들였고 신학교에 입학했다. 그러나 구태의연한 주입식 학습과정에 실망이 컸다. 게다가 배우고자 하는 분야인 '신학의 학문성'에 대한 연구를 지도할 만한 교수를 찾지 못해서 부득이 한국에서 신학을 접어야만 했다. 가장 큰 비중을 차지한다고 볼 수 있는데, 조금 다른 이유가 있다면 주입식 교육이 필자의 조기 유학을 부추긴 중요한 이유였다. 철학을 배울 때도 질문을 받아주지 않으면 개인적으로 수업을 거부할 정도로 일방적인 강의는 짜증나는 교육이었는데, 신학교에서는 더욱 심했다. 기존의 교리를 먼저 숙지해야 하는 것은 당연한 일이지만 그렇다고 교리를 배우는 시간이 아니었고, 신학을 배우는 시간이었다. 예컨대 모 교수님은 강의 중에 칼 바르트를 비판하면서 그의 책은 읽지도 말고 보지도 말고 만지지도 말라고 말씀하셨다. 도대체 어떤 신학자이기에 이토록 금기로 여기는지 궁금했고, 그것을 질문했다. 그러나 강의 중에 질문은 허용되지 않았다. 교수 자신의 비판은 허용하면서 왜 학생들이 비판할 기회는 주려고 하지 않는지 의아하기만 했다. 이 두 가지가 나의 유일한 유학의 동기였다. 박사가 되겠다거나 교수가 되겠다는 비전을 품어본 적이 결코 없었다. 그저 목회자가 되기 위한 과정에서 신학을 배운 것이었는데, 한국의 교수 방식에 적응하지 못해 장소를 독일로 옮겼을 뿐이었다. 따라서 목표는 목사가 되기 위한 과정만을 마치는 것이었다. 당시 제도를 잘 알지 못했던 필자는 석사 학위를 목표로 독일 유학의 길에 오르게 되었다.

독일에서 신학 수업을 받을 때 필자는 좋은 경험을 많이 할 수 있었다. 유학 초기에는 독일어가 서툴러서 독일 교회 목사님들에 관해서 그분들의 사역과 삶을 직접적으로 경험할 기회는 많지 않았다. 비교적 교회 비판적인 성향을 가진 독일 성도의 이야기를 통해서 간접적으로 들은 것이 있다면, 설교나 신학적인 차이에 대한 지적뿐이었다. 목사의 인격과 삶에 관한 부분에서는 언제나 조심스러웠다. 개인적인 면을 드러내 놓고 말하는 것을 즐겨하지 않는 독일 사람들의 성향 때문이겠지만, 여하튼 듣질 못한 것 같다. 신학을 연구하면서 목사론에 대한 글들을 읽었어도, 오늘날 한국에서 언급되는 목사윤리적인 주제들을 다룬 글을 만나는 일은 쉽지 않았다. "목사로서 산다는 것은 무엇인가?"는 신학수업에서 목사론의 한 주제로서 다룬 것이 전부였던 것 같다. '목사로서 무엇을 행할 수 있고 또 행해야 하는가?' '목사로서 무엇을 말할 수 있고 또 말해야 하는가?' 설교자로서 혹은 성례 집행자로서 혹은 상담자로서 혹은 교회 행정가로서 목사의 모습을 생각한 것이 전부였다. 당시에는 주로 전공 부분에만 전념해도 시간이 부족했던 시절이라 목사의 다양한 삶의 모습에 대해 그렇게 많은 생각을 하지 못했다.

가장 많이 생각하게 된 기회는 아무래도 유학을 마치고 귀국한 후에 생겼다. 신학자로서 살아가면서 목사를 생각할 기회가 많았다. 놀라운 사실은 신학자들의 글에서 목사의 목회활동과 윤리를 비판한 것이 많았다는 점이고, 또한 목사의 현실을 바탕으로 생각해나가기보다는 이상적인 이미지를 신학적으로 설명한 것들이 대부분이었다는 사실이다. 그 이유를 곰곰이 생각해 보면서 관련 자료들을 뒤적거리게 되었는데, 얼마 지나지 않아서 드러나는 한 가지 이유를 알게 되었다. 목사에게 신학과 철학이 없다는 것이었다. 물론 신학교 강의나 강연에서 만난 목회자들과의 대화에서 알게 된 사실이지만, 신학 혹은 철학의 부재가 단지 목사들의 문제만은 아니었다. 그들이 신학을 비판하는 이야기 가운데 공통점은 신학에 현장성이 부족하다는 사실이었다. 논문은 교회가 필요로 하는 문제를 다루는 것이 적었고, 글 자체에 대해서도 시간을 쪼개어 책을 읽는 목사들이 이해할 정도로 배려되지 않았다는 것을 지적하였다. 문체에 있어서나 내용에 있어서 그렇다는 말이다. 신학자는 목회자들을 비판하고, 목회자들은 신학자들을 비방하는 분위기를 접하면서 매우 큰 충격을 받았고 이 문제에 대해 서둘러 글을 쓸 생각을 했다. 목회와 신학의 상관관계와 신학자와 목회자의 교회적인 의미와 신학적인 의미를 성찰하는 글이었다. 『목회와 신학, 그 뗄 수 없는 관계(씨엠, 2000)』라는 제목의 책은 그 결과로 나온 것이었다. 1부의 "신학과 목회"는 "목회적 물음에 대한 대답으로서의 신학", "신학함으로서의 비평", "목회자는 신학자인가?"를 다루었고, 2부는 "목회적 문제에 대한 신학적 이해"라는 제목 하에 열린 예배의 문제, 조상제사의 문제, 제사문화의 문제, 가정교회 등에 관한 글이며, "목회적 문제로서 한국 전통문화와 신학"이라는 제목 하에 쓴 3부에서는 8.15 광복절, 한국 신학 현주소, 칭의론적 관점에서 본 한국적 신학, 단군신화 연구 등을 다루었다. 한국의 현실에서 제기되는 목회적인 문제를 신학적으로 이해하고 한국적 신학에 대한 비판적인 이해를 하려는 시도였다. 궁극적으로는 한국교회에서 목회와 신학의 상관관계를 모색한 글들이었는데, 당시에는 양자의 상관관계에 대해 신학적으로 논한 글을 찾아보기가 쉽지 않았다.

목회자는 전방에 있는 군인과 같아서 기존의 가르침과 훈련이 잘 적용되지 않는 현실을 경험하면서 살아간다. 그런데 신학자는 대개 목회자의 교육과 훈련을 위한 글을 쓰는 경우가 많다. 그러니 현장에 있는 목회자들이 신학을 외면하게 되는 것은 당연한 일이다. 뿐만 아니라 목회자 역시 충분한 훈련과 교육을 통해 전투에 임해야 그나마 예기치 않은 상황을 만나더라도 조금 도움을 받을 수 있는 법이다. 그런데 신학생 시절부터 목회활동에 바빠 그럴 수 있는 기회를 얻지 못하고 졸업한다. 목회 현장에 임하면서 어려운 신학책을 읽는 일은 그야말로 쉽지 않은 일이다. 그러니 신학에 대한 관심을 가질 수가 없다. 양자의 간격이 점점 멀어지는 데에는 이유가 있었다. 목회 현장에서 신학서적을 멀리함에 따라 교회는 원치 않게 보수적인 경향을 띠게 된다. 신학교 시절엔 그래도 개방적이었던 목사들도 새롭게 제기되고 논의되는 신학에 문외한이 되다보면 신학교에 재학하고 있는 전도사들보다 더 보수적인 색채를 띠게 되는 것이다. 이런저런 문제의식에서 양자의 관계를 모색해보기 위해 필자는 목회 현실의 본질을 파헤쳐보려고 했고, 목회 현실을 신학적으로 인식하는 일과 목회적인 문제를 신학적으로 파악하는 일 그리고 그 문제를 신학적으로 해결하는 작업을 통해 양자의 관계를 모색해보려고 했다. 그래서 평소에 관심을 가지고 있었던 주제를 바탕으로 '목회와 신학의 상관성'을 모색하는 글을 썼고, 잡지와 학술지에 기고를 하였다. 그리고 이 글들을 모아 출판하게 되었던 것이다.

이 글이 책으로 출판하게 된 것 또한 놀라지 않을 수 없는 일이었다. 왜냐하면 강의를 들은 학생들이 내가 쓴 논문들을 읽고 가치를 인정해 주어 모금을 통해 출판비를 지원해 주었기 때문이다. 책의 출판에 대해서 내가 먼저 말한 것이 아니었다. 전적으로 학생들의 자발적인 행위였다. 그러나 학생들의 열심과 후원에 비해 출판시장은 아쉽게도 싸늘했다. 무명의 출판사에서 출판되었을 뿐만 아니라 아무런 홍보도 하지 않았고, 심지어 서울의 한 대형서점을 제외하고는 어떤 서점에도 비치되어 있지 않아 독자들을 만날 기회가 없었다. 다만 기독교 월간 잡지 「목회와 신학」에서 책의 가치를 인정해 주어 저자 인터뷰를 요청했고, 책에 대한 소개를 해주었을 뿐이었다. 나의 강의를 듣는 학생들이 관심을 갖고 구입한 것 이외에는 거의 팔리지 않았다. 당시에는 여러 대학교와 세미나 등에서 강의를 했기 때문에 비교적 많은 책을 팔 수 있었다. 그러나 이런 기회가 사라진 뒤에 그리고 출판사가 책 출판을 중단한 후에는 대학교에서 나의 강의를 듣는 학생들에게 무료로 나누어 줄 수밖에 없는 형편이었다. 당연히 글의 독자가 되어야 할 목회자와 신학자에게서 아무런 반응을 얻지 못했다. 이점은 지금까지도 매우 아쉬운 부분으로 남아 있다. 그러나 독일에서 공부하고 돌아온 내가 한국에서 앞으로 어떤 문제의식을 갖고 신학하고 또 목회해야 할 것인지를 정립하게 만든 글이었다. 무엇보다 중요했던 것은 이 글을 쓰면서 나는 목사와 신학자의 정체성과 사역에 대해 성찰할 수 있었다는 사실이다. 단지 신학적인 차원에서가 아니라 실천적인 맥락에서 성찰했다는 점은 매우 의미 있는 일이었다. 시장에서는 비록 외면당했지만 개인적으로는 나름대로 의미 있는 작업이었다.

그리고 담임목사 청빙건은 목사인 내가 왜 목사로서 사역할 수 있는 자리를 얻을 수 없는지에 대한 고민을 하게 만들었다. 나 자신의 결함부터 시작해서 교회의 청빙관례에 대한 비판적인 시각을 넘어 교회와 교회 목회에 대한 생각을 새롭게 할 기회를 갖게 되었다.

"목사로서 산다는 것은 무엇을 의미하는가?"

이 질문은 필자로 하여금 목사에 대한 다양한 생각을 하게 만들었다. 그리고 그것을 여러 목회자들과 나누기 위해 글을 쓰게 되었다. 그러나 서두에서 말한 바와 같이 목사를 정의하려고 시도하지 않았다. 실제 목회 현장에서 경험하고 또 다양한 논쟁 속에 녹아 있는 모습을 통해서 목사를 하나의 조형물과 같이 다듬어가고 싶었다. 과연 어떤 모습일까? 하나님이 보시기에 합당하다면 아름답겠지만, 그렇지 않다면 부수고 다시 만들 생각을 하게 될 것이다. 만일 그렇다면 이 글은 그토록 힘들고 또 불가능하다고 여겨지는 목사 개혁을 위한 단초가 될 것이다.

목사는 죽고 예수가 살아야

세상의 모든 종교의 성직자들은 종교철학적인 의미를 갖는다. 목사 역시 마찬가지다. 그 의미에 있어서 유대-기독교적인 전통과 분리될 수 없다. 목사는 제사장, 예언자, 왕은 아니지만, 세 직분을 어느 정도 반영하는 것으로 이해되었는데 대체로 기독론적인 맥락이었다. 베드로에게 목양의 일을 맡기신 것처럼 목사 역시 예수 그리스도의 사역을 위임받은 자로 이해하는 것이다. 예수 그리스도의 삼중직을 목사의 직무와 동일하게 여길 수 없지만, 적어도 그분이 하신 일을 드러내기 위해 부름을 받고, 그분이 위임하신 일을 성령의 인도하심을 받아 수행하는 직분이 목사이다.

필자 스스로를 성찰하려는 목적 외에 '목사로서 산다는 것'을 말하는 가장 중요한 목적은 성도들로 하여금 목사를 넘어 예수 그리스도에게 나아가고 그분을 주목하도록 해서, 결국 그들이 예수 그리스도 안에서, 그분에게 그리고 그분을 통해 일하시는 하나님을 믿을 수 있도록 돕는 데에 있다. 목사가 성도에게 신비스럽게 여겨지는 존재가 되면 성도의 시각은 목사의 말과 삶에 매이게 된다. 목사의 인격과 사역은 언제나 투명해서 예수 그리스도를 볼 수 있도록 해야 한다. 그렇지 않고 성도가 목사에게 집중하고 목사에게 머물도록 하면 성도들이 하나님과 온전한 사귐을 갖는 데에 방해만 될 뿐이다. 세례 요한이 사람들에게 세례를 베풀고 회개를 선포하면서 영향력을 미쳤지만, 결국 예수 그리스도를 지시하는 존재로 스스로를 인식하고 고백함으로써 사람들로 하여금 그분에게 주목하도록 했던 것처럼, 목사 역시 마찬가지 의미를 갖는다. 하나님의 형상으로서 인간은 세상에 살면서 갖가지 기능을 수행하지만, 핵심적인 기능은 하나님을 세상 가운데 나타내는 것이기 때문이다. 하나님의 속성을 각종 목회행위를 통해 나타내보이고 증거 하면서 성도가 하나님을 만날 수 있도록, 아니 하나님의 오심을 성도들이 받아들일 수 있도록 돕는 존재로서 목사는 날마다 죽는 과정을 거칠 때 비로소 예수 그리스도가 산다.

사실 목회 경험이 비교적 짧은 필자가 이런 글을 쓰는 것 자체가 무리라고 생각하며 고민했다. 게다가 담임목사로서 경험은 한 번도 없다. 그래서 오랫동안 주저했다. 그러나 실제적인 경험만이 다는 아니라는 지인들의 격려도 있고 해서 글을 쓰게 되었다. 글을 쓰면서 듣고 보고 읽고 경험한 것을 총동원해서 진실에 접근하려고 노력했다.

목사, 술을 권하다

어느 상담

전화로 상담 요청을 받다

한 여성 성도가 전화를 했다. 급히 상담할 것이 있다고 했다. 그녀로부터 제안을 받은 곳은 교회가 아니었다. 점심 식사를 제안했는데, 목회자가 교회 밖에서 여성 성도와 단 둘이서 만나는 일은 삼가야 한다는 선배 목사의 말을 들은 기억이 있어 식사 후에 교회에서 만나는 것이 좋겠다고 답변했다. 개인적인 일인데 교회에서 만나면 자신이 곤란하지 않겠느냐고 반문을 했고, 결국 이런 저런 실랑이 끝에 평일에는 남들의 눈에 잘 띄지는 않으면서도 서로를 조심하며 충분히 이야기할 수 있는 교회 공간인 본당으로 정하는 데에 동의했다.

사무실에 걸려 있는 열쇠를 찾아서 본당을 열고 들어가 마음의 준비를 하며 기도하고 있었다. 무슨 일일까? 무슨 일이기에 다급하게 상담을 요청한 것일까? 그것도 나의 교구에 속하지 않은 성도가? 담당 교구 목사님이 오해하시면 어떻게 하나? 군이 나를 상담자로 선택한 이유는 무엇이었을까? 이런 저런 고민이 들었기 때문에 기도할 수밖에 없었다. "하나님, 이 모든 일에서 하나님의 인도하심이 있기를 원합니다."

교회에서의 만남

얼마 후 상담을 요청했던 성도가 들어왔다. 내 뒤에 있는 좌석에 앉아서 잠시 기도하는 것 같았다. 잠깐 동안이지만 흐느끼고 있음을 감지할 수 있었다. 조용히 눈을 감고 함께 기도하면서 기다렸다.

"목사님, 죄송합니다. 담당 교구 목사님이 아니시지만 이렇게 무리하게 부탁을 드렸네요. 목사님의 설교를 좋아하고 또 목사님이 쓰신 글들을 보고 개인적으로 감동을 받은 바가 커서 상담을 받고 싶었습니다. 용기가 없어 선뜻 나서지 못하다가 이렇게 다급한 일이 생기고 나서야 용기를 내게 되었습니다. 양해해 주시기 바랍니다."

설교야 교역자가 돌아가면서 하는 것이라 특별히 주목할 일은 아니나, 내 글을 읽었다는 말을 듣고 다소 놀라지 않을 수 없었다. 교회에 한 번도 소개되지 않았기 때문이다. 그녀는 아마도 신학적인 글이 아니라 신앙적인 내용으로 쓴 글들을 읽은 것 같았다. 신앙적인 글이라면 "제자의 역할", "소명은 계시 사건이다", "지혜는 섬기는 자들을 위한 선물", "계명은 복음이다" 등이 있는데, 그녀는 어떤 글을 읽었던 것일까? 궁금한 마음이 들었다. 기도하며 흐느꼈던 분위기와 달리 정중한 태도로 시작하는 대화는 그녀가 자신이 가진 문제로 괴로워하는 것과는 달리 매우 정돈되어 있음을 보여 주었다.

"평소 교회 일에 헌신적으로 일하셨던 분이라 별로 문제가 없을 것이라고 생각하다가 이런 부탁을 받고 조금 놀랐습니다."

전화를 받고 다소 놀랐다는 점을 이렇게 환기시키고는, 조용히 다음 대화를 기다렸다.

고민은 남편의 습관적인 음주

"사실 남편의 술 문제로 고민이 많았어요. 술을 먹고 문제를 일으키는 것은 아니지만, 하루도 빠짐없이 술을 마십니다. 건강에도 문제가 있는 것 같은데, 그것의 심각성을 깨닫지 못하고 있어요. 교회에 다니면서 술을 마신다는 것으로 늘 죄책감을 지고 살았는데, 정작 본인은 그것을 느끼지 못하는 것이죠. 술 문제로 어제 크게 다투었어요. 이혼하자는 말까지 했을 정도입니다. 목사님, 어떻게 해야 좋은가요?"

경건주의적인 신앙으로 시작했던 한국 개신교는 주초 문제에 있어서 매우 단호한 입장을 취했다. 교인이 되는 것은 곧 술, 담배를 끊는 것을 의미했을 정도였다. 아직도 이 문제에 있어서 완고한 입장을 취하는 교단이 있지만, 몇몇 교단에서는 술과 담배 문제에 있어서 유연한 태도를 취하고 있다. 오늘날 담배는 건강상의 이유로 신자든 비신자든 스스로 절제하려는 분위기이지만, 특별히 한국사회에서 술은 소통의 매개를 의미하기 때문에, 직장인들에게 강요할 수 있는 문제는 아니다. 절제하지 못하는 음주문화가 사회문제로 부각되고 되고 있고, 게다가 술이 취한 상태에서 벌어지는 각종 폭력과 범죄 행위로 피해를 입는 사람들이 속출하고 있는 실정이어서 사회적으로 건전한 음주문화를 고민하고 있는 중이다. 그러니 아직은 금주를 신앙생활과 연결시키는 분위기가 지배적이다.

그러나 금주를 신앙의 조건으로 여기는 태도는 성인 남자들 특히 청년들에게 많은 고민거리가 되고 있는데, 이제는 지양해야 할 것이라고 생각한다. 금주가 신앙의 이유로 강요될 일은 아니라는 말이다. 그러나 지나친 음주로 일상생활에 문제가 생기거나 혹은 도덕과 윤리에 흠집을 내는 일로 이어진다면 음주는 분명 잘못된 일이라고 여겨질 일이다. 나는 먼저 이 사실에 대해 어떻게 생각하시는지 성도의 의견을 물었다. 다행히 술 문제에 대해서는 같은 생각을 하고 있었다. 성도의 고민 속에 들어 있는 문제는 음주 자체가 아니라 매일 마신다는 사실에 있었다.

이런 저런 질문과 대답을 하는 중에 남편이 술을 마시는 장소가 술집보다는 주로 집이라는 사실을 알게 되었다. 집으로 사들고 와서 혼자 술을 마신다는 것이다. 그렇다고 해서 회사 동료나 친구들과 어울리지 못하는 것은 아니다. 같이 어울려 마시기도 하지만, 주로 집에서 마신다는 것이다. 좀 독특한 경우이긴 한대, 그렇게 되면 알코올의존 상태로 진입할 가능성이 높기 때문에 남편이 음주하게 되는 이유가 무척 궁금해졌다. 퇴근 후 가정 안에서 편안함을 느끼지 못하기 때문인지, 혹시 그럴 가능성은 없는지 물었다. 간혹 아내의 입장에선 아이들을 더 챙기고 또 아이들은 엄마에게 의존하는 경향이 강해서 남편들은 퇴근 후에 바로 귀가하는 일을 그렇게 기쁘게 생각하지 않는다는 말을 가끔 들은 터였다. 들어간다 해도 거실소파에 누워 있거나, 텔레비전을 독점하거나, 잠을 자거나, 술을 마시는 경우가 많다. 그런데 가정은 별 문제 없이 지낸다는 말을 들었다. 화가 나서 마신다거나 아니면 기쁘기 때문에 마신다면, 그런 경우가 생길 때만 마시게 되지만, 그렇지 않다면 술을 좋아하기 때문에 마시는 것으로 판단되었다.

그래서 혹시 성도님도 술을 마시는지에 대해 조심스럽게 물었다. 가족이 모일 때 흉내만 낼 뿐, 마시지는 않는다는 말을 했다. 한 번도 마신 적이 없는지, 남편의 반응은 어떤지에 대해 물었다. 이 질문에 그녀는 일전에 한 번 많이 마신 적이 있었는데, 몸이 감당을 못해서 더 이상 마시지 않았지만, 무엇보다 남편이 싫어해서 그 후로는 마시지 않는다고 했다. 아내의 음주에 대해 싫은 표정을 지었다는 말을 들으면서 남편의 이중적인 태도를 엿볼 수 있었고, 그녀와의 대화에서 나는 바로 이 점을 중시했다. 자신은 마시지만 아내가 마시는 것을 원하지 않는 것은 술 자체에 대한 혹은 술을 마신 자에 대한 부정적인 생각이나 경험이 없지 않으면 가능하지 않다고 생각했기 때문이다.

그녀에 대한 남편의 사랑은 어떤지 궁금했다. 쉽게 대답할 수 없는 일이겠지만, 그녀는 부부 관계는 아무런 문제가 없고, 자신을 끔찍이 생각한다는 말을 했다. 전날에 일어난 부부싸움에서 남편은 이혼은 불가라는 견해를 강하게 내비쳤다는 말을 덧붙이기도 했다. 1시간 정도의 대화를 한 후에 나는 그녀에게 이렇게 말해주었다.

조심스런 제안

"성도님, 남편이 술을 마실 때 함께 드세요. '당신이 마신다면 나도 마시겠다'고 선언하고, 심지어 더 많이 마시고 취하세요. 가정을 소중하게 생각하고 또 성도님을 사랑하고 있다면, 처음에는 화를 낼지 몰라도 아마 남편은 곧 두려워할 것입니다. 설령 술을 끊지는 못한다 해도 집에서 술을 먹는 일은 줄어들 수 있습니다. 혹시 술을 끊는 경우도 있지 않을까요?"

"그게 가능할까요? 그래도 될까요? 그렇게 하면 술을 줄일 수 있을까요?" 등등. 그녀는 여러 가지 질문을 던졌고 나는 확신을 갖고 대답을 해주었다. 사실 엄밀히 말해서 나 자신도 그것이 지혜로운 해결책인지 확신할 수 없었다. 왜냐하면 유사한 상담 사례에 근거해서 한 말은 아니었기 때문이다. 단지 나 역시 과거에 술을 많이 마셨던 경험에 비추어 본다면 그래야 될 것 같다는 생각을 한 것이다. 순전히 경험에서 비롯한 것이지 신학적이거나 어떤 상담 원리에 따른 것은 아니었다. 그녀는 나름대로 확신에 찬 나의 대답을 갖고 돌아갔다. 심장이 두근거렸고, 날마다 그녀와 남편을 위해 기도하지 않을 수 없었다. 사람의 일이라는 것이 어떤 결과로 발전될 지 누가 알겠는가!

놀라운 결과

교회에서 그녀를 마주치게 될 때마다 궁금했지만 물어보질 못했다. 얼마나 지났을까? 그녀에게서 전화가 왔다. 내가 말한 대로 했다고 한다. 남편은 처음에는 화를 냈고, 그럼에도 마셨다고 한다. 몸이 감당을 못하니 이내 취할 수밖에 없었고, 구토까지 하면서 집안을 온통 뒤집어 놓았다고 한다. 숙취로 어지러움이 심해 다음날 아침에는 일어나질 못했고, 또한 속이 아파 하루종일 밥을 못 먹어 죽을 먹어야만 했다는 것이다. 본인도 결과가 무섭고 두려웠지만, 회사에서 돌아온 남편은 자리에 누워 끙끙거리는 아내를 보고는 한심스럽게 생각했다고 한다. 그런데 중요한 것은 그날 남편은 술을 먹지 않았다는 사실이다. 매일 마시는 사람이 하루를 빠진다는 것은 새로운 출발이었다.

이틀 후 또 술을 마시려고 사들고 온 것을 안 그녀는 남편과 함께 마실 계획을 갖고 남편이 좋아할 안주를 준비하고 함께 마주 앉았다고 한다. 처음에 남편은 전 날에 있었던 해프닝을 상기시키며 제지했지만 그녀는 남편이 마시는 한, 자기도 먹을 것을 당당하게 말했다고 한다. 막을 수 없다고 생각한 남편은 그녀가 내민 잔에 술을 따랐고 결국 그녀는 남편과 함께 술을 마셨다. 몇 잔을 채 건넸지만 남편은 또 다시 아내의 아프고 고통스런 모습을 지켜보아야만 했다. 두 번째 경우에는 더욱 심했다. 그런데 그 후로 눈에 띄는 변화를 경험할 수 있었다고 한다. 그 후로는 남편이 집에서는 술을 마시려고 하지 않았다는 것이다. 그러면 이제 밖에서 마시지 않을까 걱정했는데, 아내도 역시 밖으로 나가서 술을 마실 것을 염려한 그는 한 주에 한 번 정도로 줄었다고 전해주었다. 이제 목표는 더욱 줄이는 것인데, 직장생활을 하면서 술을 끊을 수는 없을 것이라고 말했다. 오랫동안 굳어진 음주 습관이 이렇게 빨리 바뀌게 된 것에 놀라지 않을 수 없지만, 아내를 향한 남편의 애정이 없었다면 가능하지 않은 일이었다.

이렇게 해서 목사로서 나는 그녀에게 술을 권했고 상담은 어느 정도 만족할 만한 결과로 마칠 수 있었다. 사실 술을 마시는 일이 한국교회에서 왜 죄로 혹은 신앙에 위배되는 것으로 여겨졌는지를 알기는 쉽지 않다. 경건주의적인 전통에 있었던 선교사들의 영향 때문일 것으로 추측한다. 서구에서 조금이라도 살아본 사람들은 교회에서 자연스럽게 이뤄지는 음주문화를 보고 놀란다. 그러다가 이내 적응하는 것을 본다. 물론 소위 경건을 중시하는 목회자들은 아직도 술을 입에 대지 않는 경우를 본 적이 있다. 그렇다고 해서 그들이 음주 자체를 잘못으로 보는 것은 아니었다. 개인적인 결단으로 마시지 않는 것일 뿐, 그것이 음주 자체를 정죄시키는 것은 아니다. 반복해서 말하지만 금주가 신앙의 조건이 되어서는 안 될 것이며, 음주를 불신앙과 동일시해서도 안 될 것이다.

술과 관련된 또 다른 사례

음주와 관련해서 대화를 나눌 때마다 성도는 목회자로부터 음주를 경건치 않은 행동으로 여긴다는 말을 들어야 했다고 한다. 그래서 아직도 많은 남성이 음주 때문에 교회출입을 주저하는 경우가 있다.

어느 날 남편을 전도하고 싶은 집사님의 고민을 들은 적이 있다. 교회는 나가고 싶은데 술, 담배를 끊지 못해 교회에 오지 않는다는 말이다. 참 답답한 일이라고 생각했다. 교회에 오는 것은 분명 복음을 듣기 위함인데 왜 부수적인 일로 복음을 듣는 일이 막히는 결과로 이어지게 되었을까? 사실 많은 사람에게 그런 말은 순전히 핑계일 수 있다. 그러니 진실을 알 수 없는 상태에서 섣불리 판단할 수 없는 일이다.

어느 날 교회 밖에서 여러 성도와 함께 모임을 갖게 되었다. 기회를 노리고 있던 차에 집사님께 이렇게 말했다.

"집사님, 목사인 제가 남편에게 술 사준다고 하고 교회로 모시고 오세요."

이 말을 들은 집사님에게서 놀란 표정을 보는 것은 어렵지 않았다.

"정말이세요?"

"그럼요. 모시고 오세요. 사이다 병에다 소주를 담아 드리지요."

이 말을 전해들은 남편 분은 정말 찾아왔다. 반신반의하며 왔다고 하는데, 목사가 술을 따라주는 모습을 보고 감동하는 모습이 역력했다. 그 후에 약속대로 남편 분은 교회를 다니기 시작했다. 직장 일로 빠지게 되는 날을 제외하면 대체로 참석하는 편이었다.

목사가 술을 권하는 일이 그렇게 바람직한 현상은 아니지만, 어쨌든 성도들의 가정에서 일어나는 문제를 해결하기 위해 그리고 복음을 들을 기회를 주기 위해 음주를 권했던 일은 아마 평생 동안 잊지 못할 일이 될 것이다.

술은 신학적인 문제이기보다는 목회적인 문제다. 금주와 음주가 목회적인 돌봄의 문제라는 말은 음주 자체를 죄악시 여기거나 금주를 신앙의 조건으로 여겨서는 안 된다는 말이다. 알코올 중독자나 의존적인 경향이 있는 사람은 예외이겠고, 또 병원 치료 외에 그들에게 큰 도움이 되는 것은 무엇보다 신앙이다. 그렇다고 금주를 해야만 교회에 올 수 있다고 말하거나 교회 다니는 사람은 반드시 금주를 해야만 한다는 규정은 없다. 신앙이 성숙됨에 따라 달라지겠지만, 사람마다 다른 이해와 목회적인 돌봄이 필요하다. 내가 하지 않는다고 해서 남들이 하는 것을 잘못으로 규정하는 것은 옳지 않다.

목사, 욕하다

욕쟁이 춘성 스님, 욕쟁이 목사?

불교의 고승 가운데는 기행으로 유명하신 분들이 있다. 만해 한용운 선생의 제자인 춘성 스님(1891-1977)도 그 가운데 한 분이시다. 1960년대와 70년대 불교계를 대표했던 스님이다. 그에게는 소문으로 전해지는 많은 기행이 있는데, 무소부재의 하나님을 전하는 어느 목사에게 똥통에도 계시느냐는 질문을 던졌고, 이것에 대해 부정하며 화를 낼 뿐만 아니라 반문하는 목사의 말을 듣고는 부처님은 똥통에도 계시다고 말했다는 일화도 있다. 법정 스님보다 일찍 무소유의 삶을 실천하셨고, 평생 이불을 덮고 지내지 않으신 것으로도 유명하다. 한편, 춘성 스님이 세상에 회자했던 데에는 그의 입에서 거침없이 나오는 욕설도 한몫을 한다. 자신을 찾아온 신도들이 자신의 눈에 거슬린다 싶으면 고관대작을 막론하고 여지없이 욕을 내뱉었다고 하는데, 신도들은 충격을 받긴 했어도 오히려 그의 욕을 하나의 법문을 전하는 방식으로 받아들였다고 한다. 욕이 법문으로 받아들여지는 현실은 분명 지양되어야 할 일이다.

『욕쟁이 예수(살림, 2010)』를 쓴 박총은 신앙의 대상으로서 예수나 역사적 예수와는 조금 다른 맥락에서 예수를 조명한다. 예수의 생얼을 보여준다고나 할까. 그동안 우리가 알고 듣고 배웠던 예수와는 전혀 다른 예수 이미지를 제시한다. 욕쟁이 예수는 그 가운데 일부에 해당되는 글이다. 성경에 기록되어 있는 일 가운데 예수의 입에서 나온 말이 당시에 욕으로 여겨지는 것이었다는 사실에 착안해서 쓴 글이었다. 예수로 하여금 욕을 하게 만든 상황을 문제 삼으면서 오늘 우리들의 현실을 비판적으로 조명하고 있다. 책에서 제시하고 있는 이미지가 신앙인들이 쉽게 친숙해질 수 없는 예수의 모습이지만, 독자들이 주목해야 할 부분은 예수의 욕이 아니라 예수로 욕을 하게 만든 부조리한 상황에 대한 비판이다. 춘성 스님을 욕쟁이로 만든 것도 사실 상황이 만들어 낸 일이 아니던가. 그렇다면 상황에 따라 욕을 할 수 있는 일인가?

그렇다면 목사가 욕을 할 수 있을까? 보다 자유로운 세상이니 못할 이유가 없겠지만, 목사가 과연 욕을 해도 되는가? 욕이라는 것이 대부분은 분노의 표현이고 또 인격을 모독하는 일이며, 심한 경우는 저주를 포함한다. 어떤 형태로든 판단하는 언어 행위이다. 따라서 판단하기보다 고백의 차원에서 혹은 사람들에게 나누거나 전하기 위해 하나님을 말하는 목사, 사람을 살리고 행복하게 하며 또 인격을 고양하면서 하나님 나라를 위해 노력해야 할 목사가 욕을 한다는 것은 받아들이기 쉽지 않다. 적어도 그렇게 요구 받는다. 세상에 하나님의 사랑에서 배제된 피조물이 없다는 사실을 말과 행위로 증거 하는 사람이 바로 목사이기 때문이다. 목사의 존재 자체는 세상이 어떠하든지 선한 세상은 반드시 있고, 그것이 경험 가능하다는 사실을 상징한다. 그러나 때로는 목사가 욕을 할 수밖에 없는 상황이 있을까? 목사로서 욕을 할 수밖에 없었던 이야기를 하고자 한다.

욕하는 문화

사람들이 욕을 하는 이유를 보면, 방어적이기도 하고 또 공격적이기도 하다. 방어적이라 함은 예상되는 공격을 사전에 방지하기 위해서 욕을 하는 경우다. 갈등이 고조될 즈음에 먼저 욕을 통해서 상대를 심리적으로 제압하려는 것이다. 이것은 공격적으로 보일 수 있지만 동기는 자신에게 미칠 해를 막기 위한 것이고 공격을 저지하려는 의도에서 비롯하기 때문에 방어적이라 볼 수 있다. 물론 욕의 대부분은 공격적인 동기에서 비롯된다. 상대방의 인격에 모독을 가하는 말을 하는 것이다. 기세를 제압하려는 의도의 표현이다. 물리적인 폭력의 이전 단계이며 언어폭력으로 분류된다. 그것은 감정에 큰 손상을 입었거나 혹은 분노했을 때 나오는 표현이다. 어떤 상황이든 욕은 감정을 절제하지 못한 결과임에 분명하다.

때로는 욕이라는 것이 일종의 친밀함의 표현으로 나타나기도 한다. 오랜 만에 동창을 만난 사람들 사이에서 오가는 말들에 귀를 기울이면 분명 욕이 섞인 말들을 들을 수 있을 것이다. 그런데 그것이 상대방을 펌하하거나 혹은 인격을 모독하는 말이 아님을 알게 된다. 욕설이 담긴 말을 하고 있지만, 그것은 반가움의 표현이고 또 추억의 순간과 감정들을 교류하는 방식이다. 그렇게 좋은 문화는 아니지만 여하튼 그런 맥락에서 욕설이 담긴 언어가 소통되는 경우도 있음을 말할 뿐이다.

그런데 놀랍게도 아이들과 청소년의 언어 속에 욕이 빠지지 않는다. 욕은 아이들이 유치원에 다니기 시작하면서 처음 배우는 언어이기도 하다. 자신의 입에서 나오는 말이 무엇을 의미하는지 알지도 못하면서 그들은 자신들의 귀와 입에 익숙해져 있는 욕을 한다. 심지어 엄마 아빠에게도 한다. 뜻을 모르고 또 언어 사용법을 모른다는 증거다. 아이의 입으로부터 욕을 들은 부모님 가운데는 경악하기도 하는데, 아이들에게 잘 설명하면서 사용을 하지 않도록 해야지, 너무 크게 반응하면 오히려 역효과로 나타날 수가 있다.

그러나 오늘날 청소년의 언어 속에 욕설이 난무하는 것은 문제이다. 왜냐하면 그들이 그 의미를 어느 정도는 알고 있기 때문이다. 청소년들이 모이는 곳에 가서 가만히 귀를 기울이면 욕이 빠진 말을 듣지 못한다. 여학생들 사이에서도 예외는 아니다. 다만 정도와 빈도의 차이만 있을 뿐이다. 그들은 도대체 어디서 욕을 배웠을까? 왜 욕을 하는 것일까?

그들의 대화에 귀를 기울이다보면 그들이 하는 욕이 나쁜 의도로 하는 것만은 아님을 알게 된다. 누구를 공격하려는 의도가 없이 그냥 별다른 의미 없이 사용하는 것들이 많다. 욕은 그들의 언어문화의 일부가 되어버린 것이다. 언어적으로 또래의식을 형성하는 데에 필요한 조건이 된 듯하다. 만일 이것을 문제 삼는다면 어떤 의미를 갖는 것일까? 언어를 순화하는 차원에서 고민해야 할 문제다. 욕은 어떤 의미에서 또 어떤 맥락에서 사용하든 좋은 언어습관은 아니다. 기독교는 특히 청소년들의 건전한 언어 사용이 문화로서 정착될 수 있도록 관심을 기울여야 한다.

욕을 부르는 시대인가

그런데 목사가 욕을 한다? 상상하기 쉽지 않지만, 결코 바람직하지 않은 일이다. 종종 강단에서 욕을 하는 설교자들을 볼 수 있다. 말씀을 전해도 전혀 변화되지 않는 성도의 모습을 보고는 실망한 어느 설교자에게서 들은 말이 있다. 설교를 해도 온갖 자극적이고 선정적인 것에 노출되어 살아가는 성도들은 독설이 아니면 전혀 귀 기울여 듣지 않기 때문에 설교에서 어쩔 수 없이 욕을 "사용한다"는 말을 들었다. 사용한다 함은 욕을 하는 것이 아니라 이미 누군가의 입에서 나온 욕을 자신이 인용한다는 의미이다. 설교 메시지를 보다 효과적으로 또 더욱 강력하게 전달하려는 의지를 엿볼 수 있다. 우리나라에도 한때 독설을 유행처럼 여기던 때기 있었다. 책과 라디오 방송에서 독설을 어렵지 않게 발견하고 또 들을 수 있었다. 온갖 자극에 노출되어 살아가는 사람들에게 메시지를 전달하기 위해 일상 언어로는 도저히 담을 수 없다고 생각한 사람이 독설의 형식을 빌어 표현했던 것이다. 사실 종교개혁자 루터도 설교를 통해 교황을 비난하면서 욕에 가까운 말들을 퍼붓

기도 했다. 욕을 사용하는 일을 무조건 부정적으로 판단할 수는 없겠지만, 아무리 그렇다 해도 강단에서 욕하는 일은 정말 예외적인 경우가 아니라면 결코 사용해서는 안 될 일이다. 부흥사 가운데는 습관처럼 설교에 욕설을 섞어 쓰는 설교자가 없지 않다. 좋지 않은 습관이다.

어쨌든 목사가 욕을 했다면, 게다가 욕이라는 것이 잘못된 언어문화의 한 요소임을 잘 알고 있는 목사가 욕을 했다면, 도대체 그것은 어떤 이유에서 그런 것인가? 사실 이 글을 쓰는 내가 직접 경험한 바이다. 내가 욕을 했다는 말이다. 욕이 스멀스멀 기어 나오게 하는 상황이었다. 누구에게, 또 무엇 때문에, 어떤 욕을 한 것인지 궁금할 것이다. 이제부터 이것에 대해 글을 쓰고자 한다. 다시 말해서 목사인 내가 욕을 했다는 사실을 고백하면서 글을 쓰려고 한다.

목회 현장에서의 갑과 을

고민을 듣다

제자 가운데 한 학생이 신대원 졸업 후에 부교역자로 일하면서 겪은 일에 대해 고민을 토로하면서 상담을 요청했다. 교구를 담당하고 있는데, 그 교회 담임목사는 교구에 속하는 성도의 숫자가 떨어지면 그 숫자만큼 감봉한다는 소릴 듣고 매우 혼란스럽다는 것이다. 이 말을 듣고 나는 성도들을 잘 관리하라는 의도에서 했다고 하지만 조금 심하다는 생각을 했다. 때로는 나태하고 안일하게 일하는 교역자들이 있어서 그런 처방을 내린 것은 아닌지 궁금하기도 했다. 무엇보다 나는 그런 목회방침에 대해 충분히 견딜 수 있는지를 물었다. 그렇지 않다면 사역지를 빨리 옮기는 것이 좋겠다는 말을 하고 싶었기 때문이다. 그의 문제는 목사 안수를 앞두고 있어서 사역지를 옮길 만한 처지가 못 된다는 데에 있었다. 사역지를 구하는 일이 쉽지 않은 현실을 생각하면 결국 울며 겨자 먹기로 참아내야 하는 일이었다. 교회마다 목회방침이 다르다보니 일괄적인 기준으로 평가하기 쉽지 않은 것이 오늘 한국교회의 현실이다. 소위 개교회주의가 지배적인 분위기이기 때문이다. 성도 수가 많으면, 교회가 크면, 목사님이 대외적으로 많이 알려져 있으면 대체로 웬만한 것들은 그냥 묻어가는 분위기다. 장로님들도 그렇게 반대하지 않는다고 하고 목사님에 대한 교인들의 신뢰도 꽤 높다는 말을 들었다. 결국 받아들이거나 아니면 떠나는 수밖에 없었다.

신학상담

그런데 그가 알고 싶은 것은 신학적인 측면에서 어떻게 생각해야 하느냐는 것이다. 신학을 통해 위로를 얻으려는 것은 아마도 그동안 내가 '신학상담'이라는 콘셉트로 강의했기 때문이라는 생각을 했다. 내 강의를 듣는 많은 신학생들과 목회자들은 신학을 통해 위로를 얻는다는 말을 확신할 수 있을 것이다. 실제로 여러 학생들은 고민을 갖고 오면서 내게 신학적인 문제해결을 구하는 경우가 많았다. '신학상담'의 원리는 이렇다. 일상생활에서 겪는 문제를 심리학적으로뿐만 아니라 무엇보다 신학적으로 이해하려고 노력하고, 신학적인 문제해결을 고민하면서 신학적인 사실을 통해 문제해결책을 제시하는 것이다. 물론 학생들과 성도들에게는 각각 다른 언어 형태를 사용한다. 그들이 이해할 수 있는 언어가 중요하기 때문이다. 신학을 문제의식으로 시작하다가 논쟁으로 일관하고 어떤 입장에 서서 결론을 맺는 학문이 아니라, 논쟁은 하되 하나님의 행위를 기대하며 또 고백하면서 마치는 학문이라고 생각하기 때문에 가능한 일이다.

사실 목회상담학이 신학교 안에 개설되어 있어서 전문적으로 목회적인 돌봄의 문제를 다루고 있다. 목회상담학은 일반 상담이론을 목회적인 상황에 적용한 것이지만, 무엇보다 신학적인 성찰이 결정적인 요소가 되어야 한다. 실제로 그렇게 이뤄지는 것으로 알고 있다. 그러나 목회상담의 실제에서 많은 경우는 신학적인 성찰을 찾아보기가 쉽지 않다. 나 스스로 상담을 받은 경험이기도 하지만 목회상담을 경험했던 사람들의 이야기를 통해 간접적으로 종종 들었다. 대부분 성경적인 해결책을 제시하는 것으로 마치고 있는데, 신학적인 성찰을 확인하기가 쉽지 않았다. 물론 신학적인 언어를 사용해서 상담하는 일이 아니기 때문이라고 당연하다고 생각할 수 있지만, 언어 사용 여부에 따라 신학적인 성찰 여부를 판단하는 것은 아니다.

목회상담은 목회적인 돌봄 가운데 하나이지만 사실 그 이상이어야 한다. 그래서 나는 '신학상담'이라는 말을 따로 사용하는 것이다. 특히 목회적인 돌봄이 기독교적인 것이 되기 위해서는 성도로서 내담자의 고민을 신학적으로 이해하는 과정이 무엇보다 필요하다. 그렇지 않으면 일반 상담과 다르지 않을 것이기 때문이다. 내담자가 털어놓는 고민을 신학적인 문제의식을 갖고 이해하면서 신학적인 문제로 환원하는 것이 중요하다. 삶의 문제를 신학적으로 환원하는 일이 쉽지가 않지만, 신학을 배우는 이유는 바로 이런 일을 할 수 있는 능력을 배양하기 위함이어야 한다. 삶의 고민과 문제가 신학적인 문제로 정리되었을 때 비로소 신학적인 문제 해결을 위한 노력이 이어질 수 있다. 신학적인 문제 해결이 내담자가 이해할 수 있는 언어로 표현될 때 신학은 큰 위로로 받아들여진다.

신학적인 성찰이 없는 목회상담도 문제이지만 신학에서 위로를 찾을 수 있다는 사실에 대해 전혀 모르고 있는 것도 적지 않은 문제다. 학생들은 신학을 배우는 과정에서 학습과정에서 습득해야 할 지식으로만 알았지, 그것이 우리 삶의 문제에 해결책을 제시해주고, 또 그때문에 상담적인 관점에서 볼 수 있을 뿐만 아니라 실제로 신학은 위로를 준다는 사실을 알만한 기회를 전혀 갖지 못했다.

최근에 모 방송국에 초대되어 많은 사람들에게 감동을 주는 강연을 했던 알랭 드 보통의 저서 가운데 『철학의 위안』이라는 책이 있다. 중세 철학자 보에티우스가 쓴 동명의 글에서 착안해서 쓴 것으로 생각하고, 한국에서는 김선희 박사가 『철학이 나를 위로한다』는 제목의 책을 쓰기도 했다. 철학이 지친 현대인의 삶을 위로해 줄 수 있다는 말이다. 철학도 위로를 줄 수 있을 정도라면, 신학이 주는 위로는 더하면 더했지 결코 부족하진 않을 것이다.

한편, 신학은 목회상담의 차원에서 이런 일을 실천하고 있다고 말할 수 있다. 사람들의 말에 따르면, 대개 하나님의 위로는 기도하거나 성경을 읽거나 설교를 통해 해결되어야 할 일이라고 생각한다. 맞는 말이다. 문제는 그것에만 제한하는 것이다. 게다가 목회상담 혹은 설교를 통해 하나님의 위로를 말하고 있다 해도 어딘지 미진한 부분이 있다. 심리학 혹은 상담이론이 지배적이기 때문이다.

신학은 세상과의 관계에서 나타나는 하나님을 말하는(고백하고, 설명하고, 이해하고, 해석하고 또 신학적인 진술을 분석 혹은 비판하는) 학문이다. 세상을 위한 하나님의 뜻과 계획과 행위를 다루기 때문에 세상에서 살면서 삶의 문제로 고민하는 사람이 관련 주제에 대한 신학을 안다면 대단히 큰 위로가 된다. 이것은 내가 직접 경험한 사실이기도 하지만, 가르침의 현장에서 많은 학생들에게서 발견한 사실이다.

위로는 무엇인가? 위로는 문제의 해결에서 오는 해방감이다. 심리적으로 안정감을 회복하는 것이다. 문제를 바로 아는 것도 위로가 되지만, 문제가 해결될 때 위로를 얻는다. 하이델베르크 소요리문답은 사람의 유일한 위로가 무엇인지를 물으면서 시작한다. 위로의 필요성을 복음의 존재이유로 보고 있기 때문이다. 위로는 이 땅에서 살아가는 사람들에게 매우 중요한 일이다. 소요리문답은 위로의 필요성을 인간의 비참함에서 찾고, 이 문제에 대한 해결책을 제시하면서 삼위일체 하나님을 소개한다. 바로 신학적인 성찰인 것이며, 신학이 위로를 줄 수 있음을 알 수 있게 해주는 일이다. 위로는 하나님이 주시는 것이라 해도, 그 위로는 단지 목회상담이나 설교를 통해서만이 아니라 신학함을 통해서도 유효하게 전달된다. 문제는 어떤 신학함이냐 하는 것이겠다. 신학을 어떻게 하느냐에 따라 신학은 위로를 줄 수 있고, 때로는 절망감이나 회의감을 불러일으킬 수도 있다. 신학은 위로를 준다는 것을 전제하고 또 그것의 가능성을 나타내 보이는 "신학상담"은 복잡한 사회에서 기독교인으로서 살아가는 사람들을 위해 매우 시급한 과제가 아닐 수 없다.

제자의 고민을 듣고 신학적으로 생각할 여지도 없을 것 같아 처음에는 웃고 말았지만, 그렇다고 해서 그냥 지나칠 수 있는 일은 아니었다. 그런 현상이 부조리하다고 말할 수 있는 분명한 이유를 말해주어야 할 것 같았다. 나의 생각이 그의 목회 사역과 목회지 결정에 얼마나 큰 영향을 미칠 것인지는 알지 못하지만, 나는 당연히 그릇된 것이라 판단했고, 교회론적인 맥락에서 장황하게 설명할 수 있는 상황도 못되었기 때문에 간략하게 설명해야만 했다. 무엇보다 성도를 하나의 재산으로 생각하는 태도가 아닌지, 성과지향적인 논리로 목회를 이해하고 있는 것은 아닌지, 그것은 영혼에 대한 사랑에서 비롯되었다기보다 신앙의 결실에 대한 잘못된 이해에서 나온 것임을 함께 고민하면서 이해해 나갔다. 교회 안에서 일하시는 성령의 역사를 전적으로 배제하는 행위라고 말하기도 했다. 뿐만 아니라 성도들의 이탈을 교구 목사의 책임으로 전가시키는 것은 담임목사가 스스로를 돌아보지 못하는 잘못된 행위라고 말했다. 목회 윤리와 인격은 물론이고 교회론적인 측면에서 얼마나 심각한 오류인지를 나름대로 간략하게 설명했다. 또한 당회가 그것을 묵과하고 있는 것은 목사 개인이 아니라 공동체가 잘못된 길을 걷고 있음을 보여 주는 단적인 예가 아닐지 함께 고민했다. 목회자들과 대화를 해보면 담임목사라 해도 기존 교회로 청빙을 받은 경우에는 당회와의 관계에서 을의 입장에 있을 때가 많다 보니 교회의 압력에 못 이겨 무리한 목회를 할 수 밖에 없는 상황이 자주 벌어진다는 말을 듣는다. 이런 맥락에서 보면, 오히려 그런 목사, 그런 공동체에서 성도의 이탈은 자연스런 현상이라고 보았고, 그러므로 가능하면 조속한 시일 내에 목회지를 옮기는 것이 가장 바람직한 결정이라고 말했다.

상담 이후

함께 고민하며 많은 시간을 보낸 후에 그는 적지 않은 위로와 확신 그리고 기대감을 갖고 돌아갔다. 그 후 꽤 오랜 시간 동안 연락을 나누지 못했다. 나 역시 잊고 있었던 때에 불현듯 걸려온 전화로 그의 소식을 들을 수 있었다. 목회지를 옮겼다는 것이다. 다행이라고 생각했고 잘 결정했다고 덧붙였다. 앞으로 목회지를 선택하기 전에는 교회와 담임목사에 대해 사전에 알아보고 결정하는 것이 좋겠다는 말도 했다.

그런데 충격적인 사실은 자신이 사역지를 옮기기 위해 사표를 제출했을 때 담임목사가 매우 격앙된 태도를 보였다는 것이다. 오해에서 비롯한 격앙된 태도는 분노로 표출되었고, 또한 그의 분노는 사역지로 옮기기 이전임에도 당장 집을 비우라는 지시로 나타났다고 한다. 두 사람 사이에 그동안 어떤 일이 있었는지 알지 못한 나로서는 참 당황스런 일이라고 생각했고 쉽게 판단할 수 없는 일이었지만, 평소에 알고 있던 바에 따르면, 그는 매우 정직하고 또 겸손하며 성실한 자세로 목회했다고 확신했다. 물론 두 사람 사이에 제자가 담임목사의 심기에 거슬리는 언행을 했을 가능성도 배제할 수 없다. 도대체 누가 그 사안의 진면목을 다 알 수 있겠는가! 참으로 당황스런 일이라고 생각하며 결국 어떻게 처리되었는지에 대해서만 물었다. 새로운 목회지의 교회 담임목사에게 사정을 말해서 겨우 집을 옮길 수 있었다는 말을 들었다.

문제는 그것으로 끝나지 않았다. 이전 목회지의 목사는 현재 목회지의 목사와 어느 정도 친분이 있었던 것 같았다. 신학교 선후배 관계로서 최소한 서로 전화로 소통하는 사이는 충분히 되었던 것 같은데, 그는 자신을 떠나 새로운 목회지로 가게 된 그에 대해 험담을 늘어놓았던 것 같다. 새로운 목회지의 담임목사가 귀띔을 해주어서 알게 되었다고 한다. 아무리 좋게 생각해도 이전 교회의 담임목사로부터 험담을 들었다면 새로운 관계로 시작하는 일이 쉽지 않은 일이다. 아무리 본인과의 관계에서 부정적인 경험을 했다 해도 다른 사람과 동일한 상황이 전개된다는 것은 보장할 수는 없는 일이다. 사람과의 관계는 늘 그렇다. 그럼에도 자신과의 관계를 새로운 목회지로 옮겨 놓으려 하는 것은 후배 목회자의 길을 막는 일이라 생각한다. 그 말을 듣는 순간에 내 입에서는 욕지기가 터져 나왔다.

"그놈 정말 개새끼다"

당사가가 직접 듣는 욕이 아니라 어쩌면 내 자신의 분노가 표현된 것이라고 생각할 수 있고, 그래서 문제는 내게 있었지만 목사가 욕을 하게 만든 이유 가운데 하나였다. 지나친 일이었을까?

목사, 클럽에 가다

성도들의 현실을 공감하는 목회

한 편의 추억

나이트클럽에 대한 추억이 있다. 군에서 제대하고 복학한 후 얼마 되지 않은 때였다. 동기들은 대부분 졸업하고, 선배나 후배들과의 관계에서 특별하게 재미를 붙이지 못했던 나는 학교 도서관과 집을 출퇴근하듯 지냈었다. 물론 몇 명의 철학과 선배들이나 타과 학생들과 술집을 전전하며 시간을 보낸 날이 더 많았다. 얼마나 또 어떻게 마셨던지 주위 술꾼들로부터 "짐승클럽"으로 불릴 정도로. 아마도 우리가 시끄럽게 토론하며 또 그 후에는 노래하며(노래방이 없었던 당시에는 주로 술집에서 노래를 불렀다) 술 마시는 모양새가 썩 좋아 보이지 않았던 모양이다. 여하튼 그런 때였다.

1985년 어느 날, 하루는 고등학교 동창(필자는 고등학교 2학년 초에 중퇴를 했지만 그래도 나를 동창이라고 생각하며 만나주던 친구들이 몇 있었다)이

찾아와 저녁 먹자고 했다. 친구들에게 돈은 빌려주지 않아도 식사비만은 언제나 주저 없이 내주던 그라 부담 없이 따라나섰고, 숙대 근처 남영동에 있는 식당에서 저녁을 먹었다. 그리곤 자주 가는 커피숍에서 차를 마셨다. 당시에는 다방 안에 DJ가 있어서 쪽지를 통해 음악을 신청할 수 있었다. 늘 그렇듯이 우리는 익숙한 클래식 음악을 듣기도 하고 또 신청해서 듣기도 하면서 이런 저런 이야기를 나누었다. 별로 말수가 없는 친구라 주로 내가 질문하고 그는 대답하는 식으로 대화가 이어졌다. 우리의 공통점은 러시아 문호 도스토예프스키를 좋아한다는 것이었다. 『죄와 벌』, 『까라마조프 형제들』, 『가난한 사람들』, 『이중인격자』, 『백치』 등. 다양한 제목의 책에 대해서 이야기 하면서 나름대로의 감상을 나누었고, 오늘을 사는 데에 필요한 교훈들을 깨닫기도 했다. 시간이 얼마나 지났을까, 아마도 9시는 됐을 것 같다. 우리는 남자들 사이이지만 술 없이도 한 번 대화하면 참으로 오랜 시간을 앉아 있을 수 있었다. 말이 별로 없는 친구이나, 관심 있는 주제에 대해서는 말을 곧 잘 했기 때문에, 나는 그의 관심사에 대한 질문으로 계속된 대화를 이어갈 수 있었다. 물론 나도 많은 말을 했다.

늦은 시간이 되자 친구는 난데없이 이태원에 가자고 했다. 이태원이라는 동네는 내가 사는 곳에서 그리 멀지 않았지만 내겐 참 낯선 곳이었다. 노는 물이 달랐기 때문이다. 외국인이 많다는 말만 들었지, 한 번도 가보지 못했던 곳이다. 버스를 타고 지나가 보기는 했다. 그런데 그 친구도 처음인 이태원 나이트클럽에 가면 어떻겠냐고 제안한다. 호기심 반으로 가자고 했고, 우리는 버스를 타고 이태원으로 갔다. 이태원 거리에는 사람들이 많았고, 특히 화려한 네온사인은 내게 낯선 나라에 온 것 같은 느낌을 불러 일으켰다.

이곳저곳을 배회하던 중에 호객꾼에 이끌려 "홀리데이 인"이라는 곳엘 들어갔다. 시끄러운 음악과 어두운 조명 그리고 전면에는 탁자가 놓여 있는 위치보다 조금 높은 무대가 있었고, 그 위에는 많은 사람들이 음악에 맞춰 춤을 추고 있었다. 주로 빠른 댄스 음악이 많았고, 가끔씩 조용한 음악이 나오면 남녀들이 부둥켜안고 춤을 추었다. 시간이 지날수록 사람들의 수는 많아졌고, 늦은 시간이 다가오자 쇼의 수위는 더욱 높아졌다. 품바춤, 봉춤, 나체춤, 불쇼 등 성인들을 위한 쇼라서 매우 선정적이었다. 처음으로 보는 광경에 놀라지 않을 수 없었지만, 모든 것이 신기하기만 했다. 가끔 쇼가 끝나면 무대에 나가 춤을 추었지만, 사실 혼들어대는 것이지 춤은 결코 아니었다.

시간이 새벽으로 흘러가면서 광란의 분위기는 점점 가라앉았고, 5시가 되었을 때 우리는 자리에서 일어나 택시를 타고 집으로 갔다. 클럽에서 밤을 샌 것이다. 전혀 새로운 경험이라 마음의 충격이 채 가시지 않아 돌아와서도 쉽게 잠잘 수가 없었다. 그러다 점심 때 쯤에 일어났고, 새벽까지 마시고 먹은 음식 때문에 부은 얼굴과 지친 맘으로 하루를 시작하였다. 샤워를 하고 책을 읽는 둥 마는 둥 낮 시간을 보내고 나니 어느새 5시, 어제 만난 친구에게서 전화가 왔다. 저녁 같이 먹자고. 우리는 저녁을 먹었고, 또 다방에 앉아서 음악을 들었다. 시간은 전날과 같이 여유 있게 흘렀고, 9시가 되자, 친구는 또 다시 이태원에 가자고 제안하였다. 기다렸다는 듯이. 어제 갔는데 또 가느냐는 반문에 친구는 웃기만 할 뿐 아무런 대답도 하지 않았다. 나는 무엇에 홀린 듯한 마음으로 친구의 뒤를 따라갔고, 이번에는 다른 클럽으로 들어갔다. 그곳에서도 어제와 같은 시간의 리듬을 즐기다가 새벽 5시 경에 집으로 왔다. 또 다시 깊은 잠에서 깨어나 보니 한낮, 샤워를 하고 점심을 먹고 책을 보았다. 저녁 시간 친구에게서 또 다시 전화가 왔다. 저녁 먹자고. 정확하게 2주일 정도, 토요일과 주일을 빼고 나면, 10일 동안 나는 친구와 함께 동일한 시간대에 동일한 장소에서 동일한 방식으로 저녁을 먹고 음악을 듣고 또 이태원 클럽에서 시간을 보내다 집으로 왔다.

아마 평생 갈 클럽을 이 기간 동안에 다 간 것 같았다. 연일 가다 보니 보는 것도 다 똑같고, 그곳에서 즐기는 사람들의 모습도 대동소이했다. 늘 대포집, 호프집, 학교 앞 싸구려 음식점만 전전하다가 사람들은 이런 식으로도 논다는 것을 처음으로 알게 되었다. 그리곤 더 이상 클럽에 가지 않았다. 후에 가자는 사람들이 있었어도 가지 않았다. 별로 재미를 못 느꼈기 때문이었다. 2주 동안 다녔던 것도 재미있었기 때문이 아니라 호기심으로 그저 친구를 따라 가는 것이었을 뿐이었다. 그 친구도 별 재미를 못 느꼈던 것 같다. 지금도 만나면 가끔 그때 이야기를 하며 웃는다. 자신도 무엇에 홀린 것 같았었다고.

클럽에 가다

그런데 목사 안수를 받고 홍대 클럽에 간 일이 있었다. 2006년 겨울이었던 것 같다. 청년 사역에 대해 늘 많은 관심을 가지고 있던 때였다. 요즘 청년들은 어떻게 노는지, 어떤 음악들을 듣는지, 광란의 분위기를 어떻게 즐기는지를 알고 싶었다. 전혀 몰랐던 것은 아니지만 현장에서 느끼고 싶었다. 소문을 듣거나 미디어를 통해 보는 것과 직접 접하면서 느끼는 것과는 다르기 때문에 서울에 올라온 김에 한번 경험해보고 싶었던 것이다. 서울의 모 교회에 설교를 하러 올라왔던 터라 구두에 양복을 입고 고풍스런 맛이 나는 가죽 가방을 들고 갔다. 누가 보더라도 아저씨 티가 나는 차림새였다. 이곳저곳을 배회하던 중에 한 곳을 택해 들어가려고 했다. 그런데 문 앞에 서 있던 청년들이 나를 제지하고는 몇 살이냐고 물었다. 그때 나이 45세. 이곳은 30살 미만만 출입이 가능하다며 나같이 나이가 많은 분들은 출입불가라고 했다. 대학에서 강의하고 있고 청년에 대한 관심 때문에 왔다면서 통사정했지만 받아들여지지 않았다. 정 들어가고 싶다면 청바지에 셔츠를 입고 그리고 운동화를 신고 오라고 했다. 여분의 옷을 준비하지 못했던 터라 다른 곳으로 갔지만 그곳도 사정은 마찬가지였다. 몇 군데 시도를 해보다가 허락되질 않아 발걸음을 돌려야만 했다.

공감하는 목회

청년들을 이해하고 싶은 마음에 기웃거렸던 홍대클럽, 여지없이 퇴짜를 맞고 광주로 돌아가야만 했다. 꼭 클럽에 가야만 청년들을 이해할 수 있는 것은 아니지만, 또 그 사실을 잘 알지만, 그 분위기를 경험하고 싶었고, 그 열기를 느껴보고 싶었다. 결국 나중에 지인을 통해 녹화된 비디오를 통해 홍대 클럽 분위기를 간접적으로 경험할 수 있었다.

청년들에게 진솔하게 다가가는 일이 쉽지 않음을 실감했다. 서울 출신이면서도 내 평생 홍대클럽 한 번 못가고 눈을 감는 것 같아 사실 지금까지도 아쉬움을 느낀다. 아, 홍대클럽이여, 청춘이여!

지금은 홍대클럽과 동일한 분위기에서 춤을 출 수 있는 공간을 제공해 주는 교회가 홍대 근처에 있다는 말을 들었다. 원하기만 하면 충분히 경험할 수는 있을 것이다. 그러나 이미 시간은 50대로 흘러가버렸다. 이젠 홍대클럽이 아니라 이미 지나가버린 청춘을 아쉬워할 때이다.

클럽에 대한 추억과 홍대클럽 이야기를 한 것은 공감하는 목회의 중요성을 말하기 위함이었다. 목회자는 성장과정에서 큰 변화를 겪고 난 후에 신앙을 갖게 된 경우가 아니라면 대체로 교회 문화에서 자라난다. 당연히 세상을 제대로 모르거나 혹은 부정적으로만 알고 자라면서 세속 문화에서 살아가는 성도들을 돌보고 양육한다. 여기서 문제는 연역적인 사고가 지배적으로 나타난다는 것이다. 성경과 신학적인 관점에서 세상을 보고 판단하는 것이다.

들으면 쉽게 거부하거나 부인할 수 없는 말이긴 하다. 그렇다고 받아들인다는 말은 아니다. 현실의 문제를 보는 관점에서 자신이 배려받지 못했다고 느끼거나 혹은 현실을 이해하는 데에 있어서 목회자와 공감하지 못하기 때문이다. 목회자들은 성도의 삶에 변화가 없다고 아우성이지만, 사실 곰곰이 따지고 보면 성도들을 깊이 이해하려고 하거나 그들이 살아가는 삶의 상황을 충분히 배려하지 않은 목회자의 문제인 경우가 많다.

제레미 리프킨은 미래 시대의 키워드로 공감을 꼽았고, 『공감의 시대』라는 책에서 공감의 중요성을 설득력 있게 서술했다. 공감 능력은 누구보다 목회자에게 필요하다고 생각한다. 복음의 능력이 항상 설득력에 있지 않지만, 개인주의적인 경향이 강해지는 현실에서 공감은 목회적인 돌봄의 과정에서 대단히 큰 위력을 행사한다.

사창가를 기웃거리다

편견을 벗다

사창가 경험

어릴 때 다니던 교회 이름은 "대창교회(예장 합동)"이다. 나로 하여금 신앙을 갖게 하고 또 교회됨을 고민하게 하고, 부정적인 경험이었지만 마침내 신학을 공부할 결심을 불러일으켜 준 모교회이다. 후암동, 그 것도 후암시장 끄트머리에 위치해 있었다. 숱한 우여곡절 끝에 교회 옆 부지에 새롭게 건축을 한 후에는 교회의 위치가 후암동과 동자동 사이에 있다고 해서 이름이 "동암교회"로 바뀌었다. 내가 살던 집은 서울역 위, 남산 밑에 있는 동네로 유신정부 시절에 공화당사가 있었고, 이후락을 비롯한 안기부 주요 인사들이 살던 동네다. 일찍부터 아스팔트가 깔려 있어서 놀기가 참 좋았지만, 어른들에게는 남산도 있고 안기부 요원도 있어서 안전은 물론이고 공기가 맑아 참 살기 좋은 곳이었다. 좋은 집도 많았다. 게다가 서울역이 걸어서 10여 분 거리에 있었다. 그러나 오해하지 마시라 내가 살던 동네는 같은 동이라도 먼저 모양새에 있어서 차이가 현저하게 드러나는 그 옆이었다. 소위 산1번지, 산동네라는 뜻이다.

암튼 교회는 시장 안이라고 할 수도 없고 시장 밖이라고도 할 수 없는 애매한 위치에 막다른 골목에 위치하고 있었다. 서울역 방향으로 동자동이 있지만, 양동과 도동도 있다. 황석영의 소설 『어둠의 자식들』의 배경이 되는 동네다. 매춘하는 여성들이 많이 살고 있었던 곳이었다. 교회가 원래 도동에서 시작했던 까닭에 이곳에서 사는 교인들이 많았고, 무엇보다 지역의 특성상 전도 대상들이 우글거리는 곳이었다. 지금 그 이야기를 하려고 한다.

중등부 회장을 하던 때나 고등부 회장을 하던 때에는 담당 전도사님이나 목사님과 함께 토요일 저녁과 주일 아침에 심방을 다녔는데, 교회 다니는 많은 아이들이 양동과 도동에서 살고 있었기 때문이었다. 나와 같이 후암동에 살면서 교회 다니는 아이들도 있었지만 소수에 불과했다. 주일 예배 시작 전 혹은 토요일 오후 집회가 끝나면 심방을 다니곤 했는데, 그곳을 가려면 언제나 사창가를 지나가야만 했다. 전도사님이나 목사님은 빠른 걸음으로 위기를 모면하고 또 성경책을 옆에 끼고 다니셔서 누구도 건드리질 않았다. 아마도 이미 신분을 알고 있는 듯 했다. 전도와 심방 때문에 워낙 자주 다니시는 길이니까 그럴 수 있겠다.

나는 어린 나이에 길 어귀에 서있는 포주들이 무서워 돌아가곤 했는데, 사실 말이 돌아가는 곳이었지만 동네를 중심에 두고 사방이 포주로 포진되어 있었다. 우리가 늘 다니는 그곳에도 어김없이 서성거리고 있어서 피할 길이 없었다. 목사님과 함께 다닐 때는 별 걱정 없이 다녔는데, 가끔은 혼자 혹은 부회장과 함께 갈 일이 있었다. 이런 경우엔 종종 여자 부회장보다는 내가 더 놀랄 일이 많았다. 포주들의 대상은 여자가 아닌 남자였기 때문이다. 학생 교복을 입었고 또 손엔 성경책을 들고 있었음에도 꼭 "쉬었다 가세요"라고 말하며 옷깃을 붙잡고 사정하는 통에 곤란한 일을 당한 적이 한 두 번이 아니다. "학생입니다"라고 말하면, "학생은 남자가 아닌가?"라는 대답을 들었는데, 그럴 때마다 이쁜 얼굴의 부회장은 놀라기보다는 나를 보고 씩 웃었던 것을 기억한다. 무슨 생각에서 그랬는지는 모르지만 어린 학생으로서는 심장 뛰는 일이었다. 그래도 매 주일 빠짐없이 심방을 가다보니 언제부터인가는 나를 알아본 사람들 때문에 잡히지는 않았지만, 지나갈 때마다 불편한 맘을 숨길 수가 없었다.

청년시절엔 더욱 힘들었다. 주일학교 교사를 하면서 아이들을 심방할 때마다 마주쳤기 때문이다. 머리가 길고 또 청년이다 보니 나를 붙잡는 힘이 더욱 거셌다. 심지어는 10여 미터 이상을 계속 따라오기도 했다. 내가 돌아서서 '따라오지 말라고' 화를 내어야 비로소 욕설을 해대며 발길을 돌리는 경우가 허다했다. 나를 따라다니는 여성이 있었던 때는 아마 그때가 처음이자 마지막이 아닐까. 여하튼 상대적으로 열악한 환경 속에서 자라는 아이들을 전도하겠다는 마음은 더욱 강하게 다져진 계기가 되기도 했다. 여름과 겨울 성경학교 기간에는 북을 들고 다녔기에 나를 알아본 포주들은 더 이상 붙잡지 않았다. 그러나 거리의 여성들이 매번 바뀌는 바람에, 사실 갈 때마다 곤혹을 치러야만 했다. 지금은 추억거리가 되어서 당시 이야기를 하면서 웃지만, 그 당시에는 정말 난감했다. 당시에 얼마나 충격적이었던 일인지 가끔 가위눌리는 꿈에서 그 동네와 좁은 집 구조를 헤매는 일이 나타나기도 했다.

사춘기 시절

사실 이런 경험 덕분에 용기가 생겨 학생으로서는 감당하기 힘든 일을 한 적도 있다. 한 번은 생활환경이 어려웠던 교회 여학생이 고등학교를 마치지도 않고 친구와 함께 가출하여 술집에서 일한다는 소문을 들었다. 동네 분위기를 잘 알고 있었기 때문에 남의 일로 여길 수가 없었다. 절친했던 두 명의 친구와 함께 이야기를 나누며 고민한 끝에 수소문해서 찾아간 적이 있었다. 당시로서는 술집을 찾아내기가 꽤 힘든 과정이었는데, 마침내 전화번호를 알아내었다. 그런데 알아도 우리가 학생이라서 감히 전화할 용기를 낼 수가 없었다. 게다가 전화국에 가서 주소를 알아보려고 하면, 개인 사생활을 보호해야 한다는 이유로 가르쳐주지 않았다. 결국 오랫동안 망설인 끝에 용기를 내어 손님을 가장하여 직접 전화를 걸어 겨우 주소를 알아낼 수 있었다. 종로에 있는 술집이었다. 가르쳐 준 주소로 찾아간 우리들은 처음 들어간 술집의 어두운 분위기에 놀랐고, 자리에 앉자마자 술과 안주를 시킨 후에 우리는 주인을 불렀다. 그리고 주인에게 우리가 온 이유를 솔직하게 말하곤 여학생을 꼭 돌려보낼 것을 신신당부했다. 물론 우리가 온 것을 비밀로 해달라고 부탁했다. 기억하기론 친구들이 서로 돈을 내어 모은 돈 5만 원을 그녀에게 건네주라고 주인에게 준 것 같다.

그 후 문제의 여학생은 다른 곳에서 일하면서 만났던 남자와 함께 결혼해 지금은 아주 멋지고 근사한 엄마가 되어 살고 있지만, 언제 한번 모임에서 그녀가 우리가 찾아갔던 사실을 전혀 모르고 있다는 사실을 알게 되었다. 주인은 우리의 돈을 떼먹었고(당시 5만 원은 꽤 큰돈이었다. 대학입학금이 53만 원 했을 때니) 말도 전해주지 않았을 뿐만 아니라, 어린 여학생을 돌려보내지도 않은 것이다.

사창가 추억

그 후 많은 시간이 흘러 필자가 목사 안수를 받은 후에 사창가를 기웃거리는 일이 있었다. 목사가 사창가를 기웃거린다니 놀라기도 하겠지만, 그럴만한 이유가 있었다. 지금 그 일에 대해서 말하려고 한다.

어릴 때 기억이 있어서 내게 사창가는 그렇게 낯설거나 혹은 죄인들이 우글거리는 곳이 아니었다. 그곳에는 철없는 아이들과 학생들이 살고 있고, 일반 사람들의 삶의 터전이기도 하다. 그들이 굳이 교육환경이 좋지 않은 그곳에 사는 이유는 돈이 없기 때문이지, 다른 이유가 있는 것은 아니었다. 사정을 잘 알고 있는 나로서는 사람들이 그곳을 나쁘게만 보는 태도를 이해하기가 쉽지 않다. 그곳에서 얼마나 많은 사람들이 전도되어 교회에 다녔는지, 그곳은 전도를 위한 최적의 장소였다. 놀라지 마시라. 그곳에 살면서 전도된 사람들 가운데는 목사와 사모가 된 사람도 있다.

여하튼, 담임목사가 바뀌면서 계속 머물기가 힘들어 교회 목회를 정리하였는데, 다른 목회지를 구하다 결국 구하지 못한 채 전라남도 광주광역시에서 경기도 고양시로 서둘러 이사 와야만 했다. 연고지가 전혀 없는 곳에서 환영받지 못하며 살기보다 원래 살던 곳으로 와서 목회지를 찾아야겠다고 생각한 것이다. 그 이후에 꼭 한 번 가고 싶었던 곳은 옛날 살던 집과 동네 그리고 교회였다. 좋지 않은 기억을 갖고 떠났던 교회인지라 아쉽긴 하지만, 어릴 때 꿈을 꿀 수 있도록 해 준 곳이었기에 내 마음엔 언제나 고향 같은 곳이었다. 그래서 내가 떠난 그 이후가 늘 궁금했다. 내가 살던 후암동이라는 동네는 많이 변해 있었다. 어디든 그렇지만 빌라도 들어서 있고, 길도 넓어졌다. 거리도 깨끗해졌다. 익숙한 것들 안에서도 다소간의 변화가 눈에 띄었다. 우스운 일이지만 골목길 시멘트 바닥에 새긴 내 삶의 흔적들을 볼 수도 있었다. 교회 주변도 많이 변해 있었다. 그런데 동네를 벗어나 남산 밑, 서울역 주변 옛날 사창가 지역은 더욱 많이 변했다. 고층 건물들이 있어서 완전히 다른 모습이다.

먼저 과거에 살던 곳, 즐겨 찾던 산책로 골목길 그리고 교회 등 이곳저곳을 다니며 옛 일을 추억하였다. 어느덧 옛날에 나를 곤혹스럽게 만든 그곳으로도 발걸음을 옮겼다. 이유는 그곳이 어떻게 변했는지 알고 싶었기 때문이었다. 종종 차를 타고 지나갈 때가 있었지만 새로 지어진 높은 건물에 가려 전혀 보이지 않았었다. 다소 긴장된 마음으로 골목을 들어서는데, 옛날 초라했던 붉은 벽돌 건물들은 대부분 사라졌고, 구석진 몇 곳에 남아 있는 것을 볼 수 있었다. 얼굴에 주름이 가득한 할머니들과 할아버지들이 앉아서 부채질을 하고 있었고, 아이들이 여기저기에서 뛰놀고 있었다. 경사진 곳이라 공놀이는 가능하진 않았지만 늘 활기찬 모습들이 있었던 것으로 기억한다. 눈에 띄는 가게가 하나 보였는데, 옛날에 있었던 그 모습을 그대로 간직하고 있는 가게였다. 주변 환경이 변해 달리 보이긴 해도 그때 그 장소에 있었던 가게였다. 들어가서 생수를 하나 사면서 가게 주인에게 동네에 관해 몇 가지 궁금한 점을 물어보았다.

"이곳이 많이 변했네요?"

"그럼요 세월 따라 변하지 않는 것이 있던가요?"

"여기 사는 사람들은 다 어디로 갔나요?"

"누구요? 주민들요? 그 사람들이야 몇 푼 안 되는 보상을 받고 사방 흩어졌죠."

"사창가는 다 정리가 되었나보네요?"

"그럼요, 아직 떠나지 못한 사람들이 여인숙을 차려놓고 하고 있지만, 많이들 떠났죠. 근데 이 동네에 대해 잘 아세요?"

"아니요, 옛날 후암동에 살았는데, 친구들을 만나러 가끔 이곳에 오곤 했었죠. 지금은 다른 곳에 사는데, 하도 오래 되어서. 지나가는 길에 한 번 들러봤어요."

아저씨는 혹시 내가 다른 관심을 가지고 있었다고 생각했는지, 문을 나서는 내 뒤통수에다 대고,

"다들 떠나고 남은 아가씨들은 저쪽에 몰려 있어요"라고 말했다.

갑자기 얼굴이 붉어졌지만, 돌아서서는 씩 웃는 얼굴을 보이고는 가게를 나섰다. 난 가겟집 주인이 말한 대로 저쪽을 향해 내려갔다.

그리고 이곳저곳을 기웃거렸다. 낮 시간이라 그런지 나를 잡는 사람은 없었다. 기웃거렸을 정도면 틀림없이 관심을 갖고 있다고 생각해서 붙잡혔을 것인데 말이다.

옛날 커다란 북을 매고 여름성경학교 교가를 부르면서 돌아다녔던 골목길, 친구들과 어린이들을 심방 가며 오가던 길들, 여러 채의 방들이 다닥다닥 붙어 있던 벽돌 건물에 들어서면 통풍이 잘 되지 않는 건물이라 출처를 알 수 없는 이상하면서도 역겨운 냄새로 가득했던 계단. 지금도 그 냄새는 여전해 코를 막으며 이리저리 오르내리며 추억을 더듬었다. 내겐 추억의 장소였지만, 아마도 다른 사람들에겐 틀림없이 건전하지 못한 장소에 불과했을 것이다.

도시개발과 함께 사람들이 어디로 떠났는지, 제대로 보상은 받았는지, 삶이 더 어려워지진 않았는지 걱정은 되었지만, 다행이라는 생각과 함께 안도의 한숨이 나왔다. 이곳을 심방하며 또 전도하려고 기울였던 많은 노력들이 결코 헛되지는 않았을 것이란 확신을 갖고 그곳을 벗어났다.

목회를 하다보면 편견에 사로잡힐 때가 있다. 잘 사는 동네에 사는 교인들과 그렇지 않은 교인들을 구분한다. 교육 수준에 따라 구분하기도 한다. 자녀의 성공 여부에 따라 구분하기도 하고, 남편 직장에 따라 구분하기도 한다. 어떤 환경에서 자라고 또 살고 있다고 해도 교회에서는 모두가 하나님의 자녀로서 동등하게 인지되어야 한다. 어떠한 차별이 없어야 할 이유는, 필자의 경험에서 볼 수 있듯이, 그곳은 사람 사는 곳이고, 그곳에서 구원받는 자들이 많이 나오기 때문이다.

열악한 환경에서 사는 교인들일수록 더욱 많은 관심과 사랑을 베풀어
야 할 이유는 충분하다. 나는 지금도 가끔 그곳에 살았던 사람들을 위
해 기도한다.

목사, 부교역자로 살다

영원한 을의 신분

담임과 부의 차이

사실 담임교역자가 되어 본 적이 없어 부교역자로 살던 때를 회상한다는 것은 특별한 의미가 없다. 그러나 부교역자 생활은 목사로서 살아가는 과정에서 누구도 피할 수 없는 과정이고 또 최근에 부교역자론과 관련해서 논란이 되는 점도 있기에 한 번 생각해 보았다. 공감할 수 있는 이야기라 생각한다. 무엇보다 앞서 말해야 할 것이 있다. 지금 쓰는 내용은 현재 담임목회자들로부터 들은 부교역자 시절의 이야기들, 부교역자들로부터 들은 자신들의 경험 그리고 내 경험으로부터 얻은 것들이다. 내용으로 보면 다 내가 경험한 듯이 기록되어 있지만 읽고 듣고 경험한 것들을 바탕으로 재구성한 것이니 오해하지 않았으면 좋겠다. 또한 한국교회에는 훌륭한 목회자들이 참 많다. 그분들에 대한 이야기는 나중에 할 기회가 있을 것이다.

어느 토요일 교역자 회의를 시작하면서 경건회를 마치자마자 담임목사님은 모인 교역자들을 향해 이런 질문을 하셨다.

"담임목사와 부교역자의 차이가 뭔지 아는가?"

질문의 의도를 알 수 없었던 교역자들은 의아하게 생각하며 서로의 얼굴을 번갈아 보았고 그저 웃고 있거나 긴장한 내색을 내비쳤을 뿐이었다. 사실 모두가 담임을 해보지 않은 사람들이라 애초부터 대답은 불가능한 것이었다. 혹시 상상할 수 있었을까?

그런데 질문이 떨어지기가 무섭게 갑자기 얼굴이 굳어지시더니

"교회에서 휴지가 떨어져 있을 때, 휴지를 줍는 사람은 담임목사이고, 그냥 지나치면 부교역자야"라고 말씀하셨다. 분명 교회에 들어오시면서 떨어진 휴지를 보셨던 것 같다. 그리고 누구나 볼 수 있었던 위치에 있는 휴지가 당신이 들어오실 때까지 있었다는 사실에 화가 나신 것 같았다. 목사님은 그것과 관련해서 교역자들에게 훈계하시면서 담임목회자와 부교역자의 차이를 언급하신 것이었다.

모든 부교역자들은 갑자기 긴장할 수밖에 없었고, 그 후에 이어지는 훈계를 아무 핑계도 대지 못한 채 들어야만 했다. 전등이 나간 것을 예배 시간 도중에 발견하게 된다는 것, 화장실에 청소도구가 제대로 정리되지 못한 것, 식당 문제, 결석 교인 관리 문제 등등. 그날 교역자 회의는 한바탕 훈계로 시작하고 훈계로 끝났다.

담임목사님 말씀의 요지는 주인 의식의 차이였다. 담임목회자는 교회를 내 집이라고 생각하는 데 비해, 부교역자들은 잠시 거쳐 가는 곳으로 생각하기 때문에 문제라는 지적이었다. 몇 가지 점에서 사실

그렇다. 주인의식에 있어서 현격한 차이가 있다.

예컨대, 교인들과 갈등이 있을 때, 담임목사는 교인들을 가능한 한 붙잡으려고 위로하고 애를 쓰는데 비해, 부교역자들은 시시비비를 가리려고 한다. 떠나는 교인들을 붙잡으려고 하는 데에 있어서 부교역자들은 원인을 파악하고 담임목사에게 보고하면 그만이지만, 담임목사는 교인들의 마음을 돌이키려고 갖은 노력을 다한다. 설교에 있어서도 교인들의 마음을 흡족하게 하는 설교를 하려는 담임목회자에 비해 부교역자는 진실(?)을 말하려고 한다(물론 항상 그런 것은 아니다!). 앞서 언급한 대로 교회에 널브러진 쓰레기에 대한 태도도 조금은 다르다. 의자나 각종 집기들이 놓이는 위치에 대한 생각도 다르다. 뭐 이정도면 될까? 물론 양자 사이에서 나타나는 차이는 이것보다 훨씬 더 많다. 부목사에서 담임목사로 청빙되어 간 한 목사님에게서 들은 말에 따르면, 하루아침에 여러 환경과 조건이 바뀌었다고 한다. 그러니 담임목사가 되기 전에는 그 마음을 결코 다 헤아리지 못할 것 같다.

그래서 나는 목사로서 누구나 필수적으로 겪어야 하는 부교역자의 삶에 대해서만 말하고자 한다. 간혹 부교역자의 경험 속에 들어 있는 담임목회자에 대한 생각도 포함될 것이다.

부목사론?

언젠가 서울 강남의 모 교회에서 담임목회자에 대한 부교역자의 폭행을 계기로 교계 어른들 사이에서 부교역자론을 신학교 커리큘럼 안에 포함해야 한다는 목소리가 높아진 적이 있었다. 신문에도 나온 터라 많은 사람이 알고 있는 내용일 것이다. 사실 관계야 분명하지만 속사정이야 당사자가 아니면 알 수가 없는 일이었다. 담임목사와 부교역자 사이에서 시비를 가리는 일은 당사자와 하나님에게만 있을 것이란 생각을 한다. 여하튼 마치 기다렸다는 듯이 기사화되어 세상 사람들에게 알려진 불미스런 기사를 접하고 난 뒤라 마음이 복잡한 터였다. 그런데 갑자기 부교역자론이라니, 도대체 교계 어른들은 부교역자론을 통해 어떤 학습 내용을 기대하는 것인지, 궁금했다. 부교역자론? 목사론으로 부족해서 굳이 부교역자론을 개설하자는 것인가? 실제로 언론에 회자하는 목사들의 비리는 대체로 담임목사에게서 터져 나온다. 부교역자들의 비리야 크지 않아서 교회 안에서 해결되기 때문이기도 하겠지만(간혹 여성 화장실에 CCTV를 설치하거나 불륜의 관계를 맺은 후에 여성 신도를 위협하는 등의 대형사건도 있기는 했다), 대부분은 담임목회자 아닌가? 오히려 담임목회론 혹은 담임목사론을 개설해야 하는 것은 아닌가? 하는 의문과 반문이 생기게 만드는 기사였다. 혹시 부교역자 시절을 잘못 보냈기 때문에 담임목사가 되었을 때 문제가 터졌다고 생각한 것일까?

실제 이야기로 들어가 보자. 부교역자들은 담임목사에 비해 목회에 미숙하다. 그렇지 않은 경우도 물론 있지만, 부교역자라는 신분 자체가 배움을 전제로 하기 때문에 미숙하다고 여겨진다. 그래서 담임목사가 부교역자를 대하는 태도 가운데 으뜸은 가르치려는 자세이다.

부교역자 제도는 엄밀히 말해서 도제 제도와 다르지 않다. 다시 말해서 부교역자란 담임목회자로부터 목회를 위임받아 목회를 하는 것이다. 그래서 담임목회자로부터 목회의 실제를 배우는 위치로 자리매김하는 것이 가장 바람직하다. 어느 교회에서 목회 경험을 했느냐에 따라 부교역자에 대한 평가가 달라질 수 있고 또 사실 그래야 한다. 좋은 목회자 주변에 많은 후배 목회자들이 몰리고 그렇지 않은 목회자에게는 없어야 한다. 이렇게 되어야 달라져도 뭔가가 달라질 수 있다. 실제로 청빙위원회에서 활동했던 장로들의 경험을 들어보면 전에 목회했던 교회들을 참고하여 담임목회자를 청빙하는 경우도 많은 것 같다. 그러나 그것이 대체로 대형교회 위주라 아쉽고 또 안타깝다. 대형교회 부교역자 자리는 담임목회자로 청빙되는 데에 있어서 매우 좋은 조건이다.

한국교회에는 부교역자라면 너도나도 배우고 싶어 하는 모범이 되는 분들이 있다. 참으로 다행스럽고 또 자랑스러운 일이다. 그런데 안타깝게도 한국교회 현실은 의외로 그렇지 못한 부분이 더 많다. 좋은 목회자를 따라 가기보다는 사역지를 구할 뿐이다. 사역지가 부족하기 때문에 생기는 일이지만, 다른 한편으로는 하나님과 교인을 보고 가는 것이지 목회자를 보고 사역하는 것은 아니라는 명분을 내세운다. 그리곤 얼마 되지 않아 실망, 고통, 좌절, 분노 등등의 부정적이면서 복잡한 심리상태와 씨름하게 된다. 부교역자 시절의 부정적인 경험은 가족은 물론이고 본인의 미래 목회에 많은 영향을 미친다. 보고 배운 것들이 미치는 영향을 결코 간과할 수 없기 때문이다.

목회지를 구하는 일 자체가 힘든 상황에서 골라간다는 것은 분명 비현실적인 일이다. 그래서 사실 나 역시 비현실적이라고 생각한다.

그러나 원칙은 원칙이니만큼 목회지와 목회자를 잘 고려해서 선택해야 자신의 미래 목회에 큰 도움을 얻을 수 있다. 교회가 사례나 복지와 관련해서 부교역자에게 주는 조건이 아니라 담임목회자의 신앙과 인품을 잘 살펴보고 선택해야 사역 중에 많은 것을 배울 수 있다. 설령 그럴 경우가 못 된다 해도 담임목회자와의 관계에서 지혜로워야 한다.

을의 신분으로서 부교역자

예컨대, 부교역자들 사이에 떠도는 몇 가지 말들이 있다. 갑을 관계에서 부역자를 을로 보고, 그 현실을 말해주는 것이기에 한두 가지만 언급해보자.

먼저, 부교역자는 담임목회자보다 설교를 못해야 한다는 말이 있다. 어떤 중형 교회 담임목회자 사모에게서 직접 들은 이야기다. 남편보다 설교를 잘하는 부목사가 있었는데, 교인들이 둘 사이를 비교하면서 수군거리는 바람에 도저히 견딜 수 없어서 내보냈다고 한다. 건강한 교회보다 담임인 자신을 또 아내의 입장에서는 남편을 옹호해야 하는 상황이었다고 한다. 아니 그것이 결국에는 교회의 평안을 위한 선택이었다고 말하는 것을 들었다. 설교를 잘한다고 해서 목회를 잘하는 것은 아니지만 한국교회의 현실은 설교의 비중이 높기 때문에 자주 일어나는 해프닝이다.

둘째, 부교역자는 담임목회자에게 충성해야 한다는 말이 있다. 목회 신학과 운영 철학에 동의하지 않더라도 목사님의 편에 서서 목회를 보좌해야 한다는 의미다. 부교역자란 원래부터 담임목회자에게 배우는 입장이니 당연한 일이다. 왜 하나님에게 충성하는 것이 아니라 사람인 담임목회자에게 하는 것인지 의아하게 생각하겠지만, 실제로 목회하다보면 하나님을 섬기는 것인지 담임목사를 섬기는 것인지 헷갈릴 때가 많다. 교회에서는 간혹 하나님이 보시기에 좋은 것이 곧 목사님 보기에 좋은 것이고 또 그 반대의 경우도 성립된다. 그리고 이런 잘못된 생각을 부채질하는 부교역자들이 있다. 어떻게 해서든 담임목사에게 주목받기 위해 노력한다. 명절과 경조사를 일일이 챙기는 것은 물론이고 부교역자 생활은 안중에 두지 않고 갹출하여 선물공세를 펼친다. 교인들에게 온갖 미움을 사면서도 담임목회자에게는 잘 보여 매순간의 퇴출위기를 기가 막힐 정도로. 피해간다. 얄밉기도 하지만 그런 부류의 목사는 나중에 가서 꼭 변질된다. 스스로 올바르지 못한 목회자로 변질되는 것이다.

  셋째, 담임목사의 설교는 코멘트 대상에서 벗어날 뿐 아니라, 부교역자는 담임목회자의 설교 스타일을 따라야 한다는 말이 있다. 앞서 잠깐 언급했지만, 담임목회자는 가능한 한 교인들의 마음을 잡으려고 한다. 그런데 부교역자들은 시시비비를 가리려고 한다. 게다가 설교의 내용에 있어서도 진리를 선포하려는 자세로 임하는 부교역자에 비해, 담임목회자는 교인의 형편과 처지를 고려한다. 그러니 언뜻 보기에 담임목회자의 설교가 맘에 들지 않는 것이다. 담임목회자의 상황을 배려하지 않고 무조건 비판하는 부교역자가 있다면, 정말 미숙한 사람이다. 그렇다고 해서 왜 설교 스타일이 모방되어야 하는가? 교인들을 배려한다는 것이지만 사실 속셈은 다른 곳에 있다.

교인들을 배려하는 차원이 아니라 자신을 교인들에게 어필하고 또 교인들의 섬김을 기대하는 마음에서 하는 설교를 종종 듣는다. 다른 교회의 경우를 빗대서 말하는 것인데, 자동차 구입 문제, 사택 관리비 문제, 목회자 복지에 대한 태도 문제, 장로님들의 협력 문제, 교회 중축이나 건축에 대한 견해 등등. 이것들을 교인들을 신앙적으로 훈련시키려고 하는 것이라고 하지만 신앙과는 전혀 상관이 없는 것으로 목회자가 자신의 의견을 편하게 관철시키려는 꼼수에 불과하다. 이런 것들에 반대하는 설교를 한다면, 담임목회자에게 위협이 된다. 그러니 좋아 보이지 않는 것이다. 부교역자는 담임목회자의 설교를 비판해서도 안 되고 달라서도 안 된다는 말, 정말 옳지 않다. 그러나 현실적으론 그렇게 요구받는다고 한다.

부교역자가 선택한 본문이 담임목사의 설교 본문과 같거나 혹은 유사한 내용의 설교를 하게 될 때는 시기적인 간격을 고려해야 한다. 담임목사의 이전 설교와 직접적으로 비교되기 때문인데, 너무 근접한 시기에 하게 될 경우 잘못하면 매우 불편한 관계로 비약될 수 있다. 교훈의 차이에 불과하다면 그렇게 큰 문제가 되지 않겠지만, 해석의 차이나 혹은 전혀 상반된 결론을 말하게 되면 본의 아니게 담임목회자의 설교를 비판하게 되는 셈이다.

넷째, 교회의 잘못은 다 부교역자, 교회의 자랑은 다 담임목사에게 돌려야 한다는 말이 있다. 부교역자에 대한 비난은 담임목회자가 막아주면 되지만, 담임목회자에 대한 성도들의 비난은 심각한 문제로 이어질 수 있기 때문에 부교역자는 방패막이가 되어야 한다는 말이다. 이것은 분명 정의롭지 못한 관행이다. 이것을 풀어야 할 책임은 담임목사에게 있다. 부교역자가 풀려고 할 때는 저항 혹은 반항 혹은 불순종으로 여겨지기 때문이다. 경우에 따라서는 건방지다는 인상을 줄 수 있다. 그러니 비록 부당한 일이지만 담임목사가 풀지 않은 상태에서는 고난으로 생각하고 받을 수밖에 없다. 그렇게 하기 싫으면 사임해야 하기 때문이다. 많은 담임목사들의 말을 들어보면 그들이 받는 스트레스는 부교역자의 그것과 양과 질에서 다르다고 한다. 그래서 부교역자는 자신에게서 비롯하지 않은 일에 대해 받는 비난이 비록 부당해도 참을 수 있어야 한다고 말한다. 그러나 시간 활용에 있어서 자유롭지 못한 부교역자의 스트레스는 풀 만한 데가 없다는 것이 문제다. 풀어내지 못하고 심적으로 눌려있기만 해 마침내 중병으로 이어지는 경우를 많이 보았다.

다섯째, 사임의 이유는 다 개인적인 일이어야 한다. 부교역자의 사임 이유는 다른 교회로 청빙되어 가는 경우나 진짜 개인 사정이 있지 않으면 대개 담임교역자와의 관계에서 찾아볼 수 있다. 관계가 악화되어 담임목사가 사임을 권고하는 경우, 담임목사는 당회나 성도들에게 부교역자의 사임과 관련해서 본인은 정작 말렸지만 개인사정 때문에 본인 스스로 사임했다고 소문을 내고 다니는 경우가 태반이다. 아직 당회원이나 성도들에게 사임의지도 표하지 않은 상태에서 먼저 선수를 치는 것이다. 이 경우 성도들은 부교역자의 사임을 자발적인 선택에 따른 것으로 인지한다.

담임목회자와 부교역자의 관계는 엄밀히 말해서 위임 관계이며, 갑에 비해 을의 위치에 있다. 엄밀히 말해서 청빙이라는 이름하에 부교역자로 사역하는 것이지만, 계약관계에서는 거의 을의 수준이다. 요즘 일반 기업 현장에서 갑의 횡포가 드러나 사회문제가 되고 있는데, 담임과 부교역자의 관계에서도 마찬가지 현상이 관찰된다.

부교역자란?

이쯤해서 담임목회자와 부교역자의 관계에 대해 생각해 보자. 부교역자는 담임목회자가 해야 할 일을 위임받아 행하는 사람이다. 그러니 담임목회자의 목회 신학과 철학을 존중해야 하는 것은 당연한 일이다. 부교역자가 자신의 철학이나 운영방식과 맞지 않는다고 떼쓰는 것은 목회자 윤리에 맞지 않는다. 그런데 상명하복의 사회에서도 옳지 않은 명령에 대해 불복할 수 있는 권리가 있다. 하물며 교회에서야 당연한 일이 아니겠는가. 그런데 담임목회자의 지시가 옳지 않다고 해서 이의를 제기하게 되면 미움을 사게 되고, 심하면 쫓겨난다. 물론 교회에는 다른 이유를 대고 나가야 한다. 개인 신상 문제로. 담임목사가 비록 자신과 다른 견해라 해도 부교역자의 말에 귀를 기울인다면, 그것으로 대단한 일이다. 결정은 최종적으로 담임목회자에게 있으나 논의는 충분히 가능해야 한다. 논의마저도 막는 일은 교역자 회의에서 없어야 할 것이다.

한 예를 들어보자. 연말정산의 때가 오면 성도들은 세금을 감면받기 위해 기부금 명세서를 발부받는다. 대부분의 교회들이 꼼꼼하게 기록하고 있어서 언제 얼마를 헌금했는지를 알고 있기 때문에 특별한 경우가 아니라면 대체로 정확하게 계산할 수 있다. 그런데 교인들이 요구하는 대로 해주는 경우가 종종 있다. 안 된다고 하면 싫어하니까 어쩔 수 없이 해준다. 요즘엔 그런 경우가 많이 줄었지만 과거엔 그랬다. 이와 관련해서 법대로 해야 한다고 주장하는 부교역자와 교인의 요구대로 해주라는 담임목회자의 지시가 갈등을 일으킨다. 누구의 말을 따라야 할까? 물론 담임목회자가 져주어야 한다. 법대로 해야 옳기 때문이다. 그런데 사실은 다 이긴다. 부교역자의 주장이 아무리 옳아도 교인의 심기를 건드리길 주저하는 담임목회자의 마음을 이기지 못한다. 이것을 두고 은혜로 한다고 말하는 경우를 종종 본다.

교회의 규모가 커지면서 인격적인 면이 크게 작용하는 위임관계는 업무적인 면이 더욱 크게 작용해 성과를 중시하는 고용관계로 전락되었다. 목회 경험과 노하우를 전수하는 관계가 아니다. 처음부터 유능한 사람을 뽑아 능력을 발휘하여 교회를 성장시킬 수 있는 사람을 선택한다. 그러니 앞서 언급한 내용은 주로 중소형교회에서 일어날 뿐 대형교회의 논리는 다르다. 부교역자에게 어느 정도 자유도 주어지고 또 설교를 잘 해도 된다. 워낙 목사들이 많고 교회의 규모가 크다보니 그런 것에 신경을 쓸 겨를이 없다. 부교역자가 잘해 교회가 성장하면 부교역자에게는 인센티브를 주고 모든 공은 담임목회자에게 돌아가는 것이 다를 뿐이다. 그러니 부교역자들은 어느 정도 자유가 보장되고, 재임기간은 물론이고 임지를 구해 나가게 될 때도 든든하게 후원할 수 있는 대형교회를 선호한다.

노파심에서 다시 한 번 말하지만, 지금 이 글은 담임목회자의 비리를 들추기 위해서 말하는 것이 아니다. 오해하지 말길 바란다. 나는 단지 부교역자로서 사는 일에서 겪을 수밖에 없는 일들을 말하는 것이다.

담임목회자는 몇 년을 재직해도 대개는 퇴직금에다 전별금으로 추가로 더 얹어 받고 나간다. 연금제도가 정착되어 있어도 관행으로 굳어져 있다. 그러나 부교역자는 그렇지 못하다. 퇴직금은 법적으로 보장되어 있으나 예전엔 그렇지 않았다. 그리고 아직까지도 사역하다 갈등 때문에 열악한 조건에서 사임해야 하는 부교역자들이 많다. 이들에겐 마지막 달 사례금은 물론이고 퇴직금도 빼앗기는 경우가 종종 발생한다. 목사가 돈을 요구하는 것이 그러니까 말없이 떠나는 부교역자들이 있다는 것, 잊지 않았으면 좋겠다. 그들에게도 가족이 있기 때문이다.

교인들은 현실적으로 두 마음을 품을 수 없다. 과거에는 심했지만 통신 미디어의 발달로 나아졌다는 요즘에도 마찬가지다. 무슨 말인가 하면, 부교역자와의 관계는 재직 중에만 유효하다. 만일 떠난 후에도 관계를 갖게 되면 문제가 생길 수 있다. 부교역자를 따라 교회를 떠나게 되는 경우가 가장 심각한 케이스다. 굳이 그렇지 않더라도 계속적으로 연락을 하게 되면 일단 본교회의 목회자와의 관계에 문제가 생길 수 있다. 그렇기 때문에 교회 이직과 더불어 관계는 깨끗하게 정리되어야 한다. 간혹 주 안에서 깊은 교제를 서로 나누었던 부교역자들이 성도를 잊지 못하는 경우가 있고, 또 그래서 연락을 취하는 경우를 종종 본다. 실제로 평생 좋은 교제로 이어지는 경우가 있다. 사실 아무런 문제가 생기지 않으면 별일은 아니지만, 대개 상처를 받는 쪽은 교역자다. 교인들은 두 마음을 품을 수 없기 때문이다. 한국교회의 구조가 그렇다. 그러니 떠날 때는 미련 없이 맘을 정리해야 한다. 부교역자는 이래서 외롭다. 가는 교회마다 항상 새롭게 시작해야 한다. 마음을 정리하고 새로운 관계를 갖는 것이 그렇게 쉬운 것은 아니지 않는가! 그럼에도 배워야 한다. 미련 없이 떠날 수 있고 항상 새롭게 만날 수 있는 마음을 준비해야 한다. 현실이 그러하니까.

　중요한 것 한 가지, nota bene!
　을의 신분으로서 부교역자로 산다는 것, 부목사로서 사는 삶은 결코 피해갈 수 없는 단계이다. 그러나 이 과정을 어떻게 보내느냐에 따라 전혀 다른 목회와 삶이 전개된다.

목사, 영화를 보다

추억 속의 사진들

신앙을 가진 그리스도인에게 당연히 전제되고 또 요구되는 경건 때문에 영화 보는 것이 은밀하게 이뤄지던 때가 있었다. 학교 중간고사나 기말고사가 끝난 후에 위로 차원에서 있는 단체관람을 제외하면 학생들 역시 영화관 출입에 있어서 자유롭지 않았다. 1980년대까지만 해도 그랬다. "할리우드 키즈"라는 영화는 당시를 추억하는 영화였다. 때로는 기독교 영화가 제작되어 가끔 교회에서 감상하거나 단체로 영화관에서 관람하는 경우가 있긴 했다. 물론 이런 경우는 드물었다. 몇 개의 작품을 제외하면 영화는 세속적인 영역에 속한 것으로 인식했기 때문이다. 게다가 70-80년대는 정치적으로 우민화 정책을 펼쳤던 까닭에 한국영화사에서 소위 호스티스 영화가 봇물을 이루었던 시기였으니 교회로서는 성도들의 신앙과 경건을 지키기 위해 내린 당연한 결정이었다고 생각한다. 물론 당시에는 쉽게 이해할 수가 없었다.

나는 어렸을 때, 그러니까 초등학교 입학 전에 엄마와 함께 영화관엘 자주 갔었다. 이야기를 좋아하셨던 엄마는 젊어서는 소설책을 즐겨 읽으셨고 결혼 후에는 살고 있던 동네에서 조금만 가면 되는 남대문 극장을 자주 이용하셨다. 그곳은 동시상영관이었다. 집안 청소를 마치자마자 영화관으로 자주 다니셨다. 어린 나를 혼자 둘 수 없으니 당연히 함께 데리고 가야만 했다. 어려서 기억이 잘 나지 않지만 암튼 많이 보았다. 지금까지 기억나는 영화가 있다면 "미워도 다시 한 번"이다. 영화를 보면서 사람들이 많이 울었던 기억이 생생하다. 엄마도 많이 우셨던 것 같았는데, 아마도 이런 분위기였기 때문에 기억이 되는 듯 했다.

그 후에 영화를 접할 기회는 주로 학교 단체 관람이었다. 그 이외에 친구들과 함께 즐겨보던 영화는 홍콩 영화, 곧 이소룡과 성룡이 나오는 영화였다. 당시에는 영화 홍보가 예고편 아니면 가게 문이나 벽에 붙이는 영화 포스터를 중심으로 이뤄졌는데, 영화 포스터를 붙일 수 있게 해주면 가게 주인에게 무료 티켓이 주어졌다. 나는 시장에서 음식점을 하셨던 친구 어머니에게 표를 얻을 수 있었다.

영화를 좋아했다는 표현보다는 그저 재미있게 보았다. 할리우드 키즈에는 결코 미치지 못했다. 영화배우나 감독은 관심 밖이었고 그저 영화 장면이 신기하고 이야기가 재미있었기 때문에 보았다. 동시 상영관은 두 편 혹은 세 편의 영화를 동시 상영하는데, 한 번 입장하면 영화를 마친 후에도 계속해서 볼 수 있었다. 반복해서 하루종일 볼 수 있었다는 말이다. 현재와 같은 좌석제는 몇 개 안되는 개봉관에서만 시행되는 제도였다. 그러다 보니 감동적인 영화는 다시 보고 또 보았다. 아침에 가서 저녁에 나왔던 적이 많았다.

독일에서 공부하는 동안에는 부족한 시간과 빈약한 주머니 사정으로 영화를 볼 수가 없었다. 가끔 TV에서 상영하는 것을 보는 정도였다. 독일 영화는 모두가 더빙으로 해서 상영한다. 그래서 독일어 공부하기 위해 보았던 것일 뿐 영화를 감상할 목적은 아니었던 것 같다. 그런데 딱 한 편 영화관에서 본 적이 있는데, "타이타닉"이었다. 가족이 한국에 가고 혼자 있을 때였다. 하도 많은 소문을 들었던 유명한 영화라 비싼 값을 치르고 갔다. 독일 영화관에선 상영시간이 길면 오페라와 마찬가지로 짧은 중간 휴식 시간을 갖는다. "타이타닉"을 감상하다 휴식 시간이 되어 로비에 나와 그동안 보았던 장면들에 대해 그리고 앞으로 전개될 이야기에 대해 서로 이야기를 나누며 이야기의 결말에 대해 서로 다른 예상들을 나누는 독일 사람들, 그들이 문화를 많이 부러워했던 기억이 있다.

영화로 신학하다?

첫 번째 동기

귀국 후 영화는 내게 다소 특별한 의미를 가졌다. 대학에서 자리를 얻지 못해 마음이 종잡을 수 없었을 때, 나 스스로를 위로하는 차원에서 본 영화에서 난 신학함의 새로운 방식에 눈을 뜨게 되었다. 말씀을 통해 계시되었다고 해도 여전히 감각적으로 경험하기 힘들 정도로 보이지 않는 하나님을 개념을 통해 설명한다는 것은 쉽지 않았다. 게다가 보이지 않는 하나님 나라의 현실을 말한다는 것은 내가 직접 경험하지 않은 상태에선 사실 허공을 치는 것과 다르지 않았다. 애써 설명하면 어렵다고 한다. 참으로 진퇴양난의 상황이 아닐 수 없었다. 그런데 영화를 보면서 하나의 가능성을 생각하게 되었다. 만일 영화를 통해 보여줄 수 있다면 어떻게 될까? 물론 하나님을 이미지로 설명한다는 것은 매우 위험한 일이다. 잘못하면 하나님을 특정 이미지에 고착시키지 말라는 의미를 함의하는 십계명의 두 번째 계명을 어길 수 있는 일이었기 때문이다. 어차피 우리가 사용하는 언어 혹은 신학적인 개념 역시 이미지를 완전히 배제하지 못하는 상황이라면, 어떤 방법으로든 이미지를 통해 하나님을 말하고 또 보이지 않는 세계를 이미지로 유비적으로 생각할 수 있게 해준다면 좋겠다는 생각을 하게 된 것이다. 그래서 영화관련 서적들을 구입하여 공부하기 시작했고, 매일같이 영화를 보면서 영화를 통해 얻은 이미지를 기독교 이미지와 연결시키는 작업을 하였다. 일종의 임상경험을 쌓은 것이었다. 그리곤 기독교 주제 혹은 신학적인 주제의 범위 안에서 영화 이야기를 재구성하는 가능성을 모색하고 또 연습했다. 마침내 영화감상에서 시작해서 감상 후 묵상 그리고 의미 발견으로 이어지는 미적 경험을 기독교적으로 혹은 신학적으로 결합한다면 하나님 경험이 가능해지지 않을까 생각하게 되었다. 먼저 나는 미적 경험을 통해 하나님 경험이 가능한지, 어떻게 가능한지를 알아볼 생각을 하였다. 미적 경험은 대체로 인지 경험(의미 이해)으로 나타나고, 그래서 그것은 의미 경험과 크게 다르지 않음을 확인할 수 있었다. 그 후에 나는 영화의 주제에 부합하는 기독교적인 주제의 틀 안에서 영화 이야기를 기독교(혹은 신학) 이야기로 재구성함으로써 이전과는 전혀 다른 경험을 할 수 있었고, 이것이 하나님 경험으로 이해될 수 있음을 알게 되었다. 그리하여 영화를 신학적인 성찰을 위한 자료로 사용할 수 있었다.

두 번째 동기

영화를 보게 된 또 다른 동기가 있었는데, 청년들과 소통하려는 마음이었다. 설교에서 쓰는 예화가 주로 내가 읽은 소설이나 수필 혹은 전문 서적에서 선택된 것이었다. 대체로 청년들이 읽지 않은 책들이었다. 아니 청년들이 대체로 책을 읽지 않고 있다는 사실을 처음으로 알게 되면서, 소통의 방식을 고민하던 때였다. 그런데 그들의 대화를 엿들으면서 영화 이야기가 자주 들리는 것을 알게 되었다. 그렇다면 영화를 통해 그들과 만날 수 있겠다는 생각을 했고, 2002년 말부터 영화를 보기 시작했다. 선택의 기준은 내가 아니라 청년들이 보는 영화였다. 그러다 보니 갖가지 장르와 내용의 영화를 접하게 되었다. 별다른 의미를 찾을 수 없는 영화였지만 재미있었다는 이유로 화젯거리가 되었기 때문이다. 청년과 소통하기 위해 보았지만, 다른 한편으로는 좋은 영화를 선택해서 볼 수 있는 안목을 기르는 것도 중요한 일임을 알게 되었고, 이것을 위해 할 수 있는 일이 무엇인지 고민하게 되었다.

이런 형태로나마 청년들과 소통하니 청년들이 설교에 집중하고 또 이해하는 정도가 과거에 비해 많이 좋아졌다. 자신들을 배려해 준 나의 설교에 최소한의 예의를 갖추어준 것 같아 기분이 좋았다. 이렇게 시작된 영화보기는 신학함과 맞물려서 매우 빠른 속도로 영화 공부에 임할 수 있었고, 각종 영화관련 책을 구입하여 탐독하며 영화를 공부했다. 영화감상에서부터 기독교 메시지를 발견함과 더불어 하나님 경험에까지 이르는 과정을 기술하는 "기독교적 영화보기"는 이 시기에 이뤄진 꾸준한 영화보기 연습을 통해 습득한 방법론이었다.

기독교적 영화보기

『영화관에서 만나는 하나님』이라는 책 서문에 간략하게 언급해 놓았지만, 보이지 않는 세계를 가시적으로 표현해 내는 작업에 매우 큰 매력을 느꼈다. 신학 역시 보이지 않는 하나님과 그의 나라에 대해 서술해 내는 작업이 아니겠는가. 천재 수학자로서 정신분열증을 앓았던 존 F. 내쉬의 일대기를 그린 "뷰티플 마인드"를 보고 착안한 것이다.

앞서 말했지만, 신학적 서술에서 사용되는 전문용어들이 대중성을 확보하지 못하고 있고, 나 역시 보이지 않는 세계를 언어로 기술하는 데에 많은 어려움을 느꼈던 참이었다. 만일 영화가 보이지 않는 세계를 영상언어를 통해 볼 수 있도록 해준다면, 영화를 통해 신학적인 서술도 가능하지 않을까? 하나님의 행위와 인간의 행위의 관계에서 결국 하나님의 행위가 인간의 경험으로 나타난다는 사실을 생각한다면 인간을 다루는 영화를 통해 하나님의 행위를 어렴풋이나마 기술할 수 있지 않을까?

일련의 질문은 필자로 하여금 뉴밀레니엄을 맞이하면서 세계적인 석학들이 예상했던 21세기의 키워드에 대해 생각해 보게 되었다. 감성의 시대, 여성시대, 영상시대, 예술의 시대 등. 영상이 새로운 문화의 첨병이 될 것이란 전망을 떠올리면서 영화를 통해 신학함의 방식 그리고 그 가능성을 생각하게 되었다. 그리고 하나의 임상실험으로 글을 써나갔다. 물론 신학적인 서술은 아니었지만 이야기를 통해 하나님의 속성과 행위 그리고 말씀과 뜻을 드러내고 설명하면서 동시에 인간의 본질을 탐구할 수 있는 가능성이 있음을 확인할 수 있었다. 이렇게 해서 주로 기독교 잡지 「목회와 신학」, 감리교 교단 잡지 「기독교 세계」, 초교파 기독교 잡지 「신앙세계」 등에 연재하게 되었다. 「목회와 신학」에서는 2003년부터 2007년까지(그 후에는 영화가 사회적인 이슈가 될 때마다) 계속해서 연재를 했는데, 가장 오랜 기간 연재하는 집필자가 되었다. 이 글들은 『영화관에서 만나는 하나님』, 『영화 속 장애인 이야기』, 『영화 속 기독교』, 『영화를 통한 성찰과 인식 그리고 +a』에 담겨졌다. 영화를 알고 또 영화를 활용하려는 사람들에게는 매우 유익한 책이 될 것이다.

영화는 무엇보다 인간을 포괄적으로 이해하는 데에 탁월하다. 내러티브는 개념적인 서술보다 더욱 설득력이 있기 때문이다. 그리고 내러티브를 통해 제시되는 주제는 매우 다양했을 뿐만 아니라 철학적이고 또 신학적이었다. 영화를 통한 신학함이 가능하다는 사실을 확인하면서 필자는 영상을 통해 신학하는 재미에 푹 빠지게 되었다.

경건과 반대되는 것으로 인지되던 영화는 필자가 쓴 글을 매개로 많은 목회자들과 신학생들에게 설교와 교육을 위한 아이디어를 제공했고, 교회 청년들에게는 감동과 의미를 이해할 수 있게 했다. 무엇보다 중요한 것은 그들이 신앙적으로 영화를 감상할 수 있게 된 것이다. 영화에서 단순히 재미만을 추구하지 않고 의미를 읽어내려고 노력하는 흔적들을 확인할 수 있었다.

한남대학교에서는 2005년부터 "기독교와 영화"라는 강의가 개설되었는데, 한 학기에 300여 명 이상이 수강했다. 세 반으로 나누어 강의해야 했을 정도였다. 이때가 필자의 전성기가 아닐까 생각한다. 그런데 아쉽게도 이유를 알 수 없는 상태에서 과목은 폐강되었고, 한남대 강의는 더 이상 할 수 없게 되었다. 기독교인은 물론이고 비기독교인들도 영화를 감상하며 기독교적인 메시지를 공감할 수 있는 영화를 만드는 것을 목표로 삼았지만, 영화 만들기를 공부하지 않으면 어렵다는 사실을 알았다. 결과적으로 이런 목적에 이르지는 못했지만, 영화를 기독교적으로 감상할 수 있고 또 비판할 수 있도록 능력을 배양하는 것, 이것이 필자가 영화를 연구하는 목적이었고 대단히 성공적이었다. 처음에는 아무도 이런 일을 시작하지 않았다고 생각했는데, 글을 쓰면서 잡지를 뒤적거리다 보니 이미 하정완 목사와 대학 후배인 강진구 교수 그리고 낮은 울타리의 신상언 목사가 하고 있었다.

그런데 하정완 목사는 영화로 설교하는 데에 집중했고, 강진구 교수는 소통이론으로 접근하고 있었다. 신상언 목사의 글은 영화를 소개해도 마치 보지 말라는 의미에서 영화를 소개하며 비판하는 것 같았다. 필자가 영화를 통해 소통하려는 데 있어서 가장 큰 동기를 부여해준 것 가운데 하나는 영화를 세계관적인 관점에서 보고 비판하는 신상언 목사의 글이었다. 이런 태도는 매우 편협적이어서 그리스도인 자신을 힘들게 할 뿐만 아니라 세상과의 소통을 불가능하게 만드는 일이었다. 이런 견해를 비판하는 의미에서 필자는 영화에 대한 인식부터 시작해서 영화를 활용하는 방식까지 다양하게 영화를 이해하고 활용할 수 있는 방식에 전념하며 연구하였다. 특히 일반 영화를 기독교적으로 감상할 수 있는 가능성을 모색하였다. 영화가 공공신학적인 관점에서 읽혀질 수 있다는 생각은 필자의 지론이지만, 한국에서는 필자가 처음으로 주장한 것이다.

영화 설교?

영화에 관한 글을 쓰려면 영화를 많이 봐야 했는데, 시간을 얻기가 쉽지 않았다. 지방으로 오가는 교통시간은 필자로 하여금 늘 바쁘게 살아가도록 했고, 그런 와중에 한가로이 영화를 본다는 것은 상상할 수도 없었다. 그래서 이런저런 이유로 버려지는 시간을 이용했다. 강의와 강의 사이에 빈 시간, 지방에 내려갔을 때 버스터미널에서 기다리는 시간을 활용했다. 경우에 따라서는 점심시간 30분 전에 나와서 오후 업무시간 30분 늦게 들어가는 용기를 발휘해서 영화를 볼 때도 있었다. 사실 이것 또한 내게는 하나의 목회의 일환이었는데, 담임목사님께 이것을 인정받을 수 있는 논리를 제시한다는 것이 쉽지 않았기 때문이다.

하루는 성도들의 간청으로 영화로 설교를 한 적이 있었다. 영화 때문에 대중매체에 많이 소개된 필자의 글을 접한 성도들이 왜 정작 본

교회에서는 영화 설교를 하지 않느냐고 물어오면서 영화설교를 듣고 싶다고 했다. 조금은 주저했지만 간청도 있고 해서 영화설교를 했다. 결과는? 성도들은 매우 좋았다고 하는데, 장로님과 목사님은 아주 비판적이셨다. 그것이 무슨 설교냐는 것이었다. "내가 영화설교를 못했구나"라고 자성했지만, 성도들의 반응을 보면 또 그것은 아니었던 것 같다. 아무튼 서울과 수도권 지역과 달리 지방에선 영화를 통해 소통하는 것이 쉬운 일은 아니었다. 사실 호신대학교에서 개설된 "기독교와 영화"에서도 한남대학교나 한일장신대에서와는 달리 폐강되거나 최소한의 인원만 든 것을 보면, 아직도 영화에 대한 이미지가 개선되지 않았다는 생각을 했다.

경건과 상관이 없다고 생각하는 문화적인 환경에서도 목사가 영화를 보고 또 글을 쓴다는 것은 쉬운 일이 아니었다. 그래도 담임목사님의 배려가 없었다면 영화를 보고 글을 쓰는 일은 불가능했을 것이다.

어둠 속에서 빛을 발견하는 경험

필자의 영화 연구는 미학 연구로 이어졌다. 사실 남들이 하고 있는 연구보다는 하지 않는 연구에 관심이 많았던터라 한국 기독교 영화 미학은 윤성은 박사의 글을 제외하면 한편도 없는 셈이었다. 물론 개별적인 영화 분석과 함께 미학적인 언급이 전무했던 것은 아니나, 본격적인 영화 미학에 관한 글은 없었다. 그래서 시작한 것인데, 2013년에 『신학적 미학과 기독교 영화 미학』이라는 제목으로 출판되었다.

영화를 보는 목사, 필자에게 영화감상은 어두운 지역으로 들어가 그곳에서 반짝이는 빛을 발견하는 순간이었기에 어떤 비난도 두려워하지 않았고, 오히려 사람들의 영화에 대한 인식과 태도를 변화시키는 데에 성공했다고 생각한다. 뿐만 아니라 영화를 기독교적으로 읽어낼 수 있도록 능력을 배양하는 일에 있어서 적지 않은 기여를 했다고 자부한다. 감사한 일이다.

목사, 시를 쓰다

시가 머물 공간으로서 시집을 출간

숱한 시인들이 난무하고 있지만, 서슬 퍼런 칼날 같은 시어로 시대의
상처를 도려내는 그런 시를 쓰는 사람들도 있다. 그런가 하면 고통스
러운 나날에 위로 한 마디 얻지 못하는 민초들의 가슴을 시원하게 쓸
어내리는 그런 시를 쓰는 시인도 있다.

그렇다면 목사로서 내가 시를 쓴다는 것은 잘 쓰느냐 못 쓰느냐와
상관없이 그 자체로 심각한 고민거리다. 내가 시를 쓴다는 것은 무엇
을 의미하는지. 나는 누구인가, 나는 어떤 시를 쓰는가, 도대체 나는
시를 쓰는 것인가. 심각하게 고민하지 않을 수 없다. 왜냐하면 나는
시를 쓰고 두 차례나 시집(『하나님과 신나게 놀던 날은 얼마나 아름다운가』,
『오늘 아침 너를 보고 싶은 까닭』)을 출간했기 때문이다.

시인을 꿈꾸다

문학에 대한 필자의 관심은 중학교 2학년부터 시작되었다. 사실 그 전부터 동화를 읽었던 것 같긴 한데, 읽는 것보단 노는 것을 더 좋아했던 터라 기억이 잘 나지 않는다. 여하튼 중학교 2학년 때 셰익스피어의 『베니스 상인』을 우연히 읽고 난 후에 필자의 관심은 노는 것보다는 읽는 것으로 기울어졌다. 이런 변화가 책에 대한 관심 때문이었는지, 아니면 성격의 변화와 같은 다른 이유가 있었는지 지금으로서는 잘 기억이 나지 않는다. 여하튼 갑작스런 변화라 친구들도 의아하게 여겼을 정도였다.

『베니스 상인』을 통해 처음 접한 희곡 작가 셰익스피어는 필자를 문학의 세계로 안내해 주었다. 셰익스피어 전집을 사서 읽으면서 잘 알려진 비극과 희극을 모두 읽었다. 이렇게 해서 나는 놀이의 세계를 떠나 문자로 된 이야기의 맛을 즐기기 시작했다. 그 다음에 붙잡은 책은 도스토예프스키의 『죄와 벌』이었다. 중학교 3학년이라고 생각되는데, 방대한 두께의 책이 어떻게 내 손에 들어왔는지는 잘 모르겠다. 옆집에 사는 고등학교에 재학 중이었던 형에게서 빌린 것 같기도 하다. 여하튼 읽으면서도 무슨 내용인지 잘 몰랐지만 주인공 라스콜리니코프가 노파를 죽이기 전후에 쏟아놓는 독백이 무척 인상 깊었던 기억이 있다. 부친은 비록 가난한 살림이라도 책을 구입하는 데는 돈을 아끼지 않고 투자해 주셨기에 나는 전집을 구해서 읽을 수 있었다. 물론 청계천 헌 책방에서 구입한 것들이다. 당시 필자를 사로잡았던 저자들은 셰익스피어, 헤르만 헤세, 도스토예프스키, 톨스토이, 루이제 린저, 라이너 마리아 릴케, 보리스 파스테르나크, 스탕달, 파스칼, 앙드레 지드 등이었다.

그 후 고등학생이 되어서는 키르케고르, 니체, 쇼펜하우어, 플라톤 같은 철학자들의 서적을 즐겨 있었다. 미국보다는 주로 독일과 프랑스 그리고 러시아 쪽 문학을 선호했던 것 같다. 유학을 독일로 가게 된 결정적인 이유이기도 하다. 한국문학에도 관심을 기울여 30권 분량의 단편문학전집을 구입하여 읽었고 또한 당시 유명한 작가들의 글을 읽어나갔다. 김형석 교수와 김동길 교수의 수필집은 나의 관심을 철학으로 이끄는 데에 크게 기여하였다. 과거와 달리 이상한 언행을 일삼는 김동길 교수는 이제 더 이상 내 기억에 남아 있지 않지만, 김형석 교수는 영원한 나의 스승이다. 그분의 대학 강의를 직접 들어본 적은 없었어도, 그분의 수필집을 거의 다 구입해서 읽었다. 게다가 종로 2가에서 매주일 오후에 열린 예배 겸 강의에 참석해서 들었다. 한두 달 정도 매주 참석했던 것 같다. 마치고 나면 차와 간식을 놓고 모인 사람들과 대화를 나누었는데, 어린 나이였지만 머리를 길게 하고 다니던 때이고 또 굳이 나이를 물어보지 않으셔서 "최 선생님"이란 호칭을 받으며 지냈다. 기분이 흐뭇했다.

암튼 그 어려운 철학책들을 다 이해한 것은 아니지만 그들의 고민과 문제의식 정도는 파악할 수 있었다. 필자가 대학에서 철학과에 지원하여 공부하게 된 것도 고등학교 시절의 독서가 결정적이었다. 김형석 교수의 영향 때문에 실존철학을 공부하고 싶었지만, 당시 다니던 대학의 철학과 경향은 분석철학이 대세였다. 인생의 질문에 철학적인 답을 얻고 싶었던 필자는 다니는 대학교에서는 그럴 만한 형편이 못 된다는 사실을 알고 내심 실망이었다. 이러다보니 자연히 철학에 대한 관심이 줄어들 수밖에 없었다. 대학 때는 주로 어거스틴의 『고백록』, 플라톤의 『대화』, 데카르트의 『성찰과 방법서설』, 칸트의 『순수이성비판』, 비트겐슈타인의 『논리철학논고』와 『철학적 탐구』 등을 즐겨 읽었다.

철학에 마음을 두지 못하며 서성거릴 때에 필자의 마음을 사로잡은 사람은 천상병 시인이었다. 같은 과 선배의 소개로 처음 알게 된 그의 시 몇 편을 접하면서 일단 편하게 읽을 수 있다는 점이 맘에 들었다. 나의 독서 경향이 늘 그렇듯이 그의 출판된 시집 모두를 구입해서 읽기 시작했다. 가을 하늘같은 그의 영혼을 시를 통해 볼 수 있게 된다는 사실에 나 스스로 놀라지 않을 수 없었다. 그의 영향을 받았을까? 그 후에 나는 습작 형태로 시를 쓰기 시작했다. 그것은 순전히 나 혼자만의 독백이었고 일기였다.

군 생활 중에 쓴 것을 포함해서 어느새 50여 편 넘게 시를 썼던 시기였다. 어느 날 선배와 술을 마실 기회가 있었다. 천상병 시인을 나에게 소개해 준 선배였다. 언제나 여학생들에게 인기가 많아 단 둘이 앉아 술을 마신다는 것은 불가능했다. 시간이 조금 지나면 여학생들이 동석했기 때문이다. 나 때문에 오는 것이 아니니 난 그저 그런 마음. 그런데 그런 선배가 오직 나와 함께 술을 마실 기회를 제공하였다. 어쩐 일인지 잘 모르겠지만 꼬여도 되게 꼬이는 일이 있었던 것 같았다.

술 마시며 이런 저런 이야기를 하는 중에 고등학교 때 모 일간지 신춘문예에서 시 부문에 가작으로 당선되었던 적이 있었다는 말을 했다. 평소에도 글을 잘 쓰는 선배였기에 처음 듣는 말이라도 그리 놀라지는 않았다. 문제는 선배가 절필을 하겠다고 선언하는 것이었다. 이유는 실연. 여자와 헤어졌다는 이유로 내 앞에서 절필 하겠다고 소리를 질러댔다. 당연히 옆 테이블과 시비가 붙을 위기를 몇 번 넘겨야 했다. 취기에 나 역시 덩달아서 절필 하겠다고 소리를 쳤는데, 나야 아직 신춘문예를 꿈도 꾸지도 못하는 상태였으니 별 의미가 없는 너스레에 불과했다.

술잔을 주고받으며 절필을 두고 실랑이를 벌이는 중에 갑자기 선배가 재미있는 제안을 하나 했다. 만취 상태에서 각각 즉흥시를 써서 술집에 앉아 있는 사람들에게 읽힌 후, 그들의 판단에 따라 절필할 사람을 결정하자는 것이었다. 대신 술값은 살아남은 사람이 내는 것으로. 나는 무조건 좋다고 응답했고, 선배와 나는 시를 쓰기 위해 술을 마시기 시작했다. 얼마나 마셨는지 모르지만 정신을 차리지 못할 정도가 되었을 때, 우리는 각자 준비한 종이에 시를 쓰기 시작했다. 사실 무슨 글을 썼는지 기억도 나지 않는다. 제대로 써진 것 같지 않은데, 분명한 것은 뭔가를 썼다는 것이고 그것을 사람들에게 넘겨주었다는 사실이다. 결과는 뻔했다. 선배가 이긴 것이다. 사실 악필인 내가 술을 먹고 쓴 글이니 알아볼 수 있게 썼는지도 모를 일이었다. 나에 비해 선배는 필체도 좋고 술을 먹고도 쓰는 글이 살아 움직이는 듯했다. 암튼 필체 때문은 아니겠지만, 나는 졌다. 그래서 나는 앞으로 시를 읽지도 쓰지도 않겠다는 선언을 했고, 그 형은 절필하지 않고 계속 시를 쓰기로 했다. 이때가 1986년이니 참 오래 전의 이야기다. 그 후 나는 약속대로 시를 읽지도 않았고, 쓰지도 않았다. 만취 상태의 마음이라 그저 웃고 넘어갈 수 있었던 일이지만 나에게는 매우 의미 심장한 사건이었다.

새로운 경험과 함께 시작된…

그렇게 오랜 세월을 사는 동안 시에 대한 그리움은 많았어도 애써 외면하며 살았다. 서점에 가서도 시집 주변을 어슬렁거렸지만 구입하지는 않았다. 시편을 읽을 때마다 시에 매력을 느껴 시를 공부해야겠다는 생각을 했지만, 한 번도 뜻을 실행하지 못했다. 그런데 2011년 12월부터 2012년 3월 즈음까지 근 3개월 동안 나는 놀라운 경험을 하게 되었다. 성경을 읽으면서 혹은 산책을 하면서 혹은 묵상을 하는 동안에 시상이 계속해서 떠올랐고 그것을 노트에 적어 나가기 시작했는데, 그것이 매번 운문의 형태로 나타났다. 절필의 결심이 있었기 때문에 굳이 시라고 표현하지 않았고, 그저 일기 쓰듯이 써내려갔을 뿐이었다. 그리고 그 글을 매번 페이스북에 올렸다. 페이스북 친구들은 즐겁게 감상했다는 말을 전해주었고, 전화까지 하며 격려해 주었다. 신학교 학생들은 시인으로서 부족하지 않다며 칭찬해 주었다. 무엇보다 중요한 것은 내 주변의 친구들이 그 글을 시로 읽어주었다는 것이다.

시? 내가 시를 쓴다? 믿을 수 없는 일이었다. 왜냐하면 절필 선언과 더불어 시와 담을 쌓고 산 지 근 30년인데, 내가 시를 쓴다는 것은 있을 수 없는 일이었다. 이창동 감독의 영화 "시"를 보고 깊은 감동을 받았고 시에 대한 갈급함이 용솟음쳤지만 절필 선언을 기억해내곤 그 영화에 대한 글조차 쓰지 못한 상태였다. 시는 그 정도로 내게 경외의 대상이었지만 또한 금기의 대상이었다.

한편, 내가 쓴 글들을 다시 읽어보니 시로 이해되기에 전혀 부족하지 않다는 생각을 했다. 잘 썼고 못 썼느냐의 문제가 아니었다. 나의 경험이 운문의 형태로 기록되었다는 사실이 더욱 충격적이었다. 연인의 밀어와 같이, 연인이 서로를 그리워하는 마음들을 나의 글을 통해 읽어볼 수 있었다. 사람들은 나를 시인이라고 부르지 않았지만, 내 글을 읽고 시인으로 인정해 주는 사람들이 몇 있었다.

그래 한번 해보자. 결심하고는 내가 쓴 것들을 다시 한 번 곱씹으며 또 수정해가면서 읽기 시작했다. 에로스 정서가 물씬 풍기는 내용으로 가득했다. 하나님에 대한 그리움이 마치 연인들 사이에 오가는 것과 다르지 않았다. 다행히 아는 분이 시를 출판하면 출판비용을 대주겠다는 제안도 들어온 터였다. 그래서 용기를 내어 시집을 내게 되었다. 제목은 『하나님과 신나게 놀던 날은 얼마나 아름다운가(이담 북스, 2012)』이다. CTS와 CBS 그리고 한국기독공보 '주목할 만한 신간'에 소개되었다. 그런데도 2012년 8월에 출판되어 2013년 1월까지 500여 부 팔린 것으로 보아 그리 잘 나가는 시집은 아니다. 중요한 것은 판매가 아니라 내 이름으로 된 시집을 냈다는 사실이다. 그리고 2013년 5월에는 『오늘 내가 너를 보고 싶은 까닭(도서출판 자우터)』이라는 제목으로 두 번째 시집이 나왔다. 다른 많은 책을 출판했지만 시집에 대한 애착은 남다를 수밖에 없다. 내가 간절히 보고 싶은 장면은 지하철에서 내 시를 읽는 사람을 만나보는 일이다. 그런 사람을 만나면 즉석에서 대화가 통할 것 같다. 저녁 식사를 같이 하면서 시에 대해 이

야기 하고 싶다. 요즘 북콘서트가 유행인데 출판사는 북콘서트를 열
어줄 생각도 안한다.

두 번째 시집을 출간하고 이런 글을 썼다.

그대 만일
시를 읽으면
숨어 있던 세상
그대 앞에 우뚝 솟고

그대 만일
시와 더불어 놀면
제멋대로 가는 세상
그대의 노래가 되며

그대 만일
시가 되면
모든 시작을 여신
신을 보게 되리라

시인은 그저
사랑할 뿐, 어느 덧
팔삭둥이 같은 시
그대 삶의 흥을 돋운다

시를 읽지 않는 세대에게 시를 읽어주었으면 좋겠다는 생각의 표현이었는데, 사실 시에 대한 나의 경험이기도 했다. 개인적으로는 이런 바람을 갖고 있다.

내 시가 그대의 노래가 된다면
내 시가 그대 인생의 멘트가 되고
내 시로 그대가 그림을 그리고
내 시로 그대 춤의 안무를 삼으며
내 시가 영화 속 한 장면으로 거듭난다면
내 시를 한 잔의 커피 맛으로 느낄 수 있다면
인생의 갈림길에서 서성거리다가
깊은 한숨의 여유와 함께
바닥에 주저앉아 퍼질렀다가
허접한 너스레로 읊어진다 해도
내 시가 길 잃은 영혼을 위한 이정표가 될 수만 있다면
그리 될 수만 있다면 얼마나 좋을까

시를 쓴다는 것?

시를 출판하면서 고민했던 것 가운데 하나는, 목사가 시를 쓴다는 것에 대한 고민이었다. 성경은 매우 다양한 장르로 이뤄져 있다. 그 가운데 욥기, 시편, 잠언, 전도서 등은 시로 된 것이다. 물론 성경 곳곳에는

시의 형태로 기록된 하나님의 말씀이 있다. 일단 하나님의 말씀이 시로 표현되어 있다는 것은 시가 갖는 의미가 대단하다는 뜻으로 받아들일 수 있다. 설화, 역사, 이야기, 시, 묵시록, 행전, 편지 등이 하나님의 말씀을 매개하는 수단으로 사용되었다는 사실을 중시해야 한다. 그런데 하나님 말씀이 설교나 교육의 형태로만 이해되고 사용된다는 것이 늘 아쉬웠다. 시로 기록되어 있는데 시로 느끼지 못한다면 얼마나 안타까운 일인가. 시는 시로 읽고 또 느끼며, 이런 경험으로부터 메시지를 파악해야 한다. 목사로서 시를 쓴다는 것은 어쩌면 성경 가운데 시를 이해하고 싶은 열망의 표현일지도 모른다. 물은 물이고 산은 산이듯이, 시는 시로서 읽혀야 제 맛을 내는 법이다. 따라서 시를 쓴다는 것 혹은 시를 이해한다는 것은 목사에게 영성의 한 측면이다. 하나님의 행위는 단지 학문적인 언어로만 기술될 수 있는 것은 아니고, 얼마든지 시로도 표현할 수 있다는 말이다.

지금도 시는 계속 쓰고 있다. 2013년에 용기를 내어 응모한 한국 기독공보 신춘문예에 당선되지도 못했고, 또 문예지를 통해 정식으로 등단하지 않은 나의 시를 출판해 주는 곳이 없고 또 출판비가 없어서 내지 못하고 있지만, 형편이 되면 두 권의 시집을 더 낼 정도이고, 시는 계속해서 쓰고 있고 또 평생 써나갈 것이다. 그렇다고 해서 개인의 욕망에서 비롯한 것은 아님을 알아주었으면 좋겠다. 난 단지 기록되는 시들이 머물 수 있는 집이 없어 정처 없이 떠도는 것을 막고 싶을 뿐이다. 이것이 비록 선배와의 약속을 어기는 일이긴 해도 나의 경험과 삶이 시의 형태로 나타나는 것을 어떻게 막을 수 있겠는가. 선배도 이해해 주리라 생각한다.

시의 매력은 간결하면서도 풍부한 생각을 담고 있다는 데에 있다. 언어의 향연이다. 단어와 단어의 연결을 어떻게 하느냐에 따라 전혀 달라지는 그림들을 시에서 볼 수 있다. 단어 선택에 신중을 기하고, 아무런 생각 없이 사용하는 법이 없다.

아무 말이나 해대는 것이 아니라 아름다운 그림을 그릴 수 있는 적확한 단어들을 선택하는 수고를 통해 설교할 수는 없을까? 세상을 솔직하게 보고 말하는 시인의 마음으로 교육할 수는 없을까? 시적인 정서로 목회할 수는 없을까?

이 질문은 목사로서 시를 쓰는 데에 큰 동기를 부여해 주는 것들이다. 시편은 하나님과 우리 사이에서 벌어지는 일들이 한편의 시로 읽으며 이해하고 또 설명할 필요가 있음을 환기한다. 목사로서 내가 시를 쓰는 이유는 이것을 경험하고 싶고 또 나누고 싶기 때문이다.

목사, 아빠로서 살다

코치로서 아빠와 설교자로서 목사

결혼한 목사에게 자녀가 있는 한, 아빠와 남편으로서 산다는 것은 당연한 일이다. 그런데 아빠와 남편으로서의 모습을 왜 반성해 보는 것일까? 나 스스로에게 먼저 질문을 하지 않을 수 없다. 이것은 분명 교회의 목사와 한 가정의 가장이라는 두 정체성 사이에 서로 마찰하는 면이 있기 때문이라는 생각에 이르렀다. 누구나 겪는 갈등이지만 다시 한 번 돌아보면서 갈등의 양상과 해결의 가능성을 찾아보는 것도 나름대로 의미가 있을 것이란 생각을 해보았다. 솔직히 말해서 이런 문제의식을 갖고 돌아보니 참 많은 것이 떠오른다. 무엇보다 부모 가운데 한 존재양식인 아빠의 의미와 역할과 관련해서 현대 기독교 교육학과 상담학에서 제시하는 여러 모델들을 생각해 볼 때 더욱 부끄럽다.

요즘 운동에서 사용되던 코칭 개념이 유행처럼 일반화되었다. 부모와 관련해서도 사용된다. 그래서 낳아주고 길러주는 부모와 코치로서 부모를 구분한다. 자녀와의 관계에서 부모의 책임은 물론이고 부모에게만 주어지는 권한이 있다. 아이들을 양육하고 돌보는 것은 책임이고 아이들을 훈계하고 잘못한 일에 대해 책망하며 심지어 어느 정도 때려도 법적으로 크게 문제 삼지 않는 것은 부모에게만 주어지는 고유권한이기 때문이다. 성인이라고 해서 누구나 훈계할 수 있는 일은 아니고, 잘못했다고 해서 때리면 폭력행위로 간주되어 처벌받기 때문이다.

그런데 코치로서 부모는 다르다. 아이의 잘못을 지적하고 훈계하고 심지어 때리는 일은 부모로서 자신의 감정을 표현 혹은 분출하는 일이다. 코치로서 부모는 아이가 잘못을 깨닫고 스스로 고칠 수 있도록 돕는 의미를 갖는다. 코치의 역할이 과거에 비해 달라졌다는 것을 전제했을 때 가능한 의미이다. 왜냐하면 과거 운동 코치는 체벌을 통해 선수들의 능력을 향상시킬 수 있다고 생각했기 때문이다. 지금은 상담 혹은 돕는 자의 개념이 강하게 부각되고 있다.

코칭 개념과 관련해서 생각해 볼 때, 세 아이의 아빠로서 나는 분명 자격 미달일 것 같다. 아이들이 성장하는 데에 아빠로서 위치를 지키고 또 재정적인 보탬을 주었고 또 그들을 양육하는 일에 일조는 했지만(사실 이것도 전적으로 아내의 몫이었다. 기저귀를 갈아준 횟수도 두 손가락으로 셀 수 있을 정도다), 코칭의 맥락에서 하지는 않았기 때문이다. 부모의 역할과 관련해서 코칭을 생각하지 않은 때라도 실제로 그렇게 하려고 노력은 했지만 잘 되지 않았다. 시간을 두고 차분하게 대화하기보다는 먼저 성질을 표출하는 일이 다반사였기 때문이다.

물론 자녀 양육과 관련해서 여유를 갖고 임하지 못한 것에 대해 평계가 없는 것은 아니다. 독일에서 공부하는 동안 나는 아무런 후원도 받지 못했다. 경제적으로 열악한 상태에서 공부하고 아이들을 낳고 키워야 했다. 내가 할 수 있는 최선의 방법은 학기 중에는 4시간, 방학 중에는 10여 시간을 일하는 것이었다. 그나마 시급이 좋은 직장이어서 열심히 노력만 하면 빚지지 않고 살아갈 수 있었다. 그러나 학교에 가고 일터로 가고 집으로 돌아오면 언제나 파김치가 되었다. 아이들을 한 번 안아주고 뽀뽀해 주고는 씻고 밥 먹고 잠자리에 들어야 했다. 내가 잠자리에 들면 아이들도 덩달아 자야 했는데, 방이 좁아 아이들이 놀면 소음 때문에 나의 수면 시간이 방해받았기 때문이다. 공부할 수 있는 유일한 시간이 새벽시간이었는데, 혹시라도 잠을 설치게 되면 그 시간이 날아간다. 외국에 유학을 와서 예습은 물론이고 복습도 못하고 하루를 보내는 셈이 된다. 유학의 의미가 사라지는 것이다. 그래서 아이들은 아내의 재촉으로 강제로 나와 같은 시간에 잠자리에 들어야 했다. 때로는 피곤해서 저녁 6시에 누울 때도 있었다. 그러면 아이들은 이불 속에서 장난을 치는데, 내 눈치를 보느라 제대로 놀지도 못했다. 귀국해서도 사정은 비슷했다. 이러니 아빠로서 나는 썩 좋은 점수를 받지 못할 것이다. 아이들의 희생에 대해서는 사실 어떻게 보상해야 할지도 모르겠다.

그런데 문제는 교회에서 아이들을 가르칠 때 나는 매우 자상하다는 것이다. 아이들과 잘 놀아준다. 이해도 잘 해준다. 너그럽다. 상담도 잘해 찾아오는 학생과 청년 그리고 성인들도 많다. 상담을 전공하지 않았어도 다양한 상담 사례를 가지고 있을 정도다. 원래 아이들을 썩 좋아하는 성격이 아니었지만 맡은 바 임무 때문에 아이들의 친구로서 잘 놀았다. 나를 보는 아이들이 "목사님" 하고 엉덩이를 치고 도망갈 정도로 친하게 지냈다. 우리 아이들에게는? 물론 그렇게 하질 못했다. 그러니 설교할 때나 교육할 때, 마음은 항상 갈등이다. 내 아이들에게는 제대로 못했는데, 이렇게 말해도 되는가? 이렇게 설교해도 되는가? 내가 바르게 살고 있는 것인가? 아빠는 물론이고 과연 목사의 자격이 있는가? 등등.

그러니 아이들에게 목사와 아빠는 서로 다른 캐릭터를 갖고 있는 셈이다. 여간 불편한 게 아니다. 한편으로는 죄의식을 갖고 있으니 그나마 낫다는 생각도 한다. 늦게라도 아이들에게 잘해줄 수 있는 기회를 만들 수 있기 때문이다. 근데 이제는 다 커서 부모와 함께 다니려하지도 않는다. 어릴 때부터 습관이 되어 있지 않으니 문제가 있어도 찾아와 의논하려고 하지 않는다. 정작 내가 물어도 만족할 만한 반응을 얻지 못한다. 성인이 되어 각각 자신들의 스케줄이 있다 보니 대화할 기회도 그리 많지 않다. 잘 해준다는 것이 기껏해야 용돈을 주거나 필요한 물건을 제때 사주는 것밖에 없다.

때로는 내 아이들에게 잘 해주지는 못해도 교회 아이들에겐 잘해줄 수밖에 없는 일도 많다. 돈이 넉넉지 않으니 가끔은 선택해야 했다. 아이들에게 쓸 것인가, 교회 아이들을 위해 쓸 것인가? 부교역자에겐 판공비라는 것이 없으니 아이들을 위해 개인적인 선심을 쓸 때는 내 돈으로 해야만 했기 때문이다. 이럴 땐 주저 없이 교회 아이들을 위해 돈을 쓴다. 무엇이 그렇게 하도록 하는지 잘 모르겠다. 내 아이들보다 더 예쁘거나 말을 잘 들어서는 아니다. 그냥 목사로서 본능인 것 같다.

그래서 우리 아이들에겐 미안하다. 어릴 때 잘 놀아주지도 못했을 뿐만 아니라 지금까지도 안정된 자리를 얻지 못한 상태에서 넉넉한 삶을 살도록 해주지 못했기 때문이다. 최선을 다해 노력했지만 시대의 소비욕구를 따라잡기에는 역부족이다.

아빠와 목사의 갈등 국면은 그것만이 아니다. 모범적인 삶에서 언제나 부끄럽다. 교회에서 선포하는 메시지와 집에서 보이는 행동이 일치하지 않을 때가 종종 있기 때문이다. 가족이 그것을 대놓고 비난하진 않지만 나 스스로 놀란다. 아이들을 의식하지 않을 수 없기 때문이다. 아무리 노력을 해도 순간순간 습관처럼 나오는 불일치한 행동들은 아이들을 참 많이 놀라게 했을 것이다. 예컨대 잘못했을 때 혼내는 경우다. 용서를 말하고, 사랑과 관용을 강조하면서 내 아이들에겐 그렇게 하지 못하기 때문이다. 행여나 나의 일치되지 않은 행동 때문에 아이들이 말씀을 왜곡해서 듣게 되진 않을지, 이것이 가장 큰 염려거리다. 그런 일이 일어나지 않았으면 하는 마음으로 늘 조심한다. 그래도 또 넘어진다. 아빠와 목사 사이에서 나는 참 많은 것들로 인해 질퍽거린다.

나 자신을 돌이켜 보면서 알게 되는 일이 있다. 목사가 아빠로서 사는 일은 결코 부모로서만 사는 것이 아니라는 사실이다. 결코 그럴 수 없다. 목사의 정체성을 일부러 강조하지는 않더라도 목사임을 잊지 않아야 한다. 자녀들 역시 목양의 관점에서 보고 또 그렇게 대할 필요가 있다. 무엇이든지 부족하지도 또 과하지도 않은 관계여야 한다. 이럴 때 다소 거리를 두고 자녀를 이해할 수 있고, 그래야 자녀에게 받는 불필요한 오해를 피할 수 있다.

자녀들은 자라는 과정에서 여러 가지 면에서 부모를 닮는다. 사춘기가 되면서 부모이외에 다른 사람에게서 자신의 역할모델을 찾아 나서지만, 그 이전 시기의 아이들은 부모를 역할모델로 삼으며 자라기 때문이다. 그런데 목사로서 아빠가 지나치게 부모 됨을 강조하면 목사로서 역할이 축소되어 곤란함을 겪고, 반대로 목사의 역할을 강조하면 부모로서 역할이 축소되어 관계가 소원해질 뿐만 아니라 아이의 정체성 형성에도 문제가 생길 수 있다. 그러니 가장 좋은 방법은 목사와 아빠로서의 삶에서 균형을 잡아야 한다. 가장 좋은 방법은 어떤 면에서도 말과 행동이 일치되어야 하는 것이다. 그러나 완벽한 사람은 없는 법, 자주 실수하는 것을 결코 두려워할 필요가 없다. 그럴 때마다 변명하기보다는 솔직히 인정하고, 경우에 따라서는 그럴 수밖에 없었던 이유를 설명해주면서, 다음에는 그런 일이 없기를 노력할 것을 다짐하는 모습을 보여 주는 것이 중요하다.

군이 나를 기준으로 내세우는 것은 아니지만, 아빠의 정체성을 지나칠 정도로 강하게 내세워 교회 문제를 일으키는 철없는 교역자를 보면 가끔 화가 난다. 예컨대, 아이들의 돌잔치, 생일잔치에 자기 교구 성도들에게 초대장을 돌리는 교역자가 있다. 사실 크게 문제 될 것이 없어 보인다. 보통의 아빠처럼 행하는 것이기 때문이다. 그러나 적지 않은 문제다. 교구 목사 자녀들의 돌잔치 생일잔치 때문에 성도들이 갖는 부담감이 적지 않기 때문이다. 참 철이 없다는 생각을 한다. 심지어 어떤 목사는 자녀의 졸업식, 입학식을 광고한다. 결혼식은 그렇다고 치자. 도대체 뭐하자는 것인지. 소리 없이 지내면 안 되나? 하기야 자신의 아들이 담임목사직을 이어받아 교회를 맡도록 하는 경우도 있으니, 할 말이 없다. 이것은 자녀 사랑이 아니라 자녀를 죽이는 행위임을 알아야 한다.

사실 교역자 자녀는 일반 성도의 자녀들보다 더욱 눈에 띄는 법이다. 대체로 다른 아이들보다 더 많은 관심을 받고 사랑을 받는다. 우리 아이들은 내가 사역하는 교회가 멀다는 이유로 아예 다른 교회에 다녔기 때문에 이런 일은 일어나지 않아 다행이다. 그러나 대부분의 교역자 자녀들은 본 교회에 다니면서 성도들에 의해 다른 아이들보다 더 많은 관심을 받으면서 자란다. 그러나 제일 말을 안 듣는 아이들 가운데 교역자 자녀들이 많다는 사실을 명심한다면, 애초부터 특별한 대우를 받는 경우부터 없어야 할 것이다.

어떤 담임목사는 자녀들이 좋은 대학에 가고 좋은 직장에 입사한 것을 자랑삼아 늘어놓는다. 이것 또한 참 철없는 짓인 것 같다. 성도들이 등록금 걱정하면서 자녀들을 학교에 보내는 것을 생각한다면 교회에서 주는 학비를 꼬박꼬박 받고 다니는 목회자 자녀는 좀 미안하면서도 감사한 마음으로 다녀야 하는 것이 아닌가? 그렇지 못한 목회자도 있지만, 웬만한 교회는 대개 담임목사의 자녀에게는 학비를 준다. 그런데도 자랑을 늘어놓는다면 도대체 뭐하자는 건가. 생활이 어려운 사람들의 자녀에게 장학금을 주면서 교인들 앞에 호명하며 주는 것은 뭔가. 그렇다면 목사 자녀들도 그리해야 하지 않을까? 성적에 상관없이 전액 장학금을 교회이름으로 수여한다는 의식을 치러야 하지 않을까?

목사로서 아빠는 훌륭해야 하지만 그렇다고 아빠 됨을 지나치게 강조하다보면 본의 아니게 상처받는 사람들이 많이 있다는 사실을 명심해야 할 것이다. 게다가 현대사회에서는 과거 정상적이라고 규정했던 형태를 갖지 못하는 가족이 많다. 성경을 모범으로 삼으면서 부모와 자녀의 관계를 정상으로 간주하며 말할 경우 상처를 받는 사람들이 있을 수밖에 없다.

목사, 남편으로서 살다

서로가 서로를 돕는 관계

목사로서 제대로 된 아빠가 못 되는 것은 남편의 경우에도 해당된다. 목사 이전에 나는 한 여자의 남편이다. 옛날과 달라서 요즘 목사들은 가족에게 최선을 다한다. 아내에게 좋은 남편이 되려고 노력한다. 알고는 있지만 사실은 그렇지 못하니 고민이다.

언젠가 교인이 말했다.

"목사님은 부부 싸움도 안하실 것 같아요"

"사모님은 참 행복하실 것 같아요"

부부싸움? 왜? 목사는 사람도 아닌가? 아내에게 직접 물어보라, 아마도 행복하다는 말을 결코 못 들을 것이다. 경제적으로나 심적으로나 편할 날이 없는 집인데, 무엇 때문에 행복할 수 있겠는가!

그러니 이런 말을 들을 때면 손사래를 치며 부정하지만 성도들은 잘 믿으려 하지 않는다. 그놈의 설교가 문제다. 하나님 말씀을 전한다면서 언제나 좋은 이야기만 해대고 겉으로 좋은 모습만을 보이려고 노력하니 교인들이 그렇게 믿는 것이다. 이럴 땐 정말 괴롭다. 집에서는 목사가 아니라 남편에 불과하다. 잔소리도 듣고 간혹 말다툼도 한다. 냉전 상태로 주일을 넘기는 경우도 종종 있다. 집에서도 영적인 권위를 내세웠다간 부부 싸움의 원인이 될 뿐이다.

말이 나왔으니 목회자의 부부싸움에 대해 말해보자. 부부싸움의 후유증이 주일을 넘길 경우에 대부분의 교역자들은 매우 힘든 시간을 보내게 된다. 설교나 교육이 제대로 이뤄지지 못할 뿐만 아니라 얼굴에 가득한 수심이 교인들로 하여금 갖가지 의혹을 불러일으키기 때문이다. 그러니 가능한 한, 부부싸움은 성경말씀대로 해를 넘기지 않는 것이 바람직한데, 만일 현실적으로 그것이 힘들다면, 적어도 주일을 넘기지 않도록 해야 할 것이다. 남편과 아내 모두가 노력해야지 어느 한 쪽만 노력해서 될 일은 아니다.

가장 좋은 방법은 교역자가 먼저 조심해야 한다. 설교를 맡고 있는 대부분의 교역자들은 주일이 가까워질수록 매우 예민해진다. 많은 사람들은 이럴 때 먼저 아내에게 조심할 것을 당부하는데, 나는 달리 생각한다. 다시 말해서 교역자 스스로 자기 감정을 통제할 수 있어야 한다는 말이다. 감정을 통제하지 못하면 설교를 준비하는 과정부터가 이미 잘못되어 있는 것이다. 평정을 잃지 않는 자세를 늘 갖추되 특히 설교를 준비할 때는 더욱 그러해야 한다. 아내의 자극을 인내를 시험하는 사건으로만 보지 말아야 한다. 물론 아내 역시 조심해야 할 것이다. 남편이 예민한 시기임을 알고 자극적인 말을 삼갈 뿐만 아니라 갈등이 일어날 수 있는 문제들은 만일 급한 것이 아니라면, 주일 이후로 넘기는 것이 좋다.

목회와 설교와 관련해서 목사를 가장 자극하는 사람은 사실 아내의 부정적인 말과 태도이다. 항상 그렇지는 않지만 목회자들과 대화를 하다보면 대체로 그런 것 같다. 그래서 목회자들 중에 상당수는 설교 전에 아내에게 설교문을 보여 주지 않거나, 목회 관련 이야기를 결코 하지 않는다. 목회와 설교에 아내의 역할을 지나치게 제한하는 것은 아내가 소외감을 느끼게 되는 원인이 되지만, 그렇다고 시시콜콜 말하는 것도 바람직하지는 않다. 성도들 역시 사모가 목회에 간섭하는 것을 좋게 보지 않기 때문이다. 그러니 남편과 아내가 서로 조심해야 한다. 알아도 모른 척, 모른다고 해서 소외당하고 있다는 느낌을 내색하지 말아야 한다.

목사의 아내로 사는 것도 마찬가지이겠지만 목사가 남편으로서 산다는 것은 쉬운 일이 아니다. 때로는 평생 교회 일만 하며 사는 사람이었으면 하고 바랄 때도 있다. 사실 목사가 하나님의 일을 하면서 가정에 매인다는 것은 있을 수 없는 일이다. 성도들의 행복과 구원을 위해 일하는 사람으로 헌신된 사람이 목사이기 때문이다. 그런데 한 가정의 남편이다 보니 신경을 쓰지 않을 수가 없다. 특히 여자 성도들을 대하는 태도에서 신경을 써야 하고 또 여자 성도들의 관심을 받는 일도 그렇다. 간혹 철없는 여성 성도의 지나친 관심 때문에 오해를 사기도 한다. 임지를 정하는 때에도 나 혼자 결정할 수 없다. 헌신의 정도도 아내의 눈치를 보아야 한다. 물론 모든 것을 다 일임해 주고 이해해 주는 아내라면 그럴 까닭이 없지만 아내도 사람인지라, 욕망이 있다. 그래서 대화를 해야만 한다. 대화가 잘 풀리면 아무 문제가 없겠지만 대화가 막히면 이럴 수도 없고, 저럴 수도 없는 상황에 직면하게 된다. 그래서 가끔은 마치 아내가 사탄이라는 생각도 하게 될 때가 있다. 그런데 나중에 보면 욕심과 헌신을 분별하지 못하는 내 조급함을 막아준 것으로 판명이 날 때도 있다. 제 때에 알게 되면 좋으련만 나중에서야 깨닫게 되니 그 시간동안 겪는 마음고생은 정말 말로 다할 수 없다.

목사로서 남편은 쉽지 않은 일이다. 그런데 바꾸어 생각하면 얼마나 큰 은혜인가. 먼저 외롭지 않은 삶을 사는 것이 얼마나 좋은 일인가. 또한 성도들의 가족의 문제를 이해하는 데에 매우 좋은 사례들을 경험할 수 있게 한다. 그러나 지나치게 가족에 매이면 목사로서 할 일을 제대로 못하는 것은 사실이다. 특히 자기 가족에게 지나치게 많은 신경을 쓰는 목사는 모양이 좋아 보이지 않는다. 요즘 교회 세습이 교회문제의 범위를 넘어 사회문제로 비화될 정도다.

가톨릭 신부들은 헌신의 정도에서 개신교 목사들과 비교할 수 없을 정도로 단호한 태도를 보인다. 물불을 가리지 않을 때가 있다. 그런데 목사는 그럴 수 없다. 가족이 있기 때문이다. 가족을 무시하고 결단을 내리는 경우도 있겠지만, 항상 그럴 수는 없다. 외롭지 않은 삶을 사는 것은 좋은 일이지만, 헌신의 정도에서는 대체로 미진하다. 어느 것이 좋은지, 모든 것을 받아줄 수 있는 아내를 얻어야 하는 것인지. 그렇다면 아내는 한 인간으로서 무엇인가? 참 쉽지 않은 일이다.

교역자가 가정을 갖는 일은 사역과 관련해서 본다면, 다소 방해되는 점이 없지 않으나, 교역자의 인격을 위해서는 매우 바람직한 일이다. 무엇보다 교회의 공동체적인 본질을 이해하고 이끄는 데에 가장 으로서 경험은 매우 중요하기 때문이다. 또한 교역자의 인격이 가장 적나라하게 드러나는 곳이 가정이기 때문이다. 가정에서 제대로 다듬어지지 못한 사람은 아무리 교회에서 그럴듯하게 포장된다 해도 언젠가는 그 진상을 드러낼 수밖에 없다. 가정에서 제대로 훈련받은 사람은 그 인격이 인정받기까지 비록 더딜지는 몰라도 언젠가는 반드시 빛을 발한다. 교역자가 가정을 갖는 이유는 심리적으로 안정적인 사역 때문이기도 하고 가정을 가진 성도들을 공감적으로 이해하며 또 그들의 문제에 적절한 해결책을 줄 수 있기 때문이다.

이즈음에서 목회자 가정에서 아내와 남편의 관계에 대해 생각해 보도록 하자. 사실 목회자 가정만이 아니라 어느 가정에나 적용되는 일이다. 글의 성격상 목사의 경우에 제한할 뿐이다. 앞서 말해야 할 것이 있는데, 목회자와 성도의 관계에 비춰볼 때, 목회자의 가정은 현실적으로 하나님이 처음 가정을 세워주셨던 뜻을 드러내는 역할과 의미를 갖는다. 성도들이 설교를 통해서 뿐만 아니라 말씀을 읽으면서 그것을 기대하기 때문이다. 최근에는 목회자 이미지가 달라졌고 목회자에 대한 기대치가 낮아졌다 해도 정도의 차이는 있을지 몰라도 기대하는 것은 여전하다. 목회자는 결혼 단계부터 이점을 명심해야 한다. 그러니 참으로 어려운 일이다.

존 스토트는 결혼의 목적을 세 가지로 정리하고 있다. 첫째는 자녀 출산과 양육이며, 둘째는 서로 돕는 관계로 사는 일이며, 셋째는 서로 희생적으로 사랑하고 서로에 대해 헌신하는 것이다. 그리고 인류의 타락은 세 가지 목적에 치명적인 타격으로 작용했다고 보았다. 그만큼 성경이 말하는 가정의 의미를 회복하기가 쉽지 않다는 말이다. 더욱 심한 것은 이혼이 목회자 가정에게까지 파급되고 있는 현실이다. 배우자가 불륜 관계를 청산하지 않고 떠나기를 원하거나 혹은 아무런 예고도 없이 일방적으로 가출하여 배우자를 유기하는 것과 같은 경우가 아니라면, 결코 이혼하지 말아야 한다. 예컨대 불륜관계에 있던 자가 배우자에게 용서를 구하고 돌이킬 마음을 표시했을 경우라면 이혼을 유보할 만한 충분한 이유가 된다. 무엇보다 배우자와의 관계에서 겪는 갈등의 진원지는 결코 상대방에게만 있지 않고 서로에게 있기 때문에, 극단적인 갈등의 순간에 접어들 때 목회자는 배우자가 아니라 자기 자신이 변해야 한다는 의미로 받아들여야 한다.

한편, 목적에 비춰보거나 성경의 뜻을 음미해 볼 때, 아내는 남편에게 결코 부수적인 존재가 아니다. '돕는 배필'의 의미를 생각해 보면 더욱 분명해진다. 하나님이 사람을 창조하실 때 남자와 여자로 만드셨다. 그 과정을 설명하는 창세기 2장에 보면, 남자가 혼자 있는 것이 하나님이 보시기에 좋아 보이지 않았기 때문에, 하나님은 여자를 만드셨는데, 이때 창조의 콘셉트는 '돕는 배필'이었다. 이 말은 매우 놀라운 의미를 갖고 있다. 왜냐하면 하나님은 돕는 자로 인간에게 나타나시기를 원하시기 때문이다. 따라서 여자가 남자를 돕는 배필의 의미에서 만들어졌다는 것은, 여자가 남자에게 구원의 의미를 갖고 있다는 말이다. 하나님의 역할을 대신해서 행하는 존재가 여자라는 말이다. 따라서 '돕는 배필'은 결코 남자의 뒤치다꺼리를 한다는 의미로 이해할 수 없다. 오히려 남자에게 여자는 구원론적인 의미를 갖고 있다. 그렇다고 여자가 구원자라는 말은 아니다. 하나님의 도우심이 특별히 여성의 존재와 사역을 통해 잘 드러난다는 말이다. 그 반대 역시도 마찬가지로 성립된다. 남자의 존재와 사역 역시 여성에게 특별한 의미를 갖는다.

　창세기 본문이 말하는 것은 남자와 여자는 서로가 서로를 돕는 관계로 만들어졌다는 것이다. 이것은 모든 가정에 적용되지만 특히 목사의 가정에서 매우 중요한 의미를 갖는다. 왜냐하면 목사와 그의 아내는 교인을 포함하는 다른 사람의 가정에 하나님의 뜻을 나타내도록 부르심을 받았기 때문이다. 목회자 부부가 서로가 돕는 관계로 살 때, 성도들이 성경말씀을 진리로 받아들이며, 그것을 자신에게도 적용할 수 있도록 노력하기 때문이다.

목사, 설교하다 (1)

불가능하되 마땅히 해야만 하는 일

설교는 목사의 특권이자 의무이다. 물론 모든 목사가 설교할 수 있는
것은 아니다. 설교를 위임받아야 할 수 있다. 목사는 기본적으로 설교
할 수 있도록 교육을 받는다. 목사는 설교하는 자이다. 목사와 설교자
는 어느새 동의어가 되어 버렸다. 엄밀히 말해서 설교자는 굳이 목사
만 하는 것은 아니다. 공동체 혹은 공동체의 대표에 의해 위임받은 자
라면 누구나 할 수 있다. 그러니 교회로부터 위임만 받으면 전도사도
할 수 있고 평신도도 할 수 있다. 설교를 배우는 것이 설교하기 위한
기본 조건은 아니다. 설교를 배우는 것은 올바로 또 잘 하기 위해서이
지 설교의 조건은 아니다. 그렇다고 해서 아무나 할 수 없는 것은 질서
를 위한 것이고, 또 복음을 전하기 전에 복음을 바르게 이해할 수 있어
야 하기 때문이다. 신학을 배우지 않고 설교를 한다면 잘못된 성경해
석으로 이어질 수 있다. 이단에 빠지는 원인은 대체로 올바른 신학을
제대로 배우지 않았기 때문인 경우가 많다.

여기서 설교의 기본 정신이 나온다. 설교는 하나님의 말씀을 전하는 것이다. 칼 바르트는 *reden von Gott*(talk of God) 이라고 말했다. 이것은 그의 독특한 신학에 근거한 전문용어인데, '예수 그리스도를 통해서 계시된 하나님의 행위를 말한다'는 뜻이다. 좀더 정확하게 말하자면, 하나님의 행위를 말하되, 예수 그리스도를 통해 계시된 것을 통해 말한다는 말이다. 그러니 설교는 하나님의 행위를 말하되, 예수 그리스도 안에서, 예수 그리스도를 통해서, 예수 그리스도에게 행하신 하나님의 행위를 말하는 것이다. 설교에서 왜 그토록 예수 그리스도가 자주 등장하고 또 중요하게 여기고 있는지 그 이유를 알 것이다.

목사가 설교하는 것을 바르트는 불가능한 일이면서도 하지 않으면 안 되는 일로 이해한다. 불가능하다 함은, 사람의 입으로 감히 하나님의 말씀을 하는 것이 가능하지 않기 때문이고(피조물로서 인간학적인 조건이며 또한 능력의 한계 때문에), 그럼에도 당연히 해야만 하는 이유는 목사로, 설교자로 부름을 받았기 때문이다(신학적인 당위). 바로 이런 상황에서 바르트는 목사가 처한 곤고함과 동시에 하나님의 은혜를 말한다. 다시 말해서 목사가 설교하는 것은 불가능한 일을 하는 것이기 때문에 매우 부담되는 일이지만, 그럼에도 그것이 가능해지는 것은 하나님의 은혜 때문이라는 것이라는 말이다. 그렇다. 설교는 부담되는 일이면서 하나님의 은혜이다. 그러니 참으로 두렵고 떨리는 마음으로, 감사하고 또 겸손하게 받아들여야 한다.

실제로 그런가? 누구나 첫 설교는 참으로 두렵고 떨리는 마음으로 준비하고 또 강단에 올라선다. 나 역시 그랬다. 준비를 해도 해도 끝이 없었다. 페이지는 늘어만 가고, 정해진 설교 시간을 맞추기 위해서는 썼던 것을 줄이고 또 줄여야 했다. 수정할 것이 왜 이렇게 많은지, 또 줄여야만 하는데, 무엇을 줄여야 할지 막막하기만 하다. 원고 상태로는 괜찮다고 생각하고 강단에 올랐는데 성도들이 나를 바라보는 시선과 분위기에 압도되어 갑자기 설교원고가 전혀 눈에 들어오질 않아 더듬거려 식은땀을 흘려야 했던 기억이 있다.

설교할 때 가장 신경 쓰이는 존재는 아내다. 뒤에 앉아서 눈을 감고 듣고 있는데, 인상을 찌푸리면 그날 설교는 꽝이다. 그나마 눈을 뜨고 들으면 오케이. 초기에는 성도의 반응보다 아내의 반응을 살펴야 했다. 설교를 수정하는 것도 아내의 몫이었기 때문이다. 빨간 줄이 그어지는 것을 볼 때마다 황망하고 당황하고 또 화가 났지만, 내가 쓰는 글이 워낙 딱딱해서 평신도 수준으로 고쳐지길 바라는 마음으로 굳게 참아 냈다. 결과적으로는 좋은 결론이 난 것 같다. 처음보다는 많이 고쳐졌기 때문이다.

설교에서 가장 큰 문제는 너무 많은 것을 말하려고 하는 것이다. 한 본문에 한 주제만을 다뤄야 하는데, 하다보면 몇 개의 주제가 나온다. 성경본문을 이해하기 위해 빼놓을 수 없다고 생각해서 그렇게 하는 것이다. 그런데 사실 성도들은 한 가지 주제만을 갖고 다양하게 조명하길 원한다. 특히 일상경험과의 관계에서 이해하길 원하는데, 다시 말해서 자신의 삶과 이야기들이 성경 안에서 어떻게 이해될 수 있는지를 기대한다. 이것을 알게 되기까지는 꽤 시간이 걸렸다. '어렵다'는 평가에서부터 '괜찮은 편'을 거쳐 '좋았어'라는 아내의 평가를 얻기까지 무던한 노력을 기울였다. 때로는 화를 내기도 하고, 때로는 짜증을 내고, 때로는 삐치는 상황을 거쳤다. 하나님과 성도를 생각하지 않고 아내의 평가에 민감한 반응을 보이는 내 자신을 보고 때로는 자괴감을 느끼기도 했지만, 사실 성도들에게 설교하는 것이니 성도들이 들을 수 있는 형태로 고치는 일이 당연하다는 생각을 하고나서야 아내의 코멘트를 아무런 이의 없이 받아들이게 되었다.

필자가 설교와 관련해서 느꼈던 가장 큰 문제는 본문설교와 주제설교의 갈등이었다. 본문설교는 본문을 바탕으로 하는 설교이고, 주제설교는 주제에 따라 본문이 선택되는 설교를 말한다. 신학교에서는 본문설교(특히 강해설교)를 해야 한다고 강조했고, 주제설교는 잘못된 설교 형태라고 해서 심하게 비판하는 것을 들었다. 주제설교에서는 하나님의 뜻이 우선되는 것이 아니라 사람의 뜻이 우선된다는 이유였다. 그러나 교회의 설교현실을 보면, 비록 본문이 없진 않으나 주제설교가 더 많았고, 또 유명한 설교자들의 설교는 대체로 주제설교였다. 강해설교라고 하지만 사실은 설교시간에 성경을 주석하는 것으로 잘못 이해하고 있는 경우가 대부분이다. 강해설교는 주어진 본문이 말하는 의미가 드러나도록 성경을 해석하는 것이다. 그런데 한국 교회의 강해설교는 주석설교가 대부분이다. 구구절절 해석하기 때문이다. 따라서 본문으로부터 한 가지 의미가 아니라 여러 의미들이 도출된다. 또한 주제설교가 아니라 본문설교라고 해도 가만히 들여다보면 본문을 강해하기보다는 본문에서 주제를 추출해서 그 주제를 중심으로 설교하는 형태가 많다.

신학교에서 배운 것과 교회 현장에서 경험하는 것에서 느끼는 차이가 한두 가지가 아니지만, 설교의 경우는 좀 특별했다. 그래서 두 설교 형태의 차이를 다시 한 번 숙지하는 것은 물론이고 각각의 설교 형태에서 장점을 살릴 수 있는 방법을 모색해보게 되었다. 게다가 또 다른 문제는 설교가 늘 연역적인 서술로 이어지는 것이다. 신앙의 규칙이 되는 성경에서 시작하고 성도들의 삶에 적용하는 단계로 나아가기 때문에 당연히 생기는 문제였다.

이 두 문제를 함께 해결하기 위해 필자는 6개월간 준비하고 1년간 학생들과 함께 발표하고 토론하는 시간을 거친 후에 나머지 1년 동안 정리해서 출판하였다. 이것이 『제3의 설교론-현실에서 본문을 향하여 나아가는 설교』였다. 처음에는 씨엠출판사에서 출간했으나, 출판사 사정으로 출판이 이뤄지지 않아 나중에 한국학술정보사에서 재출간하였다. 아마도 한국인에 의해 쓰인 설교론으로는 처음이라고 생각된다. 제목을 한자로 표기하는 과정에서 출판사의 실수로 말씀 說자가 아니라 베풀 設자가 되어 급히 전권 회수하여 다시 찍는 해프닝이 벌어지기도 했다.

일각에서는 조직신학자가 설교론을 쓴 것에 대해 주제 넘는 일이라고 비난하는 말을 한다. 그게 정말 문제인지 모르겠다. 진정한 문제는 설교학자가 설교자가 느끼는 고민과 문제를 해결해 주려고 노력하지 않은 것이 아닐까? 학문의 경계가 무너지고 있는 시대에 굳이 자기의 경계를 지켜야만 한다는 논리 역시 바람직하게 보이지 않는다.

앞서 언급했듯이, 이 책은 본문설교와 주제설교의 장점을 살리고 연역적인 화법을 피할 계획으로 연구한 결과인데, "현실에서 본문을 향하여 나아가는 설교"의 형태를 서술하고 있다. 귀납적이면서 목회 상담적인 설교다. 말하자면 이렇다. 보통은 성경 본문의 의미를 이해한 설교자는 성경이해의 과정을 성도들에게 다시 설명하는 식으로 설교를 한다. 이것을 강해설교라고 이해한다(앞서 말했듯이, 강해설교가 주석설교와 다르다는 사실이 많이 간과되어 있다.). 성경을 강해하면서 그 의미들을 성도들의 삶과 현실에 적용하는 것이다. 이런 설교는 대개 메시지에서 현실로 가기 때문에 연역적이다. 메시지를 발견한 후에 그것을 현실과 삶에 적용하니 당연히 당위적인 행위를 요구하는 것으로 마치게 된다. 즉, '성경이 말하고 있으니 ~해야 한다' 혹은 '~해서는 안 된다'로 마치게 된다. 이런 형태의 설교는 윤리적인 설교가 될 가능성이 많으며, 또한 설교를 듣는 성도들에게 심적인 부담감을 안겨주게 된다. 당위적인 요구가 없을 수는 없어도 그것을 어떤 방식으로 말하느냐가 관건이다.

『현실에서 본문으로 가는 설교』는 설교에서 성경이해의 과정을 반복하지 않는다. 설교를 준비하면서 발견한 성경 본문의 의미를 먼저 현실에서 적용하는 것으로부터 출발해서 거기서부터 나타나는 성도의 고민과 질문과 문제에 대한 대답으로서 성경의 의미를 제시하거나 혹은 성도가 가지고 있는 신념이나 생각들에 대한 도전과 비판으로서 성경 본문의 의미를 제시한다. 성경본문은 우리 삶에 적용하기 위한 것도 있지만 또한 우리가 기대고 소망할 하나님과 그분의 약속을 제시한다. 그러니 당위적인 요구로 마치는 것이 아니라 하나님을 소망하며 기대할 수 있는 메시지 선포로 마친다. 그리고 성령의 인도하심을 신뢰하며 살 수 있는 확신을 성경의 메시지를 통해 던져준다.

처음에는 힘들고 낯설어 보여도 현실에서 본문을 향해 나아가는 방법에 익숙해지고 난 후에 행한 설교에 대한 교인들의 반응이 많이 달라졌다는 말을 학생들과 목회자들에게서 들었다. 성도들의 삶의 문제를 고민하며 해결하는 과정으로 설교를 하니 관심도 높아지고 설교에 대한 만족도도 높아졌다는 것이다. 필자 역시 설교의 형태에 대해 고민하다 발견한 것인데, 실제로 해보면서 매우 좋은 반응을 실감하고 있다.

설교와 관련해서 요즘 내가 느끼는 또 다른 문제는 성경에 대한 개인주의적인 적용이다. 성경을 내게 주시는 말씀으로 읽고 보는 것에 익숙해지다 보니 설교도 그렇게 하게 된다. 결국 신앙의 문제가 하나님 앞에서 홀로 해결해야 하는 것은 사실이다. 구원의 문제가 특히 그렇다. 아무리 다른 사람이 나선다고 해서 해결될 일이 결코 아닌 것이다. 자세히 들여다보면 큐티의 연장선상에서 설교하고 있다는 것을 알게 될 것이다.

그것 자체가 잘못이라기보다는 성경의 의미를 개인에만 국한해서 적용하는 것이 문제다. 성경의 본문은 대체로 공동체에게 주시는 말씀이 많다. 심지어 신약성경 가운데 바울 서신의 일부는 개인에게 주는 말씀이었지만, 그것은 결코 개인에게만 국한된 말씀이 아니었다. 공동체 앞에서 읽혀진 말씀이었다. 성경은 기본적으로 공동체를 겨냥하고 있다. 비록 개인의 문제를 다루고 있다 하더라도 개인은 물론이고 공동체를 염두에 두며 읽는 것이 바람직하다.

예컨대, 시련을 만날 때 인내하라는 말씀을 보자(개인의 잘못으로 오는 어려움의 경우는 제외하고). 이것을 보통은 어려움을 만날 때 하나님께 기도하며 인내하라고 설교한다. 사람을 찾지 말고 하나님을 찾으라고 한다. 그리고 그래야 할 이유들을 간증 사례들을 통해 나열한다. 교인 중에 가끔 이런 하소연을 하는 사람들이 있다. 하나님은 왜 내게 이런 고통을 주시는지 모르겠다는 것이다. 신학적으로는 보통 신정론(theodicy)이라는 주제를 통해 이 문제를 해결하려고 한다. 고통의 의미를 해석해 주는 것이다. 악의 현상과 관련해서 하나님의 옳음을 증거하는 노력이다. 그런데 그렇게 말하는 사람에게 물어보라. 어떤 상황에서 그런 말을 하게 되는가. 대개는 아무런 문제 해결의 기미가 보이지 않을 때 그런 말을 한다. 의미를 묻기 이전에 자신에게 당한 일을 처리하는데 어려움을 겪고 있기 때문에 그렇다. 만일 이런 사람이 누군가에게 도움을 받고 있다면 어떨까? 함께 고통을 나누는 형제자매들이 있다면 어떨까? 그 일이 도대체 이해할 수 없는 나만의 고통으로 여겨질까, 아니면 하나님의 은혜를 경험하는 순간으로 여겨질까? 그것은 분명 은혜를 경험하는 기회가 된다. 이처럼 시련을 만날 때 인내하라는 말씀을 개인의 문제로 돌려서는 안 된다. 시련을 만나는 사람이 인내할 수 있도록 도울 수 있는 방법을 모색해 내는 것이 공동체의 과제다. 그렇지 않다면 야고보서의 말씀대로, 굶주린 자에게 말하기를 가서 음식을 사서 먹으라, 헐벗은 자들에게는 가서 마땅한 옷을 사서 입으라고 말하는 것과 무엇이 다른가.

오늘날 한국교회 설교에는 성경본문을 개인주의적인 적용으로 그치는 경우가 태반이다. 유명한 목회자의 설교를 분석해 보아도 마찬가지다. 교단을 가리지 않는다. 아무리 은혜가 많고 성도가 늘어나도 사회가 변하지 않는 이유는 바로 개인주의적인 적용에 있을 것이란 생각을 하게 되었다. 이제는 바뀌어야 한다. 공동체를 염두에 둔 해석과 적용으로 바뀌어야 한다.

고난을 말할 때 섣불리 인내와 소망을 말하기 전에 우리는 고난당하는 자를 위해 무엇을 할 수 있는지를 먼저 물어야 한다. 우리 가운데 고난당하는 자가 있는 이유를 생각해 봐야 한다. 고난당하는 자가 인내할 수 있는 이유는 하나님의 약속 때문이다. 그러나 그 약속은 하나님이 이루시지만 사람을 통하신다. 고난은 우리가 돌보아야 할 대상인 것이지, 관조하거나 명상할 대상은 아니며, 의미를 묻기 위한 사건은 더욱 아닌 것이다.

목사, 기도하다

행동하는 기도

기도란?

하나님에게 말하는 신앙행위인 기도는 초월자에게 간구하되 특히, 하나님의 뜻을 구하는 행위다. 모든 종교에 편재할 정도로 기도는 종교에서 없어서는 안 되는 신앙행위이다. 설교는 특정한 공동체에 의해 위임받은 사람이 할 수 있는 것이지만, 기도는 그렇지 않다. 누구나 할 수 있는 것이 기도이다. 누구나 할 수 있다고 해서 모두가 하는 것은 아니다. 기도는 스스로를 하나님이 아니라 인간으로 인정하는 자만이 할 수 있는 일이다. 신적 존재에 의지하는 삶을 의미하기 때문에 신적 존재에 의존하지 않는 사람들에게는 전혀 불필요한 행위이다. 이 말을 달리 말하면, 기도하지 않는 사람은 신과 같이 되려는 것이며 또한 신적 존재에 의존하며 살고 있지 않다고 볼 수 있다. 기도는 하나님을 의지하는 신앙과 비례한다. 루터는 개혁의 소용돌이 속에 있을 때, 그 바쁜 와중에서도 하루에 2시간 정도 기도했다고 한다. 본회퍼 역시 수감 생활을 하는 중에 기도하기를 멈추지 않았다.

목사가 기도하는 것은 당연한 일이다. 다른 사람은 형편과 사정에 따라 못하는 경우가 있다 해도 목사는 그렇지 않다. 목사는 기도하는 사람이다. 특별한 일이 아님에도 "목사, 기도하다"는 생각을 하게 된 것에는 까닭이 있다.

행동하는 기도

중고등부 시절부터 가진 생각이었는데, 보다 구체적으로 나타난 것은 대학을 다닐 때였다. 그것은 "행동하는 기도"라는 생각이었다. 기도만 하고 실천하지 않을 뿐만 아니라 삶에 아무런 변화가 없는 그리스도인의 모습을 많이 봤다. 돈이 많은 사람들이 가난한 사람을 위해 기도하면서도 구제하는 데에 인색했다. 권좌에 앉아 있는 사람들이 나라의 평안과 국민의 행복을 기도하면서도 부정과 부패로 오염된 삶을 내려놓을 줄 몰랐다. 명예를 얻기 위해서라면 남을 밟고 올라가기를 마다하지 않으면서도 남을 섬기며 봉사하게 해달라고 기도한다. 지식인들은 나라의 미래를 염려하면서도 학생들의 정의로운 시위에 동참하지 않았다. 뭐 이런 현상들이 낯선 것은 아니었지만, 세상에 대한 안목을 조금씩 넓혀가는 당시 나에게는 잘 이해되지 않는 것이었다.

"차라리 기도하지나 말지"라는 생각을 했을 정도다. 그들의 기도 소리에서 이중적인 태도를 보았다. 비겁하다고 생각했다. 하나님이 원하는 것을 구한다면, 그 뜻이 이뤄지길 위해 기다리면서 자신이 할 수 있는 한 노력해야 하는 것이 아닌가? 그런데도 그렇질 못했다. 기도는 자신이 어떤 존재인지, 무엇을 생각하는지를 사람들에게 알리는 수사학적인 기호에 불과했다. 기도를 통해 시위하고, 기도를 통해 자기를 과시하며, 기도를 통해 내가 어떤 존재임을 드러내는 수단에 불과했다. 그래서 나는 행동하는 기도, 실천하는 기도라는 생각을 하게 되었다. 물론 간구하는 기도의 근본을 부정하는 것은 아니다. 하나님께 구하되, 그 뜻을 이루시는 데에 내가 쓰임받기를 구하는 것이다. 그 일이 이뤄지는 과정에서 필요하다면 내가 참여할 수 있기를 바라는 것이었다. 그러니 행동하는 기도를 생각하는 것은 당연했다. 그때는 신학을 잘 몰라서 그저 반발심에서 그런 생각을 했다.

기도의 실천

교회 목회를 할 때는 새벽기도 시간에, 저녁 기도 시간에 교회에서 기도할 수 있지만, 교회 목회를 하지 않을 때에 교회에서 기도 시간을 갖는다는 것이 쉽지 않다. 등록교인으로 속해 있지 않은 상태에서 교회 접근도 어렵고 낯선 사람으로서 교회에 들어가 기도하는 것도 편하지 않다. 물론 간절한 기도 제목이 있을 때는 들어가서 기도할 때도 있지만, 매우 드문 일이다. 유럽에서처럼 예배장소 이외에 외부에 노출되어 있어서 누구나 들어가서 편하게 기도할 수 있는 장소를 따로 마련해놓으면 좋겠다는 생각을 한다. 암튼 그래서 나름대로 기도하는 방법을 터득해왔다. 이것은 독일 유학시절부터 익혔던 것인데, 그때부터 지금까지 꾸준히 실천해오고 있다.

신학을 배우면서 기도의 의미를 더 자세히 알게 되었고, 기도를 실천하는 데에도 다양한 방식이 있음을 알게 되었다. 여러 기도 중에 어느 것을 더 중요하다고 말할 수는 없을 것 같다. 중요한 것은 기도의 신학적인 의미이다. 기도는 하나님의 뜻을 구하고 인정하며 배우는 일이다. 특히 기도 방식은 개인의 취향에 따라 다르게 선택되는 것이 좋다고 생각한다. 무엇보다 필자가 즐겨하는 기도는 말씀 기도이다. 말씀을 읽으면서 내용과 관련된 기도 제목이 떠오르면 읽기를 멈추고 기도하는 것이다. 예컨대, 사도 바울이 실라와 함께 떠난 전도여행에서 고난을 당하는 모습을 읽을 때 지금도 고난당하는 선교사들을 위해 기도하고, 바울과 실라에게 일어났던 놀라운 일들이 그들에게도 일어나기를 기도하는 것이다. 매일 아침 새벽에 일어나 말씀을 읽으면서 기도하는데, 이렇게 기도하면서 성경을 읽으면 3장을 읽는데 1-2시간이 훌쩍 간다.

거룩한 독서를 통한 기도

거룩한 독서를 통한 기도가 있다. 신앙 도서나 신학 서적을 읽으면서 기도하는 것이다. 공감이 가는 내용에 대해서는 찬양과 감사의 기도가 나오지만, 어려운 부분이 나오면 이해를 구하는 기도를 드린다. 그리고 오늘의 현실과 관련해서 매우 의미 있는 내용을 접하면 현실 문제가 잘 해결되기를 위해 기도한다. 때로는 학생들에게 가르칠 때 어떻게 하면 쉽게 이해할 수 있도록 가르칠 수 있을지에 대해 묵상하면서 지혜로운 방법을 기도한다. 때로는 일반 서적을 접하면서도 기도한다. 2013년 연초에 일본 과학자 야마모토 요시타카가 쓴 『16세기 문화혁명』을 읽었다. 학자들이 라틴어로 자신의 학문의 세계를 구축하는 때에 몇몇 사람들은 일반 사람들이 이해할 수 있는 속어(예컨대, 독일어나 영어 등)로 쓰면서 지식을 공유하는 가운데 17세기 과학혁명을 가능하게 했다는 부분을 읽었다. 이 부분을 접하면서 "지식이 학자들의 소유만이 아니라 모두가 공유되는 세계가 속히 오기를 바랍니다. 지식의 공유를 위해 내가 할 수 있는 것이 무엇인지 가르쳐 주십시오"라는 기도를 드렸다. 평소에 드리는 이런 기도 때문에 나는 언제나 사례와 무관하게 나의 지식을 필요로 하는 곳이라면 어디든 달려갈 수 있기를 기도한다. 사례를 주면 고맙게 받고 설령 형편이 어려워 주지 못해도 개의치 않는다. 지식을 나누는 것도, 그것이 옳은 것이라면 선교의 일환이니까.

대중매체를 통한 기도

그리고 대중매체를 통한 기도를 드린다. 신문을 읽을 때 각종 문제를 접하게 되는데, 나중에 기도하는 것이 아니라 즉석에서 잠시 기도한다. 대중매체는 수많은 기도 제목의 보고다. 비록 나와 직접적으로 관련된 일은 아니라도 기도하지 않으면 안 되는 일들이 가득 담겨 있다. 요즘은 페이스북에 올라오는 글을 읽으면서 기도하기도 한다. 병원에 입원했다든가, 어려움을 겪고 있다든가, 개인을 위한 기도 제목이 올라오는 경우 나중으로 미루지 않고 화면에 손을 대고 짧게나마 기도한다. 미루다 보면 기억나지 않을 뿐만 아니라 나중에 기도한다는 것에 자신할 수 없기 때문이다.

이런 기도들은 교회 목회를 하지 않는 목사로서 필자가 실천하는 기도다. 비록 성도는 없어도 학생들을 포함해서 말씀을 읽는 중에, 독서 중에, 대중매체를 접하면서 필요할 때마다 기도하니까 폭은 더 넓어지는 것 같다.

통성기도

필자가 잘 적응하지 못하는 기도는 통성기도다. 소리를 내어 기도하는 것인데, 아무리 내 기도에 집중하려고 해도 다른 사람의 기도 소리 때문에 기도할 수가 없다. 나 혼자 소리 내어 기도하는 것은 할 수 있어도 사람들과 섞여서 하는 통성기도는 잘 안 된다. 기도의 영성이 부족한 까닭이라 생각해서 적응하려고 노력 중이다. 대부분은 주로 조용한 시간에 묵상으로 기도하는 편이다. 물론 기도원에서 기도할 때는 소리를 내어 기도할 때도 있고, 종종 혼자 기도하는 때라도 소리를 높이는 경우도 있다.

기도와 행함

하나님의 뜻을 구하는 기도와 욕망에 따른 기도

한편, 뒤늦게 경험한 것이지만 기도와 관련해서 있었던 아주 불편한 사례가 있다. 새벽기도에 잘 참석해서 교인들로부터 새벽기도에 잘 참석한다고 칭찬받는 목사가 있었다. 부교역자 시절은 늘 피곤한 법이어서 원치 않게 가끔씩 빠지곤 하는 것은 보통이다. 그런데 부교역자로 지내면서 한 번도 빠지지 않았을 정도니 칭찬을 받는 것은 당연한 일이다. 문제는 행실이 좋지 못하다는 것이다. 돈 있거나 좋은 직장에 있는 성도들에게는 잘 출석하고 있는데도 심방을 간다. 가끔 전화도 한다. 그러나 가난한 성도들에게는 찾아가면 부담을 갖는다는 핑계로 전화로만 심방할 뿐 심방도 잘 가지 않는다. 교인들에게 자신의 생일을 광고하고, 자기의 아이들 백일 돌잔치 초대장을 돌린다. 부서의 운영비를 마음대로 쓰고, 자신의 물건을 사면서도 교회에 청구한다. 교회 차를 개인적으로 사용해서 놀러 갔다 왔으면서도 교회에 유류비를 청구한다. 자세하게 나열하면 한도 끝도 없을 정도다.

무엇이 문제일까? 왜 그렇게 기도를 열심히 하는데 행실은 전혀 변화가 없을까? 지적하는 사람이 없기 때문에? 그렇지도 않다. 동료 목회자와 항상 말다툼을 하면서도 고쳐지지 않는다. 도대체 이런 목사의 기도는 무엇을 의미하는가? 무엇을 기도하기에 목사의 삶조차도 변화하지 않는 것인가?

지금까지 고민하며 생각한 결과 얻은 결론은 기도가 단지 욕망을 충족하기 위한 것이었기 때문이었다는 것이다. 자신의 욕망을 채우려는 기도는 아무리 많이 한다 해도 삶을 변화시키는 힘으로 작용하지 않는다. 기도하는 자는 하나님의 뜻을 구하면서 동시에 자신의 욕망에 직면한다. 그리고 그 욕망과 심한 갈등을 겪게 되는데, 욕망이 크고 강할수록 기도는 더욱 처절해진다. 결국 기도는 하나님의 뜻 앞에 자신의 욕망을 내려놓는 훈련이다.

목사는 기도하는 자이다. 비록 가톨릭 사제와 같은 의미를 갖진 않아도 그렇게 하도록 부름 받은 자이다. 자신에게 맡겨진 성도와 교회를 위해 기도하는 것은 물론이고, 사회와 국가와 세계를 위해 기도한다. 목사의 됨됨이와 사역의 폭은 어떤 기도를 드리느냐에 따라 다르게 나타난다고 한다. 세계를 위해 기도한다고 누구나 세계적인 지도자가 되는 것은 아니지만, 목사는 기도하는 자로 인식되어야 하는 것은 부정할 수 없는 일이다. 그러나 행동이 수반되지 않는 기도, 기도가 성취되는 과정에 참여하길 거부하는 기도, 자신에게 먼저 아무런 변화도 나타나지 않는 기도는 무의미할 뿐이다. 기도는 하나님께 말하는 것으로 그리스도인의 특권이지만, 목사에게는 의무다. 사무엘은 "기도하지 않는 죄"가 있음을 환기하고 있다. 목사가 기도하지 않는다면, 죄를 범하는 것이다. 하나님의 뜻이 땅 위에 이뤄지기를 원하는 기도에서 목사는 언제나 그 뜻이 이뤄지는 과정에서 자신이 도구로서 발견되길 또한 기도한다. 이점에서 평신도와 정도의 차이가 있다. 평신도는 단지 기도만 할 수 있다 해도, 목사는 기도하는 것은 물론이고 그 기도가 이뤄지는 과정에서 자신이 발견되기를 소원해야 한다.

예컨대, 가난한 자를 위해 기도한다면, 그들이 가난에서 극복할 수 있는 구체적인 과정을 생각해야 한다. 병든 자를 위해 기도한다면, 치료를 위해 기도하는 것은 물론이고, 어려움 가운데 있는 그들의 가정이 평안해지고 또 건강이 회복될 수 있는 방법을 함께 모색해보아야 할 것이다. 예컨대, 한 여성 집사님이 입원해야 했을 때, 그녀의 회복을 위해 기도해주는 사람들은 많았다. 그러나 정작 그녀가 필요했던 것은 부족한 치료비를 채우는 일이었고, 그녀가 입원하는 동안 아이들을 맡아줄 사람이었다. 그러나 교회의 누구도 이 문제에 신경을 쓰지 못했다. 그러는 동안 그녀는 두 가지 이유로 예정시간보다 빨리 퇴원해야 했다. 결국 그녀의 병은 더욱 악화될 수밖에 없었다. 이와 유사한 사례는 너무나도 많다.

공동체적인 기도

문제는 기도에 대한 공동체적인 관점과 참여적인 자세를 갖지 못한 것이다. 행동하는 기도라는 말이 가능한지는 모르겠지만, 기도를 한다면, 하나님이 기도를 이뤄주시는 과정에서 내가 할 수 있는 일은 무엇인지, 나를 도구로 사용하실 수 있도록 내어드릴 방법을 고민하는 자세가 필요하다. 목사는 이 일을 위해 부름을 받은 존재이다. 그러니 결코 쉬운 부르심이 아님은 분명하다. 이런 부르심에 순종한다면 기도하는 목사가 부를 누리거나, 명예를 누리거나, 심지어 권력을 누리는 일은 결코 일어날 수 없다. 무엇을 위해 기도하든 그것이 이뤄지기 위해 먼저 자신의 것을 내려놓아야 할 것이기 때문이다. 그렇지 않다면 아예 기도하지 말든가. 신앙의 의무로서 기도하는 모양새만 갖춘다면 바람직하지 않을 뿐만 아니라, 함께 공동체를 이루고 사는 성도들을 힘들게 만드는 일임을 명심할 일이다.

기도와 신학

기도와 신학은 매우 밀접한 관계를 갖는다. 독일의 본대학 조직신학 교수로서 재직하다 은퇴한 게르하르트 자우터는 기도를 통해 신학을 전개할 정도로 기도와 신학은 서로 밀접한 관계를 갖고 있다. 바른 기도는 바른 신학에서 나오고, 바른 신학은 올바른 기도의 실천에서 유래한다고 말할 수 있을 정도다. 하나님의 뜻을 구하는 일이 기도이고, 시대적인 상황과 관련해서 하나님의 뜻을 밝히는 것이 신학이기 때문이다.

예컨대 간구는 만물이 하나님에게 속한 것과 인간에 있는 모든 것은 하나님의 은혜로 주어진 것임을 고백한다. 감사기도는 하나님이 모든 것을 행하시고 이루셨음을 인정하는 일이며, 중보기도는 하나님이 나를 위해서만이 아니라 모든 존재를 위해 행하시는 하나님이심을 고백한다. 회개는 죄를 용서하시는 하나님을 고백하고, 탄원기도는 비록 숨어계시기는 하나 은혜를 베푸시는 하나님이심을 고백한다.

하나님에 대한 지식과 확신이 없이 기도하는 것은 바람직하지 않다. 뿐만 아니라 기도를 통해서 구하고 있는 것이 하나님의 뜻인지 자신의 욕망인지를 바로 알아야 한다.

예컨대, 결혼 적령기에 있는 딸을 둔 아빠의 기도를 들었다. 신앙이 좋은 남편을 만나 행복하게 살게 해달라고 기도했다. 너무 늦지 않게 결혼할 수 있게 해달라는 말도 덧붙였다. 또 대학 입학을 둔 부모의 기도를 보자. 아이가 목표로 삼고 있고 부모가 원하는 대학에 꼭 입학할 수 있기를 원한다고 기도했다. 시험을 볼 때 당황하지 않고 준비한 능력을 잘 발휘할 수 있게 해달라는 기도도 했다. 우리의 일상과 관련해서 흔히 들을 수 있는 기도다. 이제 두 기도를 생각해 보자.

첫 번째 딸의 결혼을 위한 아빠의 기도는 딸을 둔 부모로서 당연한 기도이다. 유감스럽게도 아빠의 욕망의 표현이지 하나님의 뜻을 구하는 기도는 아니다. 딸의 행복을 원하는 아빠가 자신의 원대로 이뤄달라는 기도이다. 기도라는 것이 사람의 소원을 말하는 것으로 이해하고 있기 때문에 나타나는 자연스런 현상이다. 잘못된 생각이다. 이런 기도와 비교해 보자. 하나님 보시기에 좋은 아내가 될 수 있게 해주시고, 딸을 통해서 하나님이 결혼 생활에서 원하시는 뜻이 이룰 수 있게 해주시고, 딸의 도움을 통해 가정이 하나님의 뜻을 더욱 분명하게 나타낼 수 있도록 딸을 위해 지혜를 주소서. 관건은 딸 자신의 소명과 보내심에 있는 것이다.

두 번째 대학수험생을 위한 기도 역시 마찬가지다. 부모로서 자녀의 앞날을 위해 기도하는 자연스런 모습이다. 그런데 이것 역시 부모의 욕망에서 비롯한 기도다. 이런 기도와 비교해 보라. 자녀가 하나님의 영광을 돌릴 수 있는 사람으로 살아갈 수 있기를 원합니다. 이 일이 가능해질 수 있는 곳으로 보내 주옵소서. 어디를 가든 하나님의 뜻을 나타낼 수 있는 사람으로 성장할 수 있기 위해 적합한 곳이 되며 필요한 사람을 통해 인도하소서. 이 기도의 관건은 자녀의 비전과 능력에 달린 것이지, 좋은 대학이 아닌 것이다.

목사가 먼저 바른 기도를 할 수 있을 때, 기도 인도자가 될 수 있다. 그렇지 않으면 목사가 본의 아니게 기복 신앙의 중심에 서게 된다.

목사, 먹회(?)하다

섬김을 받는 자인가 섬기는 자인가

먹회

독일에서 귀국한 후 얼마 되지 않은 때에 가진 한 모임에서 목회자들이 모여 대화하는 내용 중에 "목회는 먹회다"는 말을 들은 적이 있다. 한 두 사람이 하는 말이 아니라 대부분의 목회자들이 웃으며 동의하는 말이라 주의 깊게 귀를 기울인 적이 있다. 때로는 그 의미를 묻기도 하면서 먹회의 정황이며 실제로 어떠한 모습을 갖고 있는지를 자세히 알아보았던 적이 있다. 다 아는 일이지만 들은 바 이야기를 정리하면 이렇다.

목회자의 목회일정에는 심방이라는 것이 있다. 우리나라 고유의 것으로만 알았는데, 독일에 가보니 독일 목회자도 심방하고 있음을 알게 되었다. 교회 출석을 잘 하지 않은 성도들이나 나이가 많아 거동이 불편한 성도의 집을 방문하는 것이다. 물론 안 나온다고 무조건 찾아가지는 않는다. 사전에 전화해서 방문 시간을 정해놓고 간다. 한국과 다른 점이 있다면 독일에서는 매우 드물게 이뤄진다는 것이다. 때로는 병문안을 위해 찾아가기도 하고, 독거노인들의 경우엔 집안일을 도와주러 가기도 한다. 교회 부속 기관인 디아코니 센터에 속한 담당 간호사들이 있어서 이런 경우엔 그들이 방문하는 것이 대부분이지만, 필요한 경우엔 목사도 간다.

심방 가는 일은 굳이 출석이 뜸하기 때문만은 아니다. 이사나 추도 예배 혹은 병 때문에 가기도 하고 기타 성도들에게 위로할 일이나 다른 필요에 따라서 간다. 예전에는 무작정 방문하는 경우도 종종 있었지만, 요즘에는 반드시 사전에 연락하고 가는 것 같다. 성도들의 프라이버시를 존중해 주는 태도이다.

문제는 한국인의 정서상 성도들이 목회자들을 빈손으로 맞이하지 않는다는 것이다. 간단한 과일이나 떡 혹은 음료수 그리고 규모가 커지면 식사를 대접한다. 하루에 한 집 정도만 방문한다면야 별 문제는 없을 것 같다. 지역에 따라 달라지겠지만, 보통은 하루에 두세 가정을 방문하게 되는데, 심방을 받는 가정마다 먹을 것을 준비하는 것이다. 누구의 집에서는 먹고 누구의 집에서는 안 먹었다는 소문이 퍼지면 교인들 사이에서 목사가 편애한다는 오해가 종종 일어나기 때문에 어느 성도의 집에서 내놓는 것이든 반드시 한 점이라도 먹어야 한다.

이것이 몇 번 반복되면 배는 이미 차게 된다. 점심 식사 즈음에 방문하는 집에선 의례히 점심을 대접한다. 집에서 장만하지 않았다면 식당으로 모신다. 앞서 먹었다고 거절할 수도 없고, 또 먹은 것은 식사가 아니라 간식거리이기 때문에 끼니를 때워야 한다는 마음에서 차마 거절하기가 쉽지 않다. 그러니까 처음부터 잘 가려서 먹어야지 주는 것을 모두 먹어버리면 나중에 가선 지나친 포만감에 기도하거나 설교하기도 힘들어진다. 대심방 기간 중엔 이런 일로 받는 스트레스는 더 커진다.

그래서 목회는 먹회라는 말이 나왔다는 것이다. 목회 가운데 먹는 목회를 잘해야 한다는 것인데, 경험해보니 정말 그렇다. 부교역자로 재임하는 7년 기간에 7Kg이나 쪘다는 사실! 그런데 내 경우는 심방할 기회가 그렇게 많지 않았다. 청년목회만 5년 했기 때문이다. 그러니까 7킬로그램은 거의 2년 만에 늘어난 체중이라고 보면 된다. 무지 먹어댔다는 소리다. 목회의 일부인 먹회에서 실패한 케이스다.

성도들이 목회자들을 대접하는 마음이야 너무 감사하고 또 그들로서는 목회자를 존경하는 표시이기도 하다. 굳이 마다할 일도 아니고 또 크게 문제 삼을 일도 아니다. 다만 목회자의 먹는 목회 상황을 이해하고 배려해주었으면 좋겠다는 바람이다. 요즘은 교인들의 눈치가 빨라져서 식사시간 즈음에 오는 경우를 제외하면 대체로 차를 대접한다. 그리고 목회자들도 대체로 교인들의 부담을 덜어주기 위해 식사시간은 피하는 편이다. 서로서로를 배려하는 마음이 참 아름답다.

먹회를 다시 생각하다

한편, 심방의 필요성은 대체로 위로가 필요한 성도에게 일어난다. 형편이 어려운 가정은 목사의 심방을 한사코 거절하고, 그래도 가게 되면 피하는 경우를 종종 만난다. 요즘은 직장 다니는 주부들이 많아서 심방 자체가 힘들어지고 있다. 여하튼 먹회의 경험담을 듣기도 하고 또 필자 본인의 경험을 반추하면서 아쉽게 생각하는 부분이 있다. 먹는 목회의 현장에서 값을 치르는 쪽은 대부분 성도들이라는 사실이다. 성도들이 대접한다는 의미에서 이뤄지는 일이니 당연한 일이다. 자신들을 위해 수고하고 애쓰는 목회자에 대한 감사의 표시라고 생각한다.

그런데 뜬금없이 이런 의문이 든 적이 있고, 그 후로 당연하게 생각된 먹회를 다시 생각하게 된 계기가 있었다. 왜 성도들은 목회자를 대접해야 한다는 생각을 하는 것일까?

헌신예배에 오시는 설교자들은 담임목회자가 할 수 없는 말들을 곧 잘 한다. 그 가운데 하나가 목사를 잘 섬기라는 말이다. 아마도 이런 설교를 듣고 순종한 것이 관행으로 굳어진 것이 아닐까 생각하면서도, 다른 한편으로는 과거 한국 목회자들이 못살던 시대, 곧 교인들의 도움으로 생계를 연명할 수밖에 없었던 시절의 교회문화가 지금까지 이어져 온 것은 아닌가라는 생각이 들기도 한다. 식사를 교제의 일부로 생각하는 문화적 관습 때문이기도 할 것이다.

암튼, 엄밀히 따지자면 목사는 하나님을 섬기는 사람으로서 특히 성도들의 신앙을 위해 존재하는 것이 아닌가? 그들이 예수님 잘 믿고 신앙생활을 통해서 하나님의 영광을 드러내는 존재로 올바로 설 수 있도록 돕는 일이 목회 아닌가? 그렇다면 정작 섬겨야 할 대상은 성도가 아니라 목회자가 아닐까? 그렇다면 목회자가 성도들을 섬기는 차원에서 식사를 대접해야 하는 것이지 그 반대의 경우가 일상으로 이뤄지고 있다는 것은 문제가 아닐까?

물론 목회자의 적은 사례로 많은 성도들을 대접한다는 것은 어려운 일이다. 설교를 잘 준비하고, 성도들을 위해 늘 기도하고, 또 열심히 교육해서 성도들을 예수님의 부끄럽지 않은 제자가 되도록 하는 일을 열심히 하면 그것이 곧 목회자가 성도들을 섬기는 일이 될 것이다. 굳이 음식을 대접해가면서 섬기는 것이 좋은 것은 아니다. 그런데 식사 자리에서 왜 항상 성도가 지불하느냐 하는 것이다. 형편이 어려운 사람들을 일부러 불러서 식사를 하는 경우는 교회에서 단체로 하는 경우 이외에 목회자와 몇몇 성도들과 식사 자리를 갖는 일은 드물다. 이점을 염두에 둔다면 먹회의 관례에 대해 다시 생각할 필요는 충분하다.

사실 먹회를 몰랐을 때, 곧 청년 목회를 할 때 나의 경우는 달랐다. 처음 50만 원을 사례비로 받을 때였다. 시간강사의 사례도 얼마 되지 않은 상황에서 다섯 식구를 위한 가계지출도 부족했지만, 청년들과 식사하는 비용이 한 달 20여만 원이었다. 많이 먹는 시기이니 모임이 끝날 때마다 함께 식사를 하러 갔다. 그리고 언제나 내가 냈다. 거의 5년 사역 기간 중에 거의 1년 6개월은 그렇게 했다. 아내와 아이들에게는 참 미안한 일이었다. 나중에는 나의 행위를 본받아 조장으로 섬기는 청년들은 자기 조원들을 위해 지출을 마다하지 않는 모습을 보고 흐뭇했다. 이 정도 결과면 정말 써도 아깝지 않은 돈이었다.

이런 경험을 하고 나니 성도들만 돈을 지불하는 관행에 의문을 품지 않을 수가 없었다. 게다가 어떤 목회자는 성도에게서 식당을 선택하라는 부탁을 받았는데, 일인당 2만 원이나 하는 식당을 아무런 주저 없이 선택하는 경우를 보았다. 그것도 열 명 가량의 심방대원을 위한 식사자리였다. 나중에 사정을 보니 그렇게 넉넉하지 않은 집안이었다. 이사를 하고 이사 예배를 드린 후에 가진 식사시간이었다는데, 이사비용도 만만치 않았을 텐데. 이건 정말 너무한 일이 아닌가? 어떤 목회자는 식사를 얻어먹으려고 끼니에 맞춰 일부러 전화하는 경우도 있다. 점심때가 되면 교회에 오지 말고 성도들에게 가서 식사를 해결하고 오라고 부교역자에게 말하는 담임목사도 있더라. 친분이 두터운 경우에 그럴 수도 있겠다 생각하나, 그래도 이런 말을 들으면 참 씁쓸하다.

나도 학교에서 수업 후 갖는 점심식사에서 학생들에게 자주 얻어먹는다. 음료수는 늘 서비스로 교탁 위에 놓여 있다. 식사비를 내가 내려고 해도 학생들이 막고 먼저 내기 때문에 어쩔 수가 없다. 그래서 하는 일이 가끔 책을 선물로 준다. 그리고 5번 가운데 한 번은 내가 내려고 노력한다. 성공하기도 하고 실패하기도 한다. 학생들이 교수를 섬기는 일이 고맙긴 해도 부교역자들이 대부분인데 등록금에다 책값 등을 생각하면 식사비가 만만치가 않을 것이다. 늘 미안한 마음 감사한 마음으로 가득하다.

먹회가 불가피하다면

먹회가 단순히 섬김을 받는 차원이 아니라 섬기는 차원에서 이뤄지면 어떨까? 내친 김에 한 마디 더 해보자. 이런 일은 필자가 직접 실천한 일이기 때문에 그렇게 주저되지도 않는다. 명절 때 선물을 받는 일이다. 교회목회를 하지 않다보니 명절에 들어오는 선물이 없다. 갑작스런 변화라 다소 놀랄 때도 있었다. 이렇게 놀라는 모습을 보고 내 자신이 참 한심스럽게 느껴지기도 했다. 그만큼 목회자는 명절 선물에 익숙해져 있다는 말로 이해하면 되겠다.

선물의 독일어 표현 Gift는 선물의 양면성을 잘 말해준다. 이 말은 독을 의미하는 데도 사용되기 때문이다. 선물과 독은 동전의 양면과 같다고 보면 틀림없다. 성경에서도 말하고 있지만, 선물은 마음을 기쁘게 혹은 부드럽게 하나 다른 한편으로는 어지럽게 만들어 판단력을 흐리게 만든다. 후자의 의미가 되면 뇌물이다. 성도가 목회자에게 뇌물을 쓸 일은 없겠으나, 종종 목회자에게 스스로를 분명하게 각인시키려는 의도에서 주는 선물이 없지 않다. 장로나 권사 투표에서 유리한 입장을 얻으려는 의도도 없지 않고, 특히 노회나 총회 정치 현실에서 흔히 볼 수 있는 가슴 아픈 현상이다. 엄밀히 말해서 선물은 목회에 어느 정도 영향을 미친다. 선물을 준 성도의 가정에 대한 돌봄의 정도와 방식이 달라질 수 있다. 이는 기복신앙을 당연시 하는 다른 종교에서 흔히 볼 수 있는 현상이다. 기독교에서 문제는 선물을 매개로 성도와 관계를 갖기 시작할 때, 목사가 말씀을 선포하는 일에 방해를 받는 것이다. 설교가 책망하는 것을 목적하는 것은 아니나, 종종 말씀의 의미에 따라 잘못을 지적하는 일은 하나님의 뜻을 선포할 때 불가피하게 동반된다. 선물에 길들여진 목사는 이 일을 주저하게 만든다. 성도들이 듣기에 좋은 말을 하려고 하기 때문이다.

사실 명절 선물과 관련해서 생각해 볼 때 목회자들에 대한 성도들의 마음은 정말 눈물겹다. 그 많은 교역자들의 선물을 일일이 챙기는 일도 쉽지 않겠지만, 일 년에 몇 차례 있는 명절 때마다 준비하기 위해서 얼마나 많은 비용을 지불해야 할 것인가? 문제는 주는 성도는 그렇다 해도 형편이 안 되어서 못주는 성도들이 있다는 것이다. 언젠가 그들의 말을 들어본 적이 있는데, 선물을 갖고 교회를 나서는 목회자들을 볼 때마다 '누군가가 준 것이구나' 생각하면서 마음이 아팠다는 것이다. 선물을 준 사람을 비난하는 것이 아니라, 당연히 해야 할 것을 못한 안타까움과 미안한 자신의 마음을 표현한 것이다. 사정이 이렇다 보니 선물을 받는 것이 참 감사하면서도 선물할 수 없어서 가슴 아파할 성도들을 생각하지 않을 수 없게 된다.

그런데 늘 받기만 해서는 안 되겠다 싶어 언제부터인가는 답례를 하게 되었다. 당장에 못하면 나중에 했고 또 늘 하는 것은 아니었지만, 주로 신앙서적을 통해 답례를 하였다. 그것이 어려우면 카드나 엽서를 통해 혹은 전화로 혹은 내가 쓴 책을 드렸다. 그랬더니 어느 성도는 목사님이 그렇게 돈을 쓰시며 답례하시니 선물도 제대로 못하겠다고 하더라.

먹회를 고민하는 일은 사정이야 어찌되었든 참 감사한 일이나 한편으로는 송구스런 일이다. 그러나 이제는 지양되어야 할 일이다. 교인들 가운데 형편이 어려운 사람도 많거니와 수많은 사람들이 굶주리고 있는 현대사회에서 먹회를 고민하는 것만큼 부끄러운 일이 있을까? 한국교회에는 형편이 어려워 식사를 제대로 못하는 목회자들이 아직도 많다. 게다가 형편이 어려운 교인들은 식사를 대접하지 못하는 일로 괴로워하고 있다는 사실을 생각해 본다면, 이제는 더 이상 먹회로 고민하지 말고 목회자로서 다양하게 교인들을 섬기는 일에 최선을 다했으면 좋겠다. 굳이 대접하고 싶다면 목사가 돈을 내겠다고 하든가, 아니면 그 돈으로 구제헌금을 하게 하는 것은 어떨까? 더 이상 대접하겠다고 나서는 사람이 없을 것이고, 설령 있다 해도 구제헌금으로 쌓일 것이 아닐까? 물론 개인의 입장에서 받은 것이 아니니 설교에도 지장을 받지는 않을 것이다. 이런 사례를 들어보았기에 하는 말이다.

목사, 예배하다

목사와 예배

목사가 하나님을 예배하는 것은 당연한 일이다. 그리스도인이라면 누구든 그 일을 위해 부름을 받았기 때문이고, 목사에게는 특별히 예배를 인도할 과제가 있다. 목사와 예배는 뗄려야 뗄 수 없는 관계라 신학교 시절부터 예배 집례자로서 역할을 잘 수행하기 위해 준비하고 또 실천한다. 각종 예배의식의 의미와 예식을 집례를 할 때 필요한 행위들을 배운다. 예배와 관련해서 언제나 목사는 집례자나 사회자 혹은 설교자로 있는 것이다.

교역자가 아니라 교인들이 개인적으로 예배하거나 예배를 인도하는 경우가 있다. 가정예배 혹은 부서 혹은 기관에서 예배할 때이다. 가정예배에서 인도자는 물론이고 설교자가 되기도 한다. 예배에서는 교역자나 평신도나 모두가 하나님 앞에서 평등하다.

그러나 모든 예배가 그렇지는 않다. 목사가 있을 때, 예배 집례자는 대체로 목사가 된다. 작은 규모의 모임에서 사회는 평신도가 하고 목사는 종종 설교자로서만 역할을 담당한다. 목사가 다 할 때가 대부분이다. 결국 목사는 예배자라기보다 예배 인도자 혹은 예배 봉사자로 인식된다. 이것은 모든 그리스도인이 예배자라는 원칙에서 벗어나기 때문에 문제가 된다.

예배란

먼저 예배의 의미에 대해서 생각해 보자. 예배란 도대체 무엇일까? 예배학에서 정의되고 또 논의되는 맥락에서 말하는 것은 아니다. 다소 상식적인 차원을 염두에 두고 있다.

한국은 유럽이나 미국과 달리 예배가 많다. 기도회나 집회라는 말을 사용해서 엄격한 의미의 예배와 구분 짓고자 하는 경향이 있으나, 성도들의 의식에는 사실 동일하다. 새벽기도회나 수요기도회도 예배고 소위 '열린 예배'로 불리는 집회차원의 모임도 예배로 인식한다. 성도들의 인식에서 예배는 하나님께 드려지는 모든 의식이다. 신학자들이 굳이 집회니 기도회니 구분한다 해도 성도들의 의식에는 큰 영향을 미치지 않는다. 그러니 교회에서도 그냥 예배라 부른다. 굳이 따지면 집회니 기도회니 구분할 뿐이다.

예배의 의미에서 가장 큰 변화는 제사 제도를 무너뜨리고 복음의 중요성을 부각시킨 예수님 자신에게서 비롯했고, 그 다음에는 사도 바울이다. 예배를 의식에만 제한하지 않았기 때문이다. 거룩한 산제사(*living sacrifice*)를 드리라고 권면했는데, 예배학자들은 이것을 삶으로 드리는 예배로 이해한다. 그러니까 성도들의 모든 일상이 다 하나님 앞에서의 삶이 되어야 한다는 것이다. 이런 맥락을 조금 연장해서 생각한다면, '하나님 앞에서(*Coram Deo*)'라는 의식을 갖고 사는 삶 일체가 예배가 된다. 굳이 집회니 기도회니 명칭을 구분해가면서 '예배'와 차별하려고 하는 것은 재고해 보아야 한다. 오히려 예배의 다양한 의미로 이해할 필요는 있다. 삶으로서 드리는 예배, 집회의 형태로 드리는 예배, 의식을 통해 드리는 예배, 주의 이름으로 모이는 단순한 모임으로서 예배 등.

종교개혁 이후에 또 한 번의 변화가 생겼는데, 제사 형식을 갖추고 있는 성례 중심의 미사가 아니라 말씀 중심의 예배로 바뀌었다. 개신교에서 예배는 사도 바울의 정신을 이어받아 하나님을 인정하는 일체 행위로서 특별히 의식을 갖춰 행하는 일을 일컫는다. 예배에서 세례와 성찬의 중요성은 결코 간과되어서는 안 되지만, 개신교는 자주 행함으로써 성례의 의미가 퇴색되는 것을 염려하고 또 그렇게 되는 것을 막기 위해 일 년에 몇 차례만 시행한다. 예배자의 숫자가 많아짐으로써 성찬을 제대로 시행하는 일이 번거롭기 때문에 일 년에 한차례만 행하는 경우도 많다. 극복되어야 할 문제다. 성례가 제대로 집행될 수 있는 방향으로 교회를 조정해야지, 교회의 형편에 따라 성례를 집행한다면 주객이 전도되는 것이다.

독일어로 예배에 해당하는 *Gottesdienst*는 두 가지 맥락에서 이해된다. 하나는 하나님이 주어가 되어 '하나님이 섬긴다'는 뜻이고, 다른 하나는 목적어가 되어 '하나님을 섬긴다'는 뜻이다. 하나님이 사람을 섬기는 행위는 은혜를 베푸시고 복을 주시며 진리를 밝혀주시는 행위를 말한다. 말씀을 통해서, 죄를 용서하심으로써 그리고 복을 주심으로써 당신 앞에 모인 사람들을 섬기신다. 그리고 사람은 하나님의 은혜의 행위에 대한 반응으로 찬양하고, 기도하며, 예물을 드리고, 설교에 아멘으로 응답하고, 서로 교제한다. 그리고 마지막으로는 삶의 현장으로 파송을 받는다. 가톨릭에서 쓰는 용어인 '미사'는 마지막 부분에 초점을 맞춰 형성된 말이다. 예배의 두 가지 측면에서 볼 경우 예배를 '드린다'는 맥락을 너무 지나치게 강조하면 본래의 의미가 퇴색된다.

예배에 대한 신학적인 논쟁을 하려는 목적에서 이 글을 쓰는 것은 아니다. 그러니 신학적으로 조금 이의가 있다 해도 여기까지 하자. '목사, 예배하다'에 대해 말하려는 의도는 신학적인 데에 있지 않기 때문이다.

예배 경험의 기회가 사라지다

전임사역자로 지내면서 내게 일어난 가장 큰 변화이면서 문제는 교회에 출근한다는 생각을 하고 있다는 것이었다. 성도와 교역자 사이에서 교회의 의미가 각각 다르겠지만, 여하튼 직장처럼 여겨졌다. 실제로 어떤 교역자에게서 교인들로부터 자신이 고용인으로 인지되고 있다는 말을 들었다. 교인들이 정말 그렇게 생각한다면 누워 침을 뱉는 일이다. 복음을 전하는 사람을 고용인으로 생각한다면 은혜가 제대로 전해지겠는가! 신앙을 포기하지 않는다면 그런 일은 없어야 할 것이다. 여하튼 그런 경우가 있다는 것은 매우 유감스러울 뿐만 아니라 슬프고 가슴 아픈 일이다. 그러나 현실이니 어쩌랴. 적어도 교역자는 교회의 유급 직원이다. 그러니 교회에 출근한다는 생각은 그리 문제를 삼을 일은 아니다. 그런데 초창기 내게는 그렇지 않았다. 성도들은 교회 올 때 먼저 본당에 올라가거나 소예배실에서 기도한 후에 자신의 일을 본다. 그런데 전임사역자가 되면서 나는 바로 교역자실로 들어갔고, 그곳에서 잠시 묵상 기도 후에 일을 시작했다. 이런 일이 반복되고 있는 것을 의식하면서부터는 하도 마음이 편치 못해 먼저 예배실을 거친 후에 교역자실로 들어가려고 노력했다. 사실 새벽기도 후에 집에 가지 않고 교역자실에서 책을 보거나 설교를 준비했기 특별히 그럴 필요는 없었다. 그러나 집에서 오는 경우에는 꼭 먼저 예배실에서 기도 시간을 가진 후에 시작하려고 노력했다. 잘 지켜지기도 하다가 잘 안되기도 했다.

그것만이 아니다. 교역자로서 살면서부터 가장 큰 변화는 예배하는 자가 아니라 성도들의 예배를 섬기는 자로 있는 것이었다. 자리를 안내하고, 오가는 사람들에게 인사하고, 예배 사회를 보고, 설교를 하고 등등. 그러다 보니 예배 시간을 보내는 자세가 성도들과 달랐다. 이것은 예배가 아니라는 생각이 들었을 정도다. 누구든 해야 하는 일이니 그것을 교역자가 담당하는 것은 당연했고 또 성도들의 예배 집중을 위해 필요한 일이니 한편으로는 당연한 희생이었고, 다른 한편으로는 개인적으로 큰 손실이었다. 그러고 보니 교역자가 되면서부터 예배다운 예배를 드린 경우가 드물었던 것 같다. 그래도 설교에는 집중하려고 하지만 그러질 못했다. 피곤은 엄습해오고, 게다가 방송실에 머물게 될 때는 설교보다는 카메라와 자막에 신경을 써야 했다. 예배 중에 움직이는 성도들도 신경을 써야 했다. 목사로서 나는 더 이상 예배하는 자가 아니었다.

하루에도 예배가 몇 차례 있는 경우는 더욱 심했다. 똑같은 의식을 행하고 똑같은 설교를 몇 번이나 반복해서 들을 때는 정말이지 딴 생각, 딴 짓으로 예배시간을 보낼 때가 많다. 처음에는 경각심, 죄의식도 가졌지만 시간이 가면서는 그것조차도 무뎌지고 없어지는 것을 느꼈다. 참으로 안타까운 일이다. 목사로서 더 이상 예배자가 아니었다.

설교할 때는 어떤가. 사회를 보면서 설교할 때가 있고, 다른 사람이 인도할 경우는 설교시간에만 강단에 선다. 설교자로서 나는 예배하고 있는가? 설교를 잘해야 할 것을 너무 염려하다보니 가끔 이런 생각을 할 때가 있다. 설교가 하나님의 말씀을 선포하는 일이지만 가끔은 사람들의 마음과 반응을 더 크게 염두에 두고, 또 그들이 듣기 쉬운 말을 하려고 하다 보니 설교가 아니라 연설이 될 때가 많다. 목사로서 나는 더 이상 예배하는 자가 아니었다.

목사 역시 예배자가 되어야 한다

그럼 어떻게 할 것인가? 이 문제는 쉽게 해결될 일이 아니라 구조가 바

꿔지 않는 한 평생 안고 가야 할 일이다.

목사는 예배자인가? 적어도 교회 의식의 범위 안에서 목사에게 예배자는 집례와 성도들의 예배를 돕는 자라는 의미로 만족해야만 할까? 가끔은 목사 자신이 진정한 예배자가 되는 기회를 만드는 것이 중요할 것 같다. 목사는 예배를 준비하는 과정에서부터 경건을 표현할 수 있고 또한 목사의 영성을 위한 쉼의 시간을 가져야 한다는 말이다. 평생 성도들의 예배를 돕는 위치에 있는 것도 중요하지만, 충전되지 않는 인간에겐 한계가 있기 때문이다. 감격이 있는 예배를 위해서는 목사가 먼저 감격하는 예배자로서 경험이 있어야 한다. 덧붙여 말하자면, 휴가기간에 주일이 끼어 있으면 휴가지 교회에서 예배를 드리면서 예배자로서 경험을 할 수 있다. 교회목회를 하지 않는 동안 많은 경험을 했지만 예배자로서의 경험은 가장 소중했다.

간혹 목사가 예배 시간에 나와 밀린 행정 업무를 보는 경우를 본다. 이것은 잘못이라고 생각한다. 예배를 준비하는 의미에서라면 모르겠지만 그렇지 않다면 지양되어야 한다. 노회나 총회의 광경을 보면 놀랄 때가 있다. 목사와 장로가 중심이 되어 드리는 예배에서 방만한 모습을 종종 보기 때문이다. 신문을 보거나 회의록을 뒤적거리거나 핸드폰을 만지작거리거나 심지어 잡담하는 경우 등등. 교회에서는 예배에 가장 익숙해진 사람들이 예배를 가장 무시하는 경우가 종종 일어난다. 엘리 제사장의 아들 홉니와 비느하스의 모습을 보는 것 같아서 내심 두렵다. 하루는 불쾌한 경우를 본 적이 있다. 어떤 교회의 찬양 인도자는 앞서 인도자로 있을 때는 성도들을 일으켜 세우며 율동도 시키고 하면서 열심을 내었다. 그런데 다른 날에 순서가 바뀌어 다른 사람이 인도할 때는 입도 뻥끗하지 않을 뿐만 아니라 앞의 인도자가 일어나라고 해도 일어나지 않고 뒤에서 앉아 있었다. 무슨 까닭인지 모르지만 불쾌한 정도가 이만저만이 아니다. 예배를 섬기기는 해도 예배자로 있기를 거부하는 것 같다는 생각을 했다. 이런 경우는 없어야 할 것이다.

예배는 하나님을 의식에 따라 인정하고 높여드리며 섬기는 행위다. 예배에서는 하나님의 영광이 나타난다. 적어도 의식적으로 그것을 표현한다. 그 자체로 의미가 있지만 또한 교육적인 맥락에서 이것의 의미는 성도들이 일상에서 하나님을 인정하고 높여드리며, 그분을 섬길 수 있도록 돕기 위한 것이다. 성도들은 의식을 통한 예배에서 하나님의 영광을 경험했을 때 새 힘을 얻고 일상의 삶을 힘차게 살아갈 수 있다. 한 주간의 삶이 하나님 앞에서의 삶이라면 그 자체가 예배이지만 의식을 통한 예배를 통해 성도들은 일상의 삶을 되돌아보고 또 새로운 마음을 다짐하게 된다. 그러니 목사가 어떤 경우에서든 하나님을 인정하지 못하고 그분을 높여드리는 일을 방해하거나 무시하는 일을 해서는 안 될 일이다. 목사는 예배를 집례 하는 자로 부름을 받았고, 성도들이 예배하는 일을 도와야 할 것이며, 스스로 예배하는 자이다. 이러니 목사로서 나는 예배 전 후에 늘 엎드려 기도할 수밖에 없다. 참다운 예배를 위해 기도하고 또 예배 후에는 온전히 예배하지 못한 죄에 대한 용서를 비는 기도를 드리지 않을 수 없다.

목사, 사람을 만나다

인맥관리와 목사

일전에 사기업에 속해 있는 교회에서 사역하는 목사를 만났다. 회사에서 일하는 크리스천들을 돌보고 예배를 인도하며 기업의 이익을 사회에 환원하는 일에 책임을 지고 있었다. 엄청난 규모의 예산을 운영하고 있어 거의 비즈니스에 가깝다는 말을 들었다. 사기업에 속한 목회자라서 그런지 일반 교회 목회자와는 다른 분위기였다. 사실 연구비가 늘 부족했던 나의 사정을 잘 알고 있는 지인이 나의 연구를 지원해 주었으면 좋겠다고 소개하는 자리에서 만나게 된 분이었다. 소개해 주신 분이 워낙 강하게 추천하였고, 또 두 분 사이의 관계가 돈독하다고 들은 터라 내심 연구를 위한 후원을 잔뜩 기대를 했다. 그러나 나는 그 자리에서 도움의 대상이 되지 못한다는 말을 들어야 했다. 기업이 요구하는 조건이 있었는데, 그 조건을 충족하지 못했기 때문이다. 다소 아쉽긴 했지만 사실 그 자리는 나의 연구 지원 여부를 결정하는 것이

주가 아니라 단지 소개받는 자리였고, 또한 개인 기업이 기관이 아니라 개인의 신학적 연구를 지원한다는 것이 오해받을 소지가 많다보니 그렇게 이해하지 못할 일은 아니었다. 여하튼 주빈이 아니라 손님으로 참석한 자리여서 많은 대화를 나누지는 못했고 주로 듣는 입장에 동석하였다. 간단한 모임 후 함께 식사하는 자리가 마련되었는데, 대화 가운데 알게 된 사실이지만 사역의 내용과 방식이 일반 교회와는 많이 달랐다.

무엇보다 크게 놀란 사실 하나. 그분의 핸드폰 연락처 명단은 A. B. C로 분류되어 있다는 말을 들었다. 왜 이런 사실을 말했는지 기억나지 않지만, 아마도 내가 인맥을 관리하는 일에 능숙치 못하기 때문에 참고로 말해준 것 같다. 일종의 '관계등급'이라는 것인데, 어떤 상황에서도 무조건 받을 사람은 A로 분류되었다. 자기와 매우 유익한 관계를 나누며, 특히 자신에게 도움을 줄 수 있는 사람들이다. 상황에 따라 받기도 하고 받지 않아도 되는 사람은 B로 분류되었다. 그냥 상호 관계를 나누는 사람들이다. C는 아주 드문 경우에 연락을 주고받는 사람을 가리켰다. 비즈니스 선교를 하는 목회자라 달라도 좀 많이 다르다는 생각을 했다.

돌아오면서 여러 가지 생각을 하게 되었다. '나는 왜 사람을 만나는가?'에서부터 시작해서 '나는 어떤 등급에 속하는 사람일까?'에 이르기까지, 그야말로 수많은 생각이 꼬리를 물고 또 물었다. 무엇보다 관계 등급의 편리함에 대해 들었던 내용이 뇌리에서 사라지지 않았다.

목사는 많은 사람들을 만난다. 비즈니스맨을 제외하면 일반 사람들이 만나는 범위보다 더 넓다. 주로 성도들이겠지만, 친구나 선배 혹은 후배 목사도 만난다. 때로는 교회 일 때문에 만나기도 하지만, 전도와 관련해서도 만난다. 게다가 교회의 규모가 커지다보면 그 범위는 비서실에서 관리하지 않으면 안 될 정도로 기하급수적으로 늘어난다. 감당할 수 없게 된다. 그러니 그런 관계등급이 필요할 것이다.

목사가 사람을 만나는 일은 그렇게 새롭거나 놀랄만한 것이 아니다. 문제는 어떤 마음으로 만나느냐 하는 것이겠다. 앞에서 언급한 분은 자신에게 도움을 줄 수 있는 사람을 A로 분류해놓았다. 그러니까 이런 사람은 어떤 상황에서도 무조건 만나게 된다는 것이다. 자신을 이끌어줄 사람이기 때문이다. 이에 비해 C등급에 속한 사람들은 전화도 잘 받지 않으려 한다. 자신에게 특별한 유익이 없기 때문이다. 친밀함에서도 한참 멀리 떨어져 있는 사람들이다. 누구에게나 있는 일이다. 특별히 복음 사역과 관련이 없으면서도 귀찮게 연락을 하는 사람도 있기 때문에 관리 차원에서 필요한 일이기도 하다. 최근에 연락처에 일정 표시를 하면 SNS 친구 명단에서 이름이 뜨지 않는 프로그램도 있다고 들었다. 아예 자신을 감추고 싶은 사람도 있다는 말이겠다. 그러니 그렇게 문제 삼을 일은 아니라고 생각한다.

그런데 그가 목사라도 그렇게 해야 할까? 현대사회에서 누구에게나 불가피하게 벌어지는 일이라 충분히 이해받을 수 있는 일이라고 해도 사람을 만나는 이유가 이해관계에 의해 결정된다는 것이 참 아쉬웠다. 그것도 목사에게서 직접 들은 이야기라니. 목사는 오히려 자신을 필요로 하는 사람을 만나야 하지 않을까? 자신을 만나는 사람들이 복음으로 인해 더 행복해지고 또 더 나아질 수 있도록 하는 것이 목사의 일 아닌가? 다른 사람들은 자신의 출세와 행복을 위해 다른 사람을 짓밟고 올라간다 해도, 적어도 목사는 다른 사람의 구원과 행복을 위해 일해야 하지 않을까? 그렇다면 목사의 유익이 아니라 목사를 만나는 사람의 유익을 우선순위로 해야 하지 않을까? 그런데 자신에게 이익을 줄 수 있는 사람에게 우선순위를 주는 만남이라면, 이것은 과연 목사에게 정당한 일일까?

나 역시도 그렇지만 아마 누구도 인정하지 않을 것이다. 그런데 유감스럽게도 그런 일은 우리에게 다반사로 일어나고 있다. 목사도 조직의 한 일원이기 때문에 어느 정도 피라미드 구조에 속해 있다. 어떤 형태로든 경쟁을 피할 수 없는 구조이다. 더군다나 목회 자리가 졸업자의 수보다 현저히 적은 현 시점에서 경쟁은 어쩔 수 없다. 그래서 소위 인맥을 쌓는 일이 필요하다고 여겨진다. 누구를 만나느냐에 따라 그 사람의 장래가 좌우될 정도다.

인맥을 쌓기 위해 동분서주 하는 목회자는 참으로 많다. 필요에 따라서 만나는 일이야 굳이 뭐라 할 까닭은 없다. 그러나 오직 자신에게 도움이 되는 사람만을 찾아 만나는 목사가 있다.

인맥 관리하는 목사의 한 사례

좀 오래 전에 있었던 이야기다. 여러 가지 경우로 친분이 있는 목사님이 함께 점심이라도 하자면서 전화를 했다. 만나면 늘 평소에 궁금했던 신학에 대해 묻는 분이라 뭐 궁금한 일이 또 생겼나 생각했다. 게다가 비도 오는 날이라 그런지 마음이 안정되지 않은 터에 흔쾌히 그러자고 했다. 그런데 가까운 곳에서 식사를 할 줄 알았는데, 자동차로 40여분 정도 달려갔다. 그리곤 어느 작은 시골 교회를 찾아갔다. 그곳에는 서울에서 목회를 하다 은퇴 즈음에 가족과 떨어져 혼자 오신 나이드신 목사님이 목회하고 계셨다. 시골이라도 아주 작은 마을이라 그런 경우는 흔하다. 우리는 시골교회의 연로하신 목사님과 함께 식사를 하였다. 아주 즐거운 마음으로 식사를 하였다. 누구도 쉽게 찾아주지 않는 분을 찾아뵙고 식사를 대접하는 것이니 얼마나 즐거운 일인가! 그런데 식사 후에 나눈 대화는 나를 놀라게 하였고, 먹은 것을 토해내고 싶을 정도로 아주 역겨운 일이었다. 사정은 이렇다.

나와 함께 간 목사님은 정식 교단신학교에서 교육을 받으신 분이 아니었다. 현직 교사로서 통신을 통해 신학을 공부한 후에 목사고시를 거쳐 목사 안수를 받았다. 그래서 교단 내에서는 비주류로 통한다. 그런데 이 목사님이 원하시는 것은 어느 중고등학교의 교목이었다. 교단에 속한 중고등학교의 교목이 되고 싶은 마음에 중학교 선생으로 재직하면서 통신 수업을 받았고, 목사 안수를 받은 것이었다. 참으로 오랜 준비기간을 거친 일이었다. 그런데 교단 내에서 워낙 비주류라 보니 교단에 속한 중고등학교의 교목 자리를 얻는 일은 쉽지 않았다.

나는 이미 이런 상황을 여러 번 들어 잘 알고 있었다. 그런데 그 노목사님과의 대화를 나누는 중에 그분이 중고등학교 이사장과 가까운 친척이라는 것을 알게 되었다. 두 분이 나누는 이런 저런 이야기를 듣는 중에 나는 목사님이 연로하신 목사님은 물론이고 이사장 되시는 분의 주변 이야기를 어떻게 그렇게 잘 알고 있었는지 놀라지 않을 수 없었다. 이미 오래 전부터 이사장과 친분이 있는 사람들의 정보를 수집하는 것은 물론이고 계속적으로 만나고 있었고, 나와 함께 간 날은 바로 매우 가까운 친척을 만난 것이었다. 이야기를 들으면서 그동안 몇 차례 함께 만났거나 혹은 그분에게서 들었던 사람들을 떠올릴 수가 있었는데, 모두 이사장 주변의 사람들이었다. 결론은 주변 사람들에게 자신이 어떤 사람임을 나타내 보이고 또 이사장을 설득해 달라는 부탁이었다.

결국 얼마 되지 않아서 그분은 그 중고등학교의 교목이 되었다. 사립학교에서 교목은 이사장 다음으로 영향력을 행사하는 자리였다. 교원 임용과정에서 교목의 의견은 절대적이기 때문이다. 심지어 교장까지도 교목에게 잘 보여야 할 정도였다. 교단의 반대가 있었지만 이사장이 워낙 강하게 밀어붙이는 바람에 교목으로 임명되는 데에 큰 어려움이 없었다.

보기에 따라서 문제 삼을 일은 아니다. 꿈을 갖고 살면서 그럴 수 있는 일이었다. 어떻게 보면 비주류에 속한 목사님이 주류의 쟁쟁한 목사들을 물리치고 그 자리를 얻어낸 것은 세상을 놀라게 할만한 인간 성공이었다. 그러나 내가 더 놀란 이유는 그동안의 만남이 한결같이 계산된 것이었기 때문이다. 그분은 이미 오래 전부터 교목을 위해 노력했고 또 기도했다고 했다. 학교 내에 교회를 세우는 등 학생들과 교사들의 신앙을 성장시키기 위한 비전도 품고 있었다. 그러다가 그 학교를 알게 되었고, 그 후부터는 오직 그 자리를 얻기 위해 동분서주 했다고 한다. 사람을 만나도 늘 이사장과 관계된 사람을 만나왔다는 것이다. 누구를 만나도 필요한 관계로 발전시키는 데에 애를 썼다고 한다. 그리고 조금씩 원을 좁혀 가면서 결국 마지막에 이사장을 만나 설득하는 데에는 그렇게 큰 어려움이 없었다고 한다.

인맥을 쌓기 위한 노력의 전형이 아닐 수 없다. 목사가 이래도 되는가? 나는 그분의 이야기를 들으면서 한편으로는 참 대단하다 생각하면서도 다른 한편으로는 과연 그것이 하나님의 일일까? 하는 의문이 들었다. 쉽게 판단할 수 없는 일이지만, 사람을 만나는 일에서 이렇게 목적 지향적이어도 되는가? 물론 나를 포함해서 누구도 목적에서 자유로울 수는 없다. 그리고 보기에 따라서 현대사회에서 살아남기 위한 하나의 선한 경쟁일 수도 있다. 그러나 이것은 너무했다는 생각을 한다. 왜냐하면 그는 말과 행위를 통해 하나님을 나타내도록 부름을 받은 목사였기 때문이었다.

목사가 사람을 만나는 이유

암튼 목사는 사람을 만난다. 그러나 목적은 그 사람에게 유익을 주기 위해 만난다. 스스로를 사람들이 하나님을 만날 수 있는 매개로 여기는 것이다. 도움을 주기 위해 만나지만 때로는 은밀히 행하지 않고 말 그대로 도움을 요청하기 위해 만난다. 스트레스를 풀기 위해 편한 마음으로 만나기도 하지만 대체로 그렇지는 않다. 스트레스를 푸는 일에서도 목사의 존재감을 내려놓기가 쉽지 않다. 어디를 가든 목사는 목사다. 스스로를 함부로 내맡길 수 없다. 간혹 자신이 목사임을 망각하는 사람들이 있는데, 그러다 나중에 곤혹을 치르는 경우를 종종 보았다. 목사는 다른 사람의 행복을 위해 사람을 만난다. 목사는 그렇게 살도록 부름을 받았다. 살다 보면 그런 일이 항상 일어나는 것이 아님을 알게 되지만, 그렇게 하도록 부름을 받았다. 그런데 어떤 숨겨진 목적 때문에 만난다면, 자신에게 유익을 주는 사람만을 우선적으로 만난다면, 그 목사는 대체 어떤 생각을 하고 사는 것인가? 그 사람에게 목사는 도대체 어떤 의미를 갖는 존재인가?

나는 하루를 반성할 때마다, 특히 사람과의 만남을 돌아보게 될 때면 늘 묻는 질문이 있다.

오늘 나와 만난 사람의 유익을 위해 나는 무엇을 기여하였는가?

나의 이익을 위해 사람을 만나려고 하진 않았는가?

나를 주장하기 위해 만나진 않았는가?

그런 일이 결코 없지 않기 때문에 이런 질문을 하면서 늘 나를 채찍질한다. 목사는 사람을 만나되 자신을 통해 그 사람이 하나님을 만나도록 하고, 그래서 그 사람의 행복과 유익 그리고 구원을 위해 만나야 하기 때문이다. 그렇지 않다면, 사회의 흐름과 마찬가지로 사는 것을 당연하게 생각한다면, 목사는 도대체 누구란 말인가?

목사, 성경을 읽다

성경읽기 관행

목사로서 사는 삶을 이리저리 살펴보면서 참 여러 가지 면에서 나를 돌아보게 된다. 그동안 간과하고 지냈던 일들이 수시로 떠올라 부끄럽지만, 오히려 새로운 다짐을 위해 좋은 기회로 삼으려고 한다. 사실 내가 글을 쓴다는 것은 많은 부분에서 생각한다는 것이다. 사람마다 다르겠지만, 나는 글을 쓰며 생각한다. 글을 쓰지 않을 때도 생각하지만 단편적이다. 단편적인 형태로 생각한 것을 생각으로 정리할 때도 있지만 글을 쓰면서 더 많은 생각을 한다. 사방으로 흩어져 있는 생각을 논리적으로 정돈하는 기회가 된다. 이것이 내가 글을 쓰는 것을 즐기는 이유이다. 물론 퇴고를 통해 모아진 생각들을 정리하며 수정하거나 더욱 발전시킨다.

사람들은 내가 15종의 책을 낸 것을 축하하기도 하고 부러워하기도 하면서 그것이 어떻게 가능한지를 묻지만, 사실 그것은 내 생각의 결실일 뿐이다. 어떤 사람들은 설교를 통해 말로 표현하고, 어떤 사람들은 실천가로서 행동으로 나타내지만, 내 경우는 글로 기록되는 것이 다를 뿐이다. 그러니 대단한 것은 아니다. 모두가 하고 있고 또 할 수 있는 것인데 단지 방법에서 차이가 있을 뿐이다. 요즘엔 쓰는 것만이 아니라 말하고 행동하는 일도 겸하려고 노력하고 있다. 모든 것을 만족시킬 수 없지만 최선을 다하려고 한다.

각설하고. 내가 나 자신의 성경 읽는 행위를 돌아보게 된 것은 꽤 오래 전의 일이다. 신학을 공부하면서부터라고 생각된다. 난 뒤늦게 신학을 했는데 그때까지는 서리 집사의 신분이었다. 평신도로 있을 때는 교회에서 가르친 대로 읽었다. 하루 세 장씩. 잘 지킬 때도 있지만 그렇지 못할 때가 더 많았다. 밀린 것을 하루에 몰아서 읽어 겨우 의무 정량을 채우는 식이었다. 물론 제자교육을 받으면서부터는 많이 달라졌다. 꾸준히 읽었고, 양도 많아졌다. 과제가 많았기 때문이지만, 성경읽기에 재미를 붙였기 때문이다. 배움을 통해 체계적으로 읽으니 평소에 보이지 않던 단어들이 눈에 들어왔고, 그냥 그렇게 지나갔던 구절들이 마음 깊이 다가왔다. 참으로 은혜의 시간이었다. 이런 경험이 있었기 때문에 나는 철학과 대학원 진학을 포기하고 신학을 할 결심을 가졌던 것이다. 하루에 2-5시간씩 읽었으니. 물론 성경읽기와 신대원 입학시험과는 무관한 것 같다. 시험은 성경을 조직적으로 분석하고 또 핵심내용을 요약하면서 읽지 않으면 통과될 수 없는 것이었다. 좀 문제가 있다고 생각했지만, 돌아보면 유익한 점도 없지 않았던 것 같다. 일단 성경들을 일목요연하게 정리할 수 있었기 때문이다.

지금은 많은 것을 잊어버린 상태이지만.

　신학을 공부하러 독일에 갔다. 독일어 성경읽기는 한국에서부터 시작했지만 본격적으로 읽기 시작한 것은 이때부터다. 처음에는 독일어 루터성경을, 나중에는 츠빙글리 전통을 잇고 개혁교회에서 즐겨 사용하는 취리히 역본으로 읽어나갔다. 아무리 바빠도 새벽에 일어나 2시간씩 읽었다. 독일어 공부 때문이었다 해도 한국에서 시작된 성경읽기의 연속이었다. 독일어 공부와 결코 무관할 수는 없다 해도 엄밀히 말해서 공부 때문에 읽은 것은 아니었다. 당시에는 새벽기도를 대신했던 것이라 2시간이 금방 지나갔다. 이런 성경읽기 습관은 석사시험을 준비하는 기간인 1년을 제외하곤 계속되었다. 이 기간에는 의무정량에 만족해야 했다. 독일 본(Bonn)대학교에 다닐 때 지도교수 자우터(Gerhard Sauter)께서 성경읽기를 강조하신 것을 염두에 두었기 때문이기도 하지만, 이것과 상관없이 성경읽기는 정말 재미가 있었다.

　귀국 후에도 성경읽기의 재미는 줄어들거나 약해지지 않았다. 새벽기도회 참석은 뜸했기 때문에 주로 집에서 성경을 보며 기도하는 시간을 가졌다. 언제나 새벽 2-3시 경에 일어나기 때문에 가능한 습관이라고 생각한다. 게다가 새벽기도 시간에 성도들이 큰 소리로 기도하기 때문에 집중할 수 없었던 까닭이기도 하다. 이런 습관은 지금도 계속되고 있는데, 달라졌다면 양이 불규칙해졌다는 것이다. 일주일에 이틀 정도 빠지는 경우도 생겼다. 급하게 청탁받은 글을 쓰거나 논문을 마감해야 하는 날이 가까우면 언제나 그랬다. 새벽에 떠오른 생각을 정리하다보면 성경 읽는 시간을 곧잘 놓쳐버리기 때문이다. 그래도 가능하면 지키려고 노력한다.

읽는 방식은 주로 *lectio continua*(순서에 따라 연속적으로 읽기)를 택한다. 그러나 하루에 구약과 시편과 신약을 각각 한 장씩 읽는다. 문맥에 따라서 더 읽어야 하겠다는 생각이 들면 더 읽기도 하지만 대개는 한 장씩 읽는다.

언젠가 성경읽기와 관련해서 안 좋은 습관을 발견한 적이 있다. 나 스스로도 매우 놀랄 수밖에 없었던 일이다. 성경을 논문의 주제와 연결해서 읽는 것이다. 설교를 할 때는 설교의 주제와 연결하고, 강연을 준비할 때는 강연 주제와 연결한다. 그밖에 강의를 준비할 때도 그렇다. 아무 생각 없이 한동안 그랬던 것 같다. 그런데 어느 순간 '이래도 되는가?'라는 생각을 하게 되었다. 특별한 계기는 없었고 갑자기 든 생각이었다. 성경을 읽되 내 생각을 집어넣으면서 읽고 있었던 것을 알게 된 것이다. 이러면 안 되겠다고 생각한 후, 읽는 방식을 고쳐보려고 했지만 일종의 직업병인지 잘 고쳐지지 않는다. 오해하지 마시라. 그래도 마음만은 순수하게 성경을 읽으려고 언제나 노력하고 있다!

잘못된 성경읽기 관행

목회할 때의 경험 한 가지를 소개하면 더 쉽게 이해할 수 있겠다. 정기적으로 설교를 해야 할 때 나는 설교본문을 찾기 위해 성경을 읽을 때가 많았다. 설교본문을 찾을 때는 종종 생각해 두고 있는 주제와 맞물려 있는 경우가 많았다. 그러니 성경 자체가 말씀하는 것이 아니라 내 생각을 심어서 읽게 되는 것이다. 청년의 상황을 고려하고, 성도의 관심을 고려해서 성경을 읽다보면 하나님이 말씀하신다는 느낌보다는 내 생각에 하나님의 뜻을 장식품으로 사용한 것 같은 느낌을 받는다. 매우 그럴듯해 보였고, 설교를 하면 또 은혜(?)가 되었다. 그런데 이것이 문제였다. 앞서 말했지만 갑자기 의문이 든 것이었다. 성경읽기에 총체적인 수정작업을 해야만 했다. 꽤 힘들었다. 가장 심각한 위기의식은 간혹 성경을 읽지 않는 날을 반성해 본 결과 설교가 없는 주와 밀접한 관계를 갖고 있음을 알게 되었다. 설교와 관련해서 성경을 읽다보니 설교가 없는 날엔 성경을 읽지 않게 되는 것이었다. 지금 생각해 보면 이런 잘못된 습관을 빨리 발견한 것이 얼마나 다행한 일인지 모른다. 정말이지 하나님의 은혜라고 고백할 수 있을 정도였다. 지금은 설교와 무관하게 본문을 정해서 지속적으로 읽는다.

그런데 이런 습관이 내게만 있는 것이 아님을 성경을 읽는 일과 관련해서 신학생과 목회자들과 나눈 대화에서 알게 되었다. 큐티와 관련해서 성경읽기를 실천하는 분들이 꽤 많았다. 그런데 적다고 말할 수 없는 숫자의 목회자와 신학생에게서 주로 설교나 교육과 관련해서만 성경을 읽고 있다는 사실을 발견했다. 설교가 없으면 성경을 읽지 않게 된다는 것이었다. 가장 열심을 갖고 성경을 읽어야 할 목회자가 성경을 읽지 않는 것이다! 아마도 성경을 잘 알고 있기 때문이겠지만, 진지하게 생각해야 할 문제다. 성경의 내용을 알고 있다 해도 상황에 따라 시기에 따라 다르게 읽혀지기 때문이다. 게다가 하나님의 말씀은 살아 있어서 내용을 안다고 해서 끝나는 것이 아니다. 여하튼 내 경우와 비슷해서 한편으론 동병상련을 갖기도 했지만, 다른 한편으로는 내가 애써 고쳐나간 옛 습관이라는 점에서 매우 민감한 반응을 해야만 했다. 그렇다고 해서 함부로 말할 수 있는 일이 아니라 차마 말을 할 수가 없었다. 기회가 닿으면 말할 기회가 생기리라 생각하고 지금까지 참고 있었다. 이 지면을 빌어 말할 수 있게 된 것은 천만 다행이다.

그게 왜 문제인가? 성경은 하나님의 말씀이다. 성경읽기는 하나님의 말씀을 듣는 마음의 자세로 진행되어야 한다. 그럴 때 비로소 우리의 현실도 읽어낼 수 있다. 무엇보다 말씀을 읽는 중에 하나님이 당신을 나타내실 것을 기대하는 마음의 자세가 중요하다. 그런데 의도를 갖고 읽게 되면 하나님이 아니라 내 생각이 드러난다. 좀더 정확하게 말하자면, 하나님의 말씀으로 포장되는 것이다. 대단히 위험한 일이다. 물론 경우에 따라서는 상호 만남이 이뤄지고, 그 가운데 깊은 깨달음이 있을 수 있다. 그런 경험이 없지 않다. 그러나 드문 경우이고 대부분은 내 생각, 내 뜻, 내 비전, 내 욕망을 건져낸다. 왜냐하면 아는 것만큼 보이기 때문이다. 나를 먼저 알고 보면 내가 보인다. 그러나 나는 말씀에 의해 조명되어야 진정한 나를 보게 된다. 나의 생각을 갖고 성경을 읽으면 닫혀버린다. 그것이 하나님의 뜻과 말씀인 것 같아 보여도 실제는 나의 뜻과 생각일 따름이다.

설교는 내게 주신 하나님의 말씀을 선포하기도 하고 또 공유하는 미디어다. 특별히 주석이라는 과정을 통해 더 분명하게 밝혀진 성경

본문을 청중이 이해할 수 있는 언어와 이미지로 설명하는 것이다. 그러니 설교본문은 먼저 내 자신이 깨달은 말씀이다.

종종 먼저 설교본문이 주어지고 설교를 할 때도 있고, 헌신예배, 장례식, 각종 절기와 행사 같은 경우에는 주제에 따라 설교본문을 찾아야 할 때도 있다. 이럴 때는 어쩔 수 없이 의도와 생각을 갖고 읽게 된다. 그럼에도 내 생각과 판단을 갖고 읽지 않도록 노력한다. 본문이 무엇을 말하고 있는지, 본문이 증거 하는 하나님의 행위는 무엇인지, 하나님이 원하시는 뜻은 무엇인지를 먼저 살핀 후에 오늘의 상황에서 이 메시지는 무엇을 의미하고 또 어떻게 적용될 수 있는지를 숙고한다. 뒤늦게 깨닫고 또 오랜 노력 끝에 얻은 습관이지만, 이것을 훈련하는 것은 사실 신학교 시절부터 해야 할 것이고, 그렇지 못했다면 목회 현장에서라도 계속적인 노력을 기울여야 한다. 그렇지 않으면 결과는 목사 본인은 물론 교회에게 참혹할 것이기 때문이다.

목사, 설교하다 (2)

목사가 하는 일 가운데 가장 높은 비중을 차지하는 것은 설교다. 이것은 목사에 대한 성도의 기대감이 반영된 것으로 여러 번에 걸친 설문 조사에서 확인된 사실이다. 그러니 목회에서 설교의 중요성은 아무리 강조해도 지나치지 않는다. 그러다 보니 한 번 더 생각하고 또 글을 쓰게 되었다. 지난번 글에서는 설교 자체에 대해 썼지만 이번에는 설교하는 태도에 대해 생각해 보고자 한다.

2008년 교회 목회 현장을 떠난 후 얼마 동안은 청빙을 받기 위해 부단히 노력했다. 부목사로 청빙받기에는 나이가 많았고, 학위자라는 이유로 부담스러워했다. 지원에서 번번이 떨어지는 고배를 마시고 나서는 부목사 청빙 공고는 쳐다보지도 않는다. 그러다 담임목사 청빙으로 눈을 돌렸는데, 목회 경력이 짧고 또 현재 교회에 재직하고 있지 않다는 이유로 지원조차 할 수 없는 경우가 많았다. 그래도 계속해서 30여 군데 지원을 해보았는데, 청빙되지 않았다. 대부분 서류전형에서 탈락하였는데, 모든 과정이 비밀로 진행되어 떨어진 이유를 알 수 없었지만 지인을 통해 내게 알려진 사례만 보면 이렇다. 설교 동영상이 없다, 목회 경력이 짧다, 성도의 수준에 맞지 않게 너무 고학력이다 등등.

설교 동영상이 없는 것은 내가 설교를 할 때 녹화하거나 녹음을 하지 않았기 때문이다. 사실 전혀 없는 것은 아니지만 한두 번 설교를 통해 담임목사를 청빙한다는 것은 적합하지 않다는 생각 때문이었다. 생각해 보라. 선을 보기 위해 준비한 설교는 얼마나 많은 노력을 기울였을 것이며, 또한 웬만큼 자신 있는 설교가 아니면 내놓지 않을 것이다. 이런 청빙 과정은 위험한 것이라고 볼 수 있다. 실제로 몇몇 교회는 보내온 설교를 보고 선택한 후에 뒤늦게 발견되지 않은 비리들로 인해 어려움을 겪고 있다. 청빙과정이 바뀌어야 할 것이라고 생각한다. 암튼 두 번은 최종면접에서 떨어졌다. 내가 알만한 이유가 없었기 때문에, 교회에 적합한 분이 선택되었다고 믿고 있다.

청빙공고를 계속 관심 있게 보면서 한편으로는 목회를 배울 수 있는 기회를 얻기 위해 여러 교회를 다니며 예배를 드렸다. 등록하고 다니고 싶었지만 작은 교회는 목회자가 부담을 느끼고, 큰 교회는 별로 의미가 없는 듯이 보였다. 사람들이 추천해 주는 대형교회 협동목사로 받아주길 몇 번이나 편지를 보냈지만 가부간의 회신조차 받지 못했다. 많이 섭섭했으나 워낙 많은 사람들이 비슷한 형태의 편지를 보낸다고 하니 일일이 답장할 수 없는 것이 당연하다고 생각했다. 결국에는 배우는 마음에서 교단을 초월해서 여러 교회를 다니기로 결심했다. 다른 교회에서 초청받아 설교하는 날을 제외하면, 먼저는 잘 알려진 교회를 찾아가 예배를 드렸다. 대형교회, 중형교회를 막론하고 다녔는데, 교회마다 다른 예배형식을 갖고 있음을 알게 되었다. 등록하고 다니면 많은 것을 배울 수 있었겠지만, 그렇지 못한 상황이라서 결국 3년이 지난 후에는 동네 교회에 정기적으로 출석했고, 얼마 동안은 김포 명성교회의 김학범 목사님의 배려로 협동목사로 재직할 수 있었고, 지금은 대전에서 하늘땅사람교회를 개척하여 섬기고 있다.

여러 교회들을 다니면서 특징들을 살펴볼 수 있었는데, 어느 정도 돌아다니다 보니 거기서 거기라는 결론에 이르게 되었다. 물론 자세한 점은 직접 성도로 등록하면서 배울 수 있는 것이겠지만, 일단 눈과 귀로 관찰할 수 있는 것만 보면 그렇게 큰 차이는 없었다. 교회 크기에 따라 달라지는 것이 무엇인지를 보려고 했고, 교회 건축물의 구조, 교육 및 행정 시스템을 파악하고자 노력했다. 교육에 있어서 가장 인상 깊었던 교회는 가정교회 중심으로 운영되고 있는 곳이었다. 특히 예배의 형식과 설교 등을 주의 깊게 비교하며 보았다. 관찰자의 입장에서 보려고 노력하다가 예배드리는 바른 태도가 아니라 생각해서 나중에는 예배자의 태도로 예배에 참석하였, 편견을 갖지 않았다는 의미에서 하는 말이다.

처음에는 교단을 가리지 않고 참석했다. 교단별 설교의 차이는 크지 않았다. 세상에 대한 이해와 평가에 있어서 가끔 다를 뿐이었다, 설교본문이 달라진 것이니 사실 그것도 특별한 차이는 아니다. 그런데 담임목회자의 설교를 듣다 보면 내용은 참 좋은데 귀에 거슬리는 어투 때문에 감동이 반감되는 경우를 종종 겪었다. 때로는 감동 자체가 사라지는 경우도 있었다. 습관적으로 반복되는 무의미한 언어들,

신학적으로 매우 중요한 개념들이 아무런 성찰도 없이 마구 사용되는 것, 강약 조절이 안 되는 말투, 지나친 사투리 억양, 문장과 문장 사이에 쉬어야 할 필요가 있는데 계속적으로 연이어지는 바람에 의미 전달이 되지 않는 경우 등. 참으로 아쉬운 부분이 한두 가지가 아니다.

방금 언급한 이유들은 사실 의사소통 과정에 방해가 되는 요소로 이미 잘 알려져 있는 것들이다. 화자의 입장인 설교자가 조금만 신경 써서 노력하면 얼마든지 개선할 수 있는 부분이다. 사실 부교역자의 설교에 대해서는 종종 시비를 거는 성도들이 있고, 또 담임목회자가 지도 차원에서 직접 지적하기도 한다. 그러나 한국교회에서 담임목회자의 설교를 부교역자나 성도들이 비평하는 것은 금기로 여겨지고 있다. 그런 마당에 누구도 아무리 귀에 거슬려도 담임목회자의 설교에서 불필요하게 여겨지는 습관들을 지적할 수가 없다. 그러니 설교자 스스로 끊임없는 자기 성찰을 하지 않으면 자신을 돌아볼 수 있는 기회를 얻지 못한다.

흔치 않은 경우이지만, 간혹 어떤 교회는 예배 후에 목회자들이 모여서 그날의 오후 설교에 대해 서로 조언을 하는 경우가 있다는 말을 들었다. 참 좋고 바람직한 일이다. 그런데 그 자리에서 담임목회자의 설교는 예외다. 거론조차 하지 않는다는 말이다. 그럼에도 담임목회자는 부교역자들에게 말할 것이 있다면 말해보라고 한다. 말해놓고 뒷감당 수습에 자신이 없는 부교역자들은 그냥 웃든가, '좋았어요'라고 하든가, 침묵을 지킨다. 사실 가능하겠는가? 현실적으로 가능하지 않다.

그러니 담임목회자는 스스로의 설교를 녹음하고 녹화해서 매주 자기 점검을 할 필요가 있다. 언어 습관 가운데 듣기에 거북한 부분이 있는지를 수시로 점검해야 한다. 이 일에 가장 적격인 사람은 사실 부인이다. 그러나 부인의 지적을 듣기 좋아하는 목회자가 그렇게 많지 않다. 그러니 현실적으로 볼 때 담임목회자의 설교에 대해 지적하는 사람은 아무도 없다고 보면 틀림없다.

정용섭 박사는 한국에서는 처음으로 한국교회의 유명 설교자 혹은 목회자의 설교를 비판적으로 분석한 적이 있는데, 매우 폭발적인 반응을 얻었다. 대체로 칭찬 일색의 설교비평가들이 대부분인 현실에서 그렇게 비평하는 일이 쉽지 않기 때문에 대단한 일이라고 생각한다. 한국교회의 설교 발전에 큰 기여를 했다고 본다. 한편 그런 비평은 목회자에게 얼마나 반영되었을까? 필자의 관찰에 근거해서 말한다면, 바뀐 것 같지 않다. 단지 하나의 웃음거리로 끝났다는 인상이 짙다. 비평은 비평이고 현실은 현실이었다. 그 이유를 좀 더 학문적으로 분석할 필요는 있다고 생각한다. 사실 정용섭 박사의 설교비평 자체에서 문제를 찾아볼 수 있다고 보는데, 다른 기회에 다뤄보도록 하자.

정용섭 박사의 비평은 설교의 내용과 관련된 것이었고 설교에서 쓰는 어투나 태도에 대해서는 지적하지 않았다. 그러나 들어보면 눈과 귀에 거슬리는 태도와 어투가 너무 많다. 아쉬운 부분이 한 둘이 아니다. 이는 설교자가 스스로를 반성하지 않았기 때문에 나타난 결과다.

요즘 웬만한 교회에선 모든 설교를 녹화 혹은 녹음하기 때문에 관심만 있으면 얼마든지 자기 관찰을 할 수 있다. 신학교 설교학 시간엔 연습을 위해 그런 시간을 갖는데, 남의 비평을 들을 때 얼마나 견디기 힘든지, 경험한 사람들은 다 알 것이다. 그러니 담임목회자가 된 후에도 그런 말을 듣고 싶은 사람은 아마 드물 것이다. 그러니 할 수 있는 방법은 자기반성 밖에 없다. 그런데 그 일을 안 하면 개선될 기회가 전혀 없게 된다.

설교 비평의 필요

필자의 경험을 나누고자 한다. 독일에서 신학을 공부할 때, 설교학 시간은 정말 피곤한 시간이었다. 독일말도 능숙하지 못했지만, 교수와 학생들로부터 설교에 대한 비평을 받으면 녹초가 된다. 우리 정서와 달라서 그들의 비평은 그야말로 난도질에 가깝다. 신학적인 내용과 해석은 물론이고 화법, 시제, 단어선택, 태도, 시선, 제스처, 강단에서의 위치, 청중을 얼마나 배려하는지 등등. 아주 꼼꼼하게 지적한다. 다 공부를 위한 것이니 당연하게 생각하지만 난 그야말로 도마 위에 있는 생선이 된 느낌이었다. 이런 경험을 한 끝에 나는 교회 설교를 준비할 때 사전에 모든 설교원고를 아내에게 보여 주기로 결심했다. 아내는 읽어본 후에 이것도 설교냐며 빨간 줄로 사정없이 그어댔다. 주로 지적받은 부분은 단문이 아니라 중문과 복문이다. 지나치게 논리적이어서 조금만 놓치면 설교 내용을 파악하지 못한다는 점도 지적받았다. 그리고 단어선택에 있어서 지나치게 신학적인 것이 많다는 점이었다. 나를 위해 하는 일이니 감사하긴 해도 경우에 따라서는 그렇게 쓰게 된 내 의도를 무시하고 지적받는 일에 대해 매우 불쾌하고 짜증나는 일이었지만, 평신도의 시각으로 읽었다고 생각해서 모든 지적을 받아들였다. 이거 쉬운 일이 아니다. 그러길 몇 년 동안 했다. 게다가 설교 후에는 항상 아내에게 물었다. 괜찮았느냐가 아니라 문제가 무엇이었느냐는 질문이다. 어투, 태도, 속도, 억양, 불필요한 제스처, 불필요하게 소리를 지르는 행위, 고정되어 있지 않은 시선 등. 지적은 한두 가지가 아니었다. 언제나 처참한 심정이었다. 고쳐도 잘 안 되는 부분이 많았다.

엄청난 스트레스를 받았고, 심지어는 아내에 대한 미움도 생겼다. 나를 너무 몰라준다는 생각에서였다. 그러나 다른 한편으로는 평신도라면 그렇게 받아들일 수 있다고 생각했다. 그래서 100% 수용했다. 고치고 또 고쳤다. 원고를 고쳤고, 태도와 어투 등을 고쳤다. 그러길 10여 년 동안 했다. 지금 물어보면 그냥 "좋아"라고 한다. 자기 맘에 들도록 고쳤으니 당연한 대답이다. 과연 성도들은 어떻게 생각할까?

성도들이 한 둘이 아니고 또 각자 다른 취향을 가졌으니 알 길이 없다. 그래서 선택했던 방법이 녹음을 해서 스스로 평가해 보는 것이었다. 그리고 또 한 가지는 가까운 평신도 몇 분과 더불어 설교에 대해 대화를 갖는 일이었다. 설교문을 보여 주진 못했지만 설교 후에 대화를 했다. 처음에는 대부분 말하기를 꺼려했다. 내가 몇 번 재촉하면 그때 몇 마디 했는데, 칭찬 일색이었다. 그래도 계속해서 여유를 갖고 묻고 또 물었다.

질문은 이랬다. 은혜가 되었는지, 내용이 이해가 되었는지, 어려운 단어는 없었는지, 거슬리는 부분은 없었는지, 예화는 적당했는지, 어떤 도전을 받았는지, 부담을 느낀 부분은 없었는지, 본인의 생각과 다른 내용은 없었는지 등.

이렇게 세부적으로 물음이 제기되니까 조금씩 맘을 열고 자신의 생각을 이야기해 주었다. 이런 모임은 쉽지 않았지만 가끔 가져보면서 설교를 모니터링 했다. 지적 가운데 가장 많은 것은 말이 빠르다는 것이다. 그리고 너무 지나치게 논리적이어서 한 번 놓치면 그 다음의 이야기를 이해하기가 쉽지 않다는 것이었다. 그리고 예화가 없어서 지루하다는 지적도 받았다. 태도와 관련한 지적은 손을 너무 많이 움직인다는 것이었다. 그밖에 내용과 관련해서는 언제나 좋았다는 말을 들었다. 들은 내용들은 매 설교 때마다 반영을 하려고 노력했고, 또 노력했다. 처음에 비하면 지금은 많이 좋아진 셈이다. 그래도 여전한 것은 여전하다.

글을 쓰다 보니 내 자랑 같지만, 결코 그렇지 않다. 그만큼 수정을 위한 노력이 필요하다는 말이다. 청중이 감동할 수 있고 공감할 수 있는 설교를 한다는 것은 힘든 일이다. 성령이 도우시기만을 기다릴 수 없는 것이 설교다. 설교자 나름대로 노력해야 한다.

어떤 목회자는 자신이 설교를 못한다는 것을 알고 부교역자에게 자주 설교를 시킨다. 한국교회 정서에서 담임교역자가 부교역자에게 설교를 양보하는 것은 쉬운 일이 아니다. 그의 인격은 매우 존경할만 하다. 그래서 그런지 성도들이 목사님의 설교에 대해 그렇게 문제 삼지 않는다. 안타까운 것은 얼마든지 고칠 수 있는 부분인데도 그럴 기회를 갖지 않는 것 같다는 사실이다. 인격만으로 목회할 수는 없다. 설교가 차지하는 비중이 높기 때문이다. 스스로를 모니터링 할 수 있는 기회를 갖는다면 얼마든지 고칠 수가 있다. 요즘에는 갖가지 이름의 설교 클리닉이 많아 자신의 설교스타일을 고칠 수 있는 기회는 많다. 설교자 스스로는 절대 알지 못하는 설교 관행 그러나 귀와 눈에 거슬리는 태도가 의외로 많다. 그러니 녹음하고 녹화하면서 계속해서 수정하는 시간을 가져야 한다. 사모의 지적이 듣기 싫다면 스스로 볼 수 있는 방법을 고안해야 한다. 담임목사가 설교클리닉에 다니는 일을 부끄럽게 생각해서 주저하는 경우를 볼 수 있는데, 자신을 위해서가 아니라 성도들을 위한 것이고 더 나아가서 하나님을 위한 일이다. 용기를 낼 필요와 가치는 충분하다.

필자는 가르치는 자로서 논문을 쓸 때도 비슷한 방법을 사용한다. 논문의 초안을 아내에게 읽히도록 하든가, 학위 과정에 있는 학생들에게 내놓고 함께 토론한다. 비평을 거친 다음에 비로소 논문을 발표한다. 이런 방식을 경험하지 못한 학생들은 처음에는 결코 비평하려고 하지 않는다. 그러나 계속적으로 밀어붙이면 자신의 생각을 말하고, 자신의 논리를 주장한다. 그러면 논문에서 나의 주장과 차이를 발견하게 되고, 그것은 나의 생각을 돕고 논문 집필을 돕는다. 미처 생각하지 못한 부분을 발견하기 때문이다. 그렇다고 해서 표절인가? 그렇지 않다. 함께 고민하며 토론한 내용들이 논문에 반영하게 될 경우에는 학생들의 동의를 구하고, 그렇지 않으면 그런 생각을 이미 주장해 왔던 학자의 책을 찾아서 인용한다. 학생들의 의견은 대체로 누군가의 이론인 경우가 많기 때문이다. 특히 『제3의 설교론』은 학생들이 내 원고에 많은 비판과 조언을 해주었기에 출판될 수 있었다.

관건은 발전이고, 그 발전을 위해 서로 돕는 방식을 사용한다는 것이다. 일종의 집단지성을 활용하는 것이다. 설교도 예외가 아니다. 더 나은 설교를 위해 끊임없는 비판에 스스로를 노출시킬 수 있을 때, 좋은 설교가 태어날 수 있다. 물론 그렇다고 다 좋은 설교가 되는 것은 아니다. 그러나 그렇지 않은 것보단 나아지기 때문에, 또 계속 그런 과정을 거치다보면 더 좋은 설교가 되기 때문에 필요한 작업이다.

사실 이런 방법은 필자의 독창적인 것은 아니다. 독일 신학교 교육 과정에서 배운 것이고, 특히 지도교수인 자우터 교수에게 배운 방식이다. 자우터 교수는 자신의 논문을 학생들에게 내놓고 언제나 비평을 구한다. 학생들이 사정없이 비평하면 일일이 노트하면서, 때로는 반박하고 때로는 함께 고민하면서 논문을 발전시킨다. 그리고 나중에는 책으로 출판한다.

비평에 스스로를 노출시키는 것, 한국인들에게는 낯설고 또 불편한 일이지만 하나님을 위해, 교인들을 위해, 학생들을 위해 그리고 신학의 발전을 위해 너무나 필요한 작업이다. 설교 역시 이런 과정을 거칠 수 있는 마음을 갖고 또 그런 기회를 마련한다면, 비록 입에는 써도 몸에는 좋은 약이 될 것이다.

목사, 휴식을 갖다

재독 한인 철학자 한병철은 각종 신경증을 관찰하는 가운데 그 원인이 20세기 이론을 통해서는 더 이상 설명할 수 없는 현상임을 힘주어 역설한다. 그는 현대의 성과사회를 "피로사회"로 규정하고 그 원인이 긍정성 과잉에 있다고 주장하였다. 피로사회에서 벗어나기 위한 길을 모색하는 가운데 그는 한트케(Peter Handtke)가 말하는 "우리-피로(*Wir-Müdigkeit*)"에 착안하여 기독교의 안식일 규정이 현대사회에 기여하는 의미를 한층 부각시켰다. 피로는 주체의 상실을 전제한다. 피로는 나를 떠나 주위를 돌아보게 하는데, 이것이 공동으로 이뤄지게 되면 서로가 서로를 보는 시간을 갖게 된다. 그러므로 "우리-피로"란 "나홀로-피로(*Alleinmüdigkeit*)"(Handtke, 11)에 반대되는 개념으로 피로를 상호 인정하고 피로 안에 들어 있는 이야기에 귀를 기울일 수 있는 여유를 갖질 수 있는 공동의 피로를 의미한다. 그것은 "공동체의 시간(*Gemeinschaftsstunden*)"(Handtke, 9)이다. 한병철이 언급하는 안식일은 바로 "우리-피로"를 제도적으로 인정하는 날이다. 안식일의 의미에 대해 더 이상 상술하지 않아 그가 말하는 안식 곧 쉼이 어떤 맥락에서 말하는 것인지를 알지 못하지만, 자연적으로 주어지는 쉼으로는 긍정성 과잉에 사로잡힌 스스로를 통제할 수 있는 사회가 안 되기 때문에 강제적인 의미에서 쉼이 필요하다는 말로 이해하면 어느 정도는 통할 것이다. 성과를 추구할 수밖에 없는 사회가 필연적으로 이르게 되는 피로의 상태는 강제적인 규정에 따른 쉼을 통해서만 극복될 수 있다는 것은 이미 오래 전에 성경이 계시하고 있었다. 다양한 측면에서 예컨대, 권력과 정의 같은 정치철학적 개념은 물론이고 성과사회와 우울사회와 같은 문화철학적인 개념을 통해 성경을 잊은 현대인에게 성경의 의미를 다시금 환기하고 있는 한병철의 노력과 수고는 기독교인은 물론이고 신학자들이 귀감으로 삼아야 할 점이다.

목사에게도 휴식이 필요하다는 인식은 비교적 늦게 이뤄진 일이다. 그전에 목사는 쉼이 없는 사람이었고 또 그것을 당연하게 생각했다. 하기야 한국에서 휴가 개념 자체가 그렇게 보편적이지 않았을 때이니 당연한 일이었다. 비록 성과사회는 아니었어도 목회자 세계에서는 이미 헌신이라는 이름으로 나타나는 긍정성 과잉을 관찰할 수 있었다. 이 땅에서 쏟는 헌신과 하늘나라에서의 상을 비례관계로 이해했기 때문이다. 휴가의 필요성이 인식되고 많은 직장인이 휴가를 즐기는 때가 되면서 목회자의 휴가와 그것의 필요성 역시 강조되었다. 양자의 상관관계가 꼭 정확한 것은 아니라고 생각하는데, 경험상으로 느끼기에는 그랬다. 쉼이 없는 목회가 가져오는 부정적인 결과에 대한 비판적인 인식에서 비롯한 것은 아니지만 뒤늦게나마 쉼의 필요성을 인지한 일은 매우 바람직한 일이라고 생각한다.

목회자의 휴일은 모두가 쉬는 일요일이 아니고 월요일이다. 직장인은 토요일까지 일하고 일요일에 쉬는 날이지만, 예배와 봉사로 시간을 보내다보면 사실 진정한 쉼의 시간을 갖지 못한다. 이러니 쉼의 의미를 다시 생각해 보지 않으면 안 될 것 같다. 교회는 안식일 개념과 맞물려 있어서 대체로 안식의 개념이 무작정 쉬는 것이 아니라 주의 일은 물론이고 선한 일을 하는 것이라고 설명한다. 그런데 사실 그런가? 틀렸다고 단정할 수는 없지만 좀 생각해 보아야 할 일이다. 과거 목회자가 소명과 헌신이라는 이름하에 쉼 없는 목회를 마다하지 않았고, 그것이 가져오는 부정적인 결과를 경험했다면, 성도들의 자발적인 헌신에 대해서도 긍정성 과잉이라는 맥락에서 재고해야 할 일이다. 왜냐하면 성도들을 만나 진솔하게 대화해 보면 그들은 지금 교회로부터 받은 요구에 따라 주어지는 일 때문에 많이 지쳐가고 있다는 사실을 금방 알 수 있기 때문이다. 성도들이 그야말로 쉴 수 있는 시간을 갖도록 하는 것은 교회의 과제가 아닐까 생각한다.

한편, 목회자는 특별한 일이 발생하지 않는 한 보장된 쉼의 시간을 가진다. 물론 중소형교회의 부교역자들은 당직을 서는 경우가 있고 또 대학원에 등록하여 교육을 받는 등의 시간을 갖기도 한다. 교육에 투자하는 부교역자는 전혀 쉼을 얻지 못한다. 아무리 그래도 대체로 월요일은 목회자가 쉬는 날로 인식되어 있다. 담임목회자의 경우는 사정에 따라 달라지겠지만 대개 교회의 사역으로부터 벗어나 있는 것은 사실이다. 어떤 교역자는 핸드폰을 아예 꺼놓는다는 말을 듣기도 했다. 교회에 출근하지는 않아도 교회 일은 전화를 통해서도 계속 이어지기 때문이다.

다른 직종의 사람들에게도 마찬가지지만 특별히 목회자에게 쉼은 정말 필요하다. 그 이유는 목회자의 영성 때문이다. 이것은 다른 사람들의 쉼과 그렇게 다르지 않아 보인다. 그러나 사실 엄청 다르다. 예컨대 사람들은 대개 쉼을 재충전의 기회로 삼는다. 이렇다보니 사실 생산성을 높이기 위한 쉼인 경우가 많아서, 엄밀히 따지면 일의 연장 선상에 있다. 그러니 쉼을 이야기할 때는 일과 전혀 상관없이 쉬는 것이 중요하다. 이런 생각들이 점점 확산되는 것 같다. 소설이나 영화를 보면 알겠지만, 그러다보니 휴가 때에 여행을 가서 광란의 시간을 보내고 돌아오는 사람들도 많이 생기고 있다. 물론 심각한 후유증을 동반하기도 하지만 말이다. 일반적으로 개인의 삶과 일은 분리된다.

한편, 목회자의 쉼은 정말이지 목회의 연장이다. 목회자의 삶은 목회와 결코 분리될 수 없기 때문이다. 목회가 삶이되기보다는 삶이 목회의 연장선에서 이뤄지기 때문이다. 그래서 목회자의 쉼은 목회의 한 차원에서 이뤄지는 것이다. 잘 쉬어야 잘 목회할 수 있다. 목회자의 영성은 그대로 설교와 교육 그리고 모든 관계에 반영되기 때문이다. 교인들도 그것을 염두에 두어야 한다. 이것을 무시하고 일반 회사의 휴가와 같이 생각한다면 매우 피곤한 휴가가 되고, 결국엔 교회 자신에게 피해가 돌아갈 수 있다.

그런데 목회자는 정말 영성을 위해서만 휴가를 보내야 할까? 예컨대 가족이 있다면 꼭 그럴 수만도 없지 않을까? 사실 그렇다. 그러니 휴가와 영성을 위한 쉼은 구별되어야 한다. 이렇게 보면 목회자는 두 차례의 정기적인 쉼을 갖는 것이 필요하고, 많은 담임목회자의 경우에는 실제로 그렇게 이뤄지는 것으로 알고 있다. 앞서 말했지만, 목회자의 삶은 목회와 분리될 수 없기 때문에 배려가 필요하다.

문제는 목회자에게 주어진 쉼의 시간들을 건전하게 사용하지 못하는 경우가 빈번하게 일어난다는 사실이다. 휴가는 가족과 보내는 시간이라고 생각해서 일단 무시하자. 목회자에게만 특별하게 주어지는 쉼에 대해 이야기 하는 자리이기 때문이다. 이런 시간에 기도원이나 영성 수련원 등으로 가는 목회자도 있고 특별한 세미나에 참석하는 목회자도 있다.

많지 않은 수라고 생각하지만, 종종 들리는 말이 있다. 사실 여부를 알 수 있는 출처를 밝히지 않고 있는 소문들이라 이곳에 모두를 인용할 수는 없다. 더군다나 논란이 되고 있는 데이비드 차라는 사람이 쓴 글이나 설교 동영상을 보면 사실이라고 볼 수 없을 것 같은 이야기를 마구 쓰고 또 말하고 있어서 교계가 주목하고 있는 상황이라 더욱 조심스럽다. 그러나 필자가 직접 들은 이야기만 보면 다음과 같다. 교회에는 목사님이 한 주간 금식 기도원에 간다고 광고를 했는데, 장로님이 목사님을 식당에서 봤다는 이야기, 기도원에 간다고 들었는데, 극장에서 봤다는 사람의 이야기, 세미나에 갔다고 들었는데 산에서 봤다는 이야기, 심지어 미국의 어떤 목사는 집창촌에서 나오는 것을 성도가 목격해서 결국 사임해야만 했다는 이야기 등. 지난번 모 교단의 목회자들이 노래방에서 도우미와 함께 노래를 불렀고 2차를 요구하다 거절당했다는 기독교 방송국 보도를 보면, 이런 일들이 전혀 근거 없는 일은 아닌 것 같다. 물론 이것은 영성계발을 위한 시간이 아니었고, 총회일로 만난 자리에서 일어난 것이라 성격은 조금 다른 것은 사실이다. 그래도 목회자가 자신의 여가 시간을 어떻게 사용하는 것에 관련된 것이라 결코 무관한 일은 아니다.

휴가 이외에 목회자의 영성을 위해 교회가 배려한 특별한 쉼의 시간인데, 그것의 진정성을 입증해 보이지 못하니 교인들이 믿지 못하게 되는 것이 아닐까. 결국 일부 목회자의 정직하지 못한 태도가 전체 목회자에게 피해를 입히는 것이다.

사실 교인들의 수군거리는 말을 들어보면 교인들이 대충 눈치를 채고 있음을 알 수 있다. "영성을 위한 쉼을 가진 후에 목사님에게서 달라진 점을 보지 못했다", "설교가 달라지지 않았다", "이전이나 이후나 눈에서 빛이 나지 않는 것은 여전하다"는 등의 말을 들었다. 오해하지 마시라, 나는 그런 내용을 어떻게 들었느냐고 의심할 분이 있을지 모르겠다. 나는 전국을 돌아다니면서 설교하고 강의하면서 성도의 신분으로 있는 학생들과 다른 교회의 교인들을 자주 만나 이야기할 기회를 갖는다. 그들은 자기 교회의 목회자가 아니라는 이유로 내게 허심탄회하게 이야기를 해준다. 또 내가 워낙 편하게 느껴지다 보니 할 말, 못할 말 다한다고 말한다. 정보는 그렇게 해서 얻는 것이다. 물론 그들의 말이 과장되지 않았다고 볼 수 없어서 그저 참고사항으로만 여기다가, 경우의 수가 많아지면 그때 글에서 사용한다.

그렇담 목회자의 쉼은 어떻게 보내는 것이 좋을까? 이 질문에 대해서는 일전에 기독교 잡지에서 가끔 다뤘던 것으로 기억한다. 아주 좋은 조언들이 많아 굳이 내가 말하지 않아도 될 것이다. 그리고 난 아직 담임목회자 입장이 되어본 적이 없어서 충언할 만한 입장이 못 된다. 다만 휴가와 영성을 위한 쉼의 시간은 구분해서 가질 필요가 있다는 것을 강조하고 싶다. 그리고 교회에서 배려해서 준 영성을 위한 시간은 진짜 소중한 시간으로 생각해서 시간을 활용하는 것이 좋겠다는 말을 하고 싶다.

필자의 경우에 쉼이 아니라 특별히 영성을 위한 시간을 말한다면, 평소와는 전혀 다른 삶을 체험하려고 노력한다. 사실 시간강사의 신분이라 부차적인 업무에 시달리는 교수들보다 시간이 많을 것 같다는 말을 종종 듣는데, 사실은 그렇지 않다. 가족의 부양을 위해서 해야 할 일이 많기 때문에 개인의 쉼을 위한 시간을 얻기가 무척 어렵다. 혹시라도 기회가 주어진다면 과거에는 시장을 걸어 다녔다. 오래 전 마음이 힘들 때마다 시장을 걷던 습관이 있었기 때문이다. 분주한 사람들 틈새에서 그리고 복잡한 시장 거리를 걸으며 삶의 치열한 한 부분을 보게 되면 힘들었던 내 삶도 그렇지만도 아니라는 것을 확인할 수 있었다. 또한 과거에는 영화관을 찾았다. 그러나 영화를 보고 글을 쓰는 것이 일이 되면서부터는 영화감상이 쉼의 시간으로 여겨지질 않는 경우가 종종 있다. 그래서 쉼을 위한 시간에는 영화관엘 가지 않는다. 요즘에는 짧게 하루 정도 여행을 떠나는데, 나 홀로 떠난다. 기차를 타고 가든가, 시외버스를 타고 가든가, 아니면 지하철 종점까지 가서 내린다. 아무도 나를 모르는 곳으로 가서 낯선 자로서의 삶을 살아본다. 나 스스로 타자 혹은 이방인이 되어 세상을 경험하는 것이다. 아무도 나를 모르는 곳에선 하나님을 전적으로 의지할 수밖에 없는 상황이 된다. 혹시라도 하루 혹은 이틀 정도의 시간 여유가 있다면 낮시간에는 걷고 보고 또 걷고 보는 시간이지만, 새벽시간에는 책을 읽는다. 신앙서적이 아니라 일반 서적을 읽는다. 그동안 관심을 갖고 사두었지만 읽고 있지 못했던 책을 가지고 가서 읽는다.

필자가 영성을 위한답시고 왜 이런 여행을 하는지 아마 궁금할 것이다. 영성과는 전혀 무관한 것으로 여기는 분도 있을 것 같다. 그런데 필자에겐 하나님만을 의지하는 경험인 것이고 또한 세상을 향한 하나님의 음성을 이해하고 또 세상 속에서 목사가 무엇을 해야 할 것인지를 구체적으로 느낄 수 있는 매우 중요한 계기다. 대개 교회에서 보내는 일상 혹은 내가 목사임을 아는 사람들과의 만남은 판에 박힌 삶인 경우가 많다. 나는 목사고, 나를 만나는 사람도 목사이거나 아니면 성도이기 때문이다. 하나님을 기대하기보다는 조직의 힘을 더 의지하는 느낌을 받는다. 그런데 내가 혼자이고 또 내가 목사임을 모를 때 아주 미묘한 감정이 일어난다. 의지할 사람도 없기 때문에 하나님을 찾을 수밖에 없고, 하나님만을 의지할 수밖에 없는 상황이 된다. 게다가 나를 아는 사람이 없다는 사실에서 다소간 일탈의 충동을 느끼는 것이다. 바로 이런 느낌이 일어나는 때가 내가 주목하는 순간이다. 앞서 교인들의 비난의 대상이 되는 목회자들의 스캔들은 이런 일탈의 충동을 신앙으로 견디지 못해서 벌어진 일이다. 다시 말해서 목사로서 사는 것에 식상함을 느끼다보니 목사임을 알지 못한 곳에서 또 굳이 목사로 살아야 할 분명한 이유가 없다고 여겨지는 곳에 이르게 되면 일탈의 충동이 일어나는 것이다. 아마 경험한 분들도 있을 것이다. 이 순간에 나 스스로 묻게 된다. 과연 나는 익명의 목사로서 이런 상황을 어떻게 극복할 것인가. 위기의 순간에 하나님을 신뢰하는 삶을 살 것인가, 아니면 인간의 길로 갈 것인가가 분명하게 드러난다. 경계선을 걷는 상황이기 때문에 사람에 따라서는 사실 매우 위험한 모험일 수도 있다.

충동과 싸우는 시간을 보내면서 흔들리는 상황을 경험하게 되면 일상에서 하나님을 신뢰하는 것이 무엇인지 깨닫게 되고, 무엇보다 성도들의 일상을 이해할 수 있게 된다. 그들이 무엇을 보고, 또 어떤 상황을 겪게 되며, 일상의 사건과 관련해서 그들이 무엇을 생각하는지 또 고민하는지를 어렴풋이 느끼게 된다. 사실 틀린 말이 아니라는 것은 이런 상황에서 얻은 경험을 가지고 성도들을 만나거나 설교를 하면 성도들이 말한다. 목사님이 어떻게 그런 것을 다 아시느냐고. 어떻게 아냐고? 내가 과거에 경험해봤으니까 아는 것이다. 그리고 경험하지 못한 것은 책이나 영화를 통해 간접적으로 알기 때문이다. 그리고 지금은 틈만 나면 부둣가나 바닷가에도 가고, 시장에도 가고, 도시 골목을 걷기도 하면서 배우기 때문이다. 밤에는 화려한 네온사인을 보면서 허름한 식당엘 가기도 하고, 값비싼 음식점에도 들어가 보기도 한다. 현장 답습 삼아 다니는 곳에서 대략 상황을 파악하기 때문에 안다. 그런 곳에 가서 영화에서 나오는 것처럼 낯선 사람들과의 대화의 가능성을 얻기란 사실 쉽지가 않다. 그러니 주로 관조하는 시간이 많다. 내가 정보를 얻는 중요한 방법은 사람들의 이야기에 귀를 기울여 듣는 것이다. 남의 이야기를 엿듣는 것이 좋은 것은 아니다. 그러나 크게 말하는 그들의 이야기야 어쩔 수 없는 것 아니겠는가. 주로 사람들이 많은 곳을 다니는데, 낮 시간 식당에선 아줌마들의 수다를 듣고, 밤 시간 식당에선 술 마시며 떠드는 가운데 이야기를 나누는 직장인들의 스트레스를 함께 느낀다. 쉬운 일은 아니다. 정말 그렇다.

아마도 너무 세속적인 느낌을 받을 것이다. 목사의 쉼이 경건하지 못한 것 같아 보여 불만을 느끼는 분도 있을 것이다. 무엇보다 먼저 나만의 독특한 방식임을 강조하지 않을 수 없다. 그런데 사실 도시의 목회자들이 싸워야 하는 것이 도시의 삶에 있다면 도시에서 하나님을 신뢰하는 것을 배우고 또 도시적인 것에서 오는 일탈의 충동과 싸워 이기는 것은 매우 중요한 일이다. 그래서 필자는 이런 기회에 특별한 의미를 부여한다. 사실 지금은 그럴 기회도 잘 갖지 못한다. 다 과거의 이야기다. 나이가 들면서 일탈의 충동 자체가 피곤하게 느껴졌기 때문이다. 돈도 없고 시간도 없다. 지금은 주로 새벽시간을 활용하든가 기도원엘 가려고 한다. 기도원엘 간다면 평소와는 다른 성격의 설교를 해야 할 때 준비하기 위해서 간다. 그것도 자주 가지 못한다. 해야 할 일이 수시로 생기기 때문이다. 그러니 평소의 시간을 이용하는 방법을 개발하려고 노력했다. 그래서 영성을 연구하기 시작했는데, 그 결과가 『대중문화 영성과 기독교 영성(글누리, 2010)』이라는 제목의 책이다. 어떻게 하면 일상에서 영성을 계발할 수 있는 시간을 가질 수 있을까 연구하다가 얻은 결실이었다. 대중문화의 영성과 기독교 영성은 무엇이 다른지를 아는 것은 물론이고, 일상에서 영성을 함양하기 위한 방법을 모색해보고 싶었다.

결론적으로 말해서, 목사로서 휴식은 목회 자체이다. 그렇다고 해서 가족을 생각하지 않을 수 없기 때문에 목사의 쉼은 가족과 갖는 쉼과 목사로서 영성을 위한 시간을 구분해서 가질 필요가 있다. 방법은 각자의 취향에 따라 달라질 수 있으나, 많은 책에서 조언을 주고 있다. 적합한 장소도 추천하고 있으니 참고하면 좋을 것이다.

목사, 기뻐하다

고통이 없는 기쁨은 없다

기쁨을 느끼는 이유는 사람마다 다르다. 인간으로서 누구나 기뻐할 수 있는 공통적인 요소가 없지 않겠지만 동일한 이유라도 상황이나 사람에 따라서 다르게 받아들여지기 때문에 똑같은 기쁨이 되지는 않는다. 가장 순수한 기쁨은 남의 불행을 보고 기뻐하는 것이라는 말이 있다. 대단히 고약한 기쁨이지만 인간 사회에서 충분히 경험할 수 있는 일이다. 왜 그럴까? 서로가 앞서기 위해, 위로 올라가기 위해, 더 많이 소유하기 위해 경쟁하는 사회이기 때문이다. 이런 사회에서 목사는 무엇으로 기뻐할까?

목사라고 해서 기뻐하는 이유가 특별할까? 특별하지는 않다. 자기가 몸담고 있는 곳에서 일하다가 원하던 목적이 성취가 되면 누구나 기뻐하는 법이다. 목사는 목사로서 부르심에 합당한 사역에서 목적이 성취되었을 때 기뻐하게 된다. 다른 것이 있다면 기쁨의 내용이다.

목사라면 아마도 예수를 믿는 사람들이 늘어나는 일을 아마도 가장 기뻐할 것이다. 교회의 부흥으로 직결되기 때문이기도 하겠지만, 무엇보다 목사로서 부름 받아 하는 일 가운데 가장 근원적인 것이기 때문이다. 부르심을 받은 궁극적인 목적이야 복음을 통해 하나님을 세상 가운데 나타내면서 하나님께 영광을 돌리는 일이지만, 가장 기본적인 일은 예수를 믿도록 하고 또 그분의 가르침을 실천하도록 돕는 것이기 때문이다. 하나님의 뜻이 세상에서 이뤄지는 것을 보는 순간이 목사를 가장 기쁘게 만든다. 그 일을 위해 목사로 부름을 받았기 때문이다.

그러니 목사가 기뻐할 때는 대체로 부르심과 관련되어 있다. 예컨대, 설교를 할 때 성도가 예수를 바르게 믿게 되면 기쁜 일이다. 가르치는 가운데 성도가 복음에 대한 바른 지식을 갖게 되고 하나님을 제대로 알게 된다면 기뻐한다. 성경의 가르침이 성도의 삶에서 실천되는 것을 보게 될 때 목사는 기뻐한다. 일상의 삶에서 성도가 힘든 일을 만날 때는 매우 안타까워하거나 슬퍼한다. 그러나 그런 상황에서도 복음의 정신을 지키고 실천한다면 목사의 기쁨은 슬픔을 넘어 기쁨이 된다. 이제 막 예수를 알기 시작한 사람에게서 믿음의 진보가 있을 때 목사는 기뻐한다. 믿지 않는 자가 교회에 들어와서 공동체의 지체로서 등록할 때 목사는 기뻐한다. 어떤 이유에서든 마음에 상처를 받고 교회를 떠난 성도가 회복하여 다시금 교회에 모습을 나타내 보일 때 목사의 기쁨은 말할 수 없이 커진다. 성도의 사업장이 번창할 때도 목사는 자기의 일처럼 기뻐한다. 성도의 가정에 좋은 일이 생길 때도 마찬가지다. 병 가운데서 회복되고, 상처가 치유되며, 아픔이 극복될 때, 하나님의 약속을 희망하며 역경에서 일어설 때 목사는 기도하며 찬양하는 가운데 기뻐한다. 세상이 하나님의 뜻대로 움직여진다고 여겨질 때는 목사가 가장 기뻐하는 순간이다. 하나님 나라를 기대하며 또 선포하며 살았기 때문이다. 하나님을 찬양하는 소리가 높아지고 그 소리가 널리 퍼져나갈 때 목사는 감격하며 기뻐한다. 목사의 기쁨은 이런 것이다. 목사가 기뻐한다면 이런 일들이 일어났구나 하고 생각해도 좋다. 기쁨을 나누면서 기뻐하고, 성도들이 기뻐하는 모습을 보고 기뻐한다. 이런 기쁨을 위해 목사는 목회적인 수고를 아끼지 않는다. 고통 없이는 기쁨도 없다는 말을 모든 목사들은 실감한다.

물론 자신의 일과 관련해서 기뻐하는 일이 왜 없겠는가. 가족이 건강하고 평안하며, 자녀들이 하나님의 뜻을 잘 발견해 나가는 모습을 볼 때 목사 역시 기뻐한다. 목사 개인의 비전이 성취되고, 성과가 드러나 많은 사람들에게 귀감이 될 때도 기뻐한다. 친구와의 관계에서도 목사는 기뻐한다. 친구들과 우정을 나누며 기뻐하고, 친구의 기쁨을 자신의 기쁨을 삼으며 기뻐한다. 그러나 앞서 말한 것보다 이 일에 더 큰 비중을 둔다면 문제다.

이렇게 보면 앞에서 목사라고 해서 특별한 것은 없다고 말한 것을 사실로 받아들이는 데에 이의는 없을 것이다. 자신의 소명과 관련된 일 때문에 목사는 기뻐하지만 때로는 그 일이 뜻대로 되지 않기 때문에 안타까워하며 슬퍼한다. 굳이 목사의 기쁨을 특별하게 생각할 이유는 없을 것 같아 보인다.

정말 그럴까?

자기 것을 잃을 수 있는 상황에 처해 있음에도 사람들은 기꺼이 기뻐할까?

자기에게 손해가 될 것이 불을 보는 것 같음에도 기뻐할 수 있을까?

자식을 죽인 사람이 용서를 받는 것을 기뻐할 수 있을까?

결코 벗어 던질 수 없는 짐이요 평생 짊어져야 할 무거운 짐을 안고 가면서도 기뻐할 수 있을까?

자신의 일은 비록 잘 안 된다 하더라도 다른 사람이 잘되는 것을 보며 기뻐할 수 있을까?

내가 죽더라도 다른 사람이 살게 된다는 사실로 기뻐할 수 있을까?

나는 비록 힘들어져도 다른 사람이 행복하게 된다는 사실로 기뻐할 수 있을까?

먹을 것이 없는 상황에서 돈이 없더라도 기뻐할 수 있을까?

억울한 일을 당하면서 헤어 나올 길이 없어 보이는 상황에서도 기뻐할 수 있을까?

아마도 아니 분명 보통 사람들이 이런 일과 관련해서 기뻐하는 일은 쉽지 않을 것이다. 없다고 말할 수는 없겠지만 목사와 비교해 볼 때 그 숫자는 분명 적을 것이다. 왜 이렇게 단정 짓느냐고 물을 것이다. 목사는 본질적으로 하나님과 그의 사역 그리고 예수 그리스도와 그의 사역을 성령의 도우심으로 세상 가운데 드러내도록 부르심을 받은 사람이기 때문이다. 증거들이 참 많다. 이를 위해 심적으로나 영적으로 훈련을 받은 사람이며, 육체적으로도 수련을 받은 사람이다. 비록 일반적으로 볼 때 기뻐할 수 없는 일이지만 목사는 하나님의 영광을 위해 기뻐할 수 있도록 훈련을 받는다. 물론 모든 일에서 그렇지만, 원칙과 기대에서 벗어나는 경우가 있어 사람들의 의심을 불러일으키는 경우가 없지는 않다. 조금 암울한 이야기지만 목사의 기쁨을 말하면서 이 부분을 그냥 넘어갈 수는 없을 것이다.

사실 현재 기독교 이미지를 망치는 주범은 평신도보다는 목사인 경우가 많다. 비난받을 만한 일로 여론에 회자하는 인물은 대개 목사들이기 때문이다. 엄밀히 말해서 비난받을 만한 일은 양적으로 볼 때 평신도에게서 더 많이 발견되지만, 그럼에도 목사의 경우에 더욱 두드러지게 보이는 이유는 평신도의 경우는 개별적인 비난에 그치게 되고 또 의례히 그렇기 때문에 교회에 나갈 이유가 있다고 생각하나 목사의 경우에는 기본적인 신뢰를 무너뜨리는 일이고 또 무엇보다 여론에 회자하기 때문이다.

대체로 이런 경우다.

목사들이 다른 사람들과 다른 교회는 돌아보지 않고 자신은 물론이고 자신의 교회만 커지는 것을 기뻐한다.

자신의 유익을 위해 성도의 재산과 능력과 노동력 심지어 인격까지도 헌신의 이름으로 남용하고는 그렇게 해서 이뤄진 결과를 보고 기뻐한다.

손해를 입기보다는 언제나 유리한 고지를 차지하려고 하고 그렇게 될 때 기뻐한다.

더 나은 위치를 차지하기 위해 관련된 사람들 앞에서 온갖 것으로 아부하면서 자신의 비전이 성취될 때 기뻐한다.

하나님을 세상 가운데 나타내기보다는 자신의 이름을 더 앞세우고 그렇게 될 때 기뻐한다.

하나님에게 인정받기보다는 사람에게 인정받기를 위해 노력하면서 그렇게 될 때 기뻐한다.

불법을 마다하고 행하면서 원하는 뜻이 이뤄진다면 그것으로 인해 기뻐한다. 게다가 그것을 하나님의 도우심으로 생각하며 감사한다.

자신은 편한 짐만을 지려고 하고 남들에게 무거운 짐을 지게 하면서 그것이 아무런 탈이 없이 진행될 때 이것으로 인해 기뻐한다.

설교를 준비하지 않아 노심초사하다가도 성도들이 은혜 받는 듯한 느낌이 들면 그것으로 인해 기뻐한다. 과정은 상관없이 결과만 좋다면 기뻐하는 것이다. 은혜 탓으로 돌리며 기뻐하는 것이지만, 엄밀히 말해서 이것은 은혜에 대한 남용이 아닌가?

진실하지 못한 행위였음에도 사람들이 그것을 모르게 은혜로 받아들이면, 그것을 은혜로 여기며 기뻐한다. 한 두 번은 모두에게 일어날 수 있는 일이지만 상습적인 경우라면 의도적인 것이고 그렇기 때문에 사악한 것이 아닐까?

목사의 기쁨은, 만일 그것이 하나님의 뜻이 이뤄지는 것 때문에 나타나는 것이라면, 그 자체가 하나의 간증이요 복음의 증거다. 그러나 거짓에 근거하고, 이기적인 야심에 근거한 기쁨은 화려하게 보일지 모르고, 또 성도들이 일시적으로 속을 수는 있어도 결과적으로는 하나님의 이름을 욕되게 만드는 일이다. 게다가 목사의 기쁨이 목회에 중요하다고 생각해서 여성 성도들을 중심으로 소위 '기쁨조'를 운영하는 것은 거의 사기꾼에 가깝다.

　목사로서 산다는 것은 기쁨, 곧 하나님의 기쁨으로 사는 것이다. 구원받는 사람의 수가 많아지는 것을 볼 때 목사는 기뻐한다. 고통을 전제하는 기쁨이다. 목사의 삶은 무엇보다 나보다는 남을 더 낮게 여기는 예수의 마음을 품고 살면서 다른 사람의 행복과 기쁨과 평안을 위한 삶이다. 매우 조심스럽게 말하는 일이지만, 목사가 있다는 것이 성도에게 의미하는 것은 이것이다. 나를 행복하게 하고 또 기쁘게 하는 사람이, 하나님이 보내주신 사람이, 남들은 다 떠나도 적어도 한 사람이 그들을 위해 남아 있을 한 사람이 자신들 가운데 있다는 것이다. 얼마나 큰 위로인가. 아무도 없다고 여겨질 때 목사가 있다면 그래도 희망이 있는 것이다. 왜냐하면 하나님이 부르신 자로서 목사가 하나님이 하실 일을 대신해서 사람들에게 나타낼 것이기 때문이다. 그래서 일이 있을 때마다 목사를 찾는 것이다. 스스로 하나님 앞에 엎드리지 않고 지나치게 목사에게 의존하는 것은 바람직하지 않지만 목사에 대한 성도의 기대감을 표현한 것으로 보면 될 것이다. 이런 기대감을 남용하는 목사도 있다는 사실은 참으로 안타까운 일이다.

　여하튼 성도들은 목사에 대해 이런 기대를 품고 있다. 그렇지 못하다면 그렇게 될 수 있도록 해야 할 것이다. 그러니 누구보다 먼저 나를 포함해서 목사가 변해야, 목사가 기뻐하는 이유가 온전해지고 또 잘못된 것은 버려야 교회가 사는 것이다.

목사, 그의 영성

영성(spirituality)에 대한 관심이 높아졌다. 대중문화에서 아무런 설명도 없이 사용해도 소통이 될 정도다. 이제 '영성'은 더 이상 기독교 전유물이 아니다. 기독교에서 유래되었지만 세속화되었다. 현대사회에서 '영성'은 '종교성' 혹은 '경건'보다 더 선호되고 있다. 그 이유는 무엇일까? 대략적으로 다종교 및 다문화 사회에서 일어나는 각종 현상을 기독교적으로만 설명할 수 있다고 주장할 수 없기 때문이라고 추측한다. 다시 말해서 특정 종교에 속한 설명방식을 고집하지 않으려는 경향이 반영된 결과이다.

한편, 종교의 맥락을 벗어나 세속적인 맥락에서 사용되는 영성은 구체적으로 무엇을 의미할까? 워낙 다종교적인 배경에서 사용되는 개념이라 그 의미 또한 매우 다층적이고, 다면적이다. 어떤 맥락에서 사용되든 영성은 종교성을 기의한다. 따라서 삼위일체 하나님을 유일한 하나님으로 믿는 기독교와 결코 무관할 수가 없다. 그렇다고 해서 같은 의미로 사용되어서도 안 된다. 양자는 구별되어야 한다.

이런 취지에서 이뤄진 필자의 영성에 대한 연구는 책 『대중문화 영성과 기독교 영성(글누리, 2010)』으로 출판되었다. 필자의 영성 이해를 위한 시도는 베리 테일러(Barry Taylor)의 책 『예능신학(*Entertainment Theology*)』에 의해 촉발되었다. 무엇보다 세속화된 영성의 의미가 무엇을 기의하는지를 탐구하였다. 특히 세속화된 영성은 대중문화의 맥락에서 가장 많이 사용되고 있음을 알게 되었다. 그래서 대중문화의 영성을 탐구한 것이다. 그리고 대조적인 맥락에서 또 차별의 필요성 때문에 매우 다의적으로 사용되고 있는 기독교 영성의 의미를 명확하게 밝혀보고자 노력했다.

그 결과로 필자가 발견한 대중문화 영성의 의미는 다음과 같다. 대중문화가 대체종교적인 성격을 갖도록 하는 것은 영성이며. 그 핵심은 의미 추구 및 경험에 있다. 다시 말해서 대중문화 영성은 크게 셋으로 구분된다. 첫째는 의미를 추구하는 노력이고, 둘째는 소비를 통해 정체성을 확인하면서 의미를 경험하려는 노력이며, 셋째는 심신치료(치유, 회복을 통한 전인주의)를 통해 삶의 의미를 경험하는 것이다. 그리고 대중문화 영성이 보이는 특징은 감각적인 경험(혹은 놀이를 통한 경험이나 참여를 통한 체험)을 지향하는 데에 있다. 곧 몸의 체험, 치료를 통한 경험 그리고 삶과 태도에 있어서 현저한 변화로 나타나는 회복을 통해 의미를 발견하고 정체성을 확인하려 한다.

이에 비해 기독교 영성은 무엇일까? 기독교 영성은 성령사역의 결과로 인간에게 나타난 현상으로서 인간학적 개념이다. 이것이 선천적으로 갖추어져 있는 것인지와 관련해서는 논란이 많다. 기독교 안에서도 매우 다의적으로 해석되고 있는 상황에서 필자는 영성 이해의 공통분모를 발견하려고 노력했다. 먼저 성경에서 영성의 어원에 해당하는 단어들의 다양한 용례들을 정리해 볼 필요가 있었다. 영성은 성령의 사역과 은사와 깊은 관련이 있으며, 하나님과 인간의 관계에서 구성된 인간학적 개념으로 대체로 힘(power) 혹은 능력으로 경험된다. 일상적인 것과 비일상적인 것을 분별하는 능력일 뿐만 아니라, 또한 상호간의 균형적인 관계맺음을 표현하고, 신앙생활을 가능하게 하거나 성장하게 하는 조건이다. 성경의 용례에 따른 영성의 의미를 필자는 나름대로 다음과 같이 정리해 보았다.

영성은 예수 그리스도를 통해 계시된 하나님의 뜻이 이뤄지도록 성령께서 믿는 자들 안에 내재하심으로써 갖게 되는 하나님의 능력이다. 영성을 흔히 삶이나 태도로 이해하는 경향이 많은데, 그것은 엄밀하게 말해서 삶의 능력이며 관계맺음의 능력을 일컫는다. 영성의 내용은 하나님 자신이며, 그렇기 때문에 영성은 하나님 경험의 기초가 될 뿐만 아니라 하나님 경험을 가능하게 하고 또한 하나님 경험을 매개한다.

간단하게 정리한다면, 영성은 하나님에 의해 주어지는 복으로서 삶의 능력이며, 성도들을 이끄시며 함께 하시는 성령의 사역에 따라 형성되는 것이고, 또한 하나님 경험을 준비하고 또 가능하게 한다는 점에서 하나님의 능력이다. 영성이 하나님의 능력으로 이해된다는 사실을 발견하면서 이 부분을 좀 더 자세하게 분석하였다.

하나님의 능력으로서 영성은 다음과 같은 다섯 가지 의미를 갖는데, 이들은 상호 연관되어 있다.

첫째, 하나님의 사역을 인식할 수 있는 능력이다.

둘째, 수용능력(하나님과의 관계 안에 머무르며, 하나님의 부르심에 응답함으로써 하나님의 사역에 참여할 수 있는 능력)이다.

셋째, 분별력(자신과 세상의 의지와 하나님의 뜻을 분별할 수 있는 능력)이다.

넷째, (언어적, 예술적) 표현능력, 생산능력, 감상능력이다.

다섯째, 기도의 능력(자신이 피조물임을 인정할 수 있는 용기, 하나님을 신뢰하는 능력, 하나님을 기대하고 소망하는 능력)이다.

목사의 영성을 말함에 있어서 서두가 길어진 것 같다. 자세한 내용은 앞서 언급한 책 『대중문화 영성과 기독교 영성』에서 참조하기를 바란다. 이곳에서는 방금 언급한 영성과 관련해서 목사의 영성에 관해 말해보고자 한다.

오늘날 목사의 영성은 아무리 강조해도 지나치지 않는다. 적게는 본인의 문제이지만, 크게 보면 공동체 전체의 흥망이 걸린 문제이기 때문이다. 당연한 일이다. 앞서 목사의 휴식에 대해 말하면서 가족과 함께 보내는 쉼과 목사의 영성을 위한 쉼을 구분하였다. 영성을 위해 목사에게 특별한 휴가가 주어져야 할 정도로 목사의 영성은 중요한 의미를 갖기 때문이다. 목사에게 영성이 없거나 부족하다면, 목사의 인격과 사역에 상당히 의존하고 있는 공동체에게 적지 않은 문제가 될 것은 명약관화한 일이다. 생각해 보라, 만일 목사가 하나님의 사역을 인식할 수 없다면 어떻게 되겠는가? 비록 기록된 말씀을 통해서 과거에 행하신 일이나 미래에 하실 일은 선포할 수 있다고 해도 하나님이 현재에 역사와 교회에게 혹은 그것들 안에서 혹은 그것들을 위해 하시는 일을 인식할 수 없게 된다. 그렇다면 관점은 언제나 과거와 미래적인 것이 되고, 현재에 마땅히 해야 할 일을 놓치게 된다. 비록 일을 한다 하더라도 시각은 현재가 아니라 과거와 미래로만 향해지기 때문에 현실적이지 못하게 된다. 교회사에는 그런 사례들이 많이 있다. 현실참여와 관련된 문제에 있어서 교회는 언제나 소극적이었고, 오히려 비중을 미래에만 두는 사역에 전념하였다. 공공신학적인 문제의식이 생김으로써 현실참여가 교회의 공적인 과제로 인식하게 되었지만 그 이전까지 교회는 늘 과거에 안주하거나 사후 세계를 지향하였다.

이것은 또한 두 번째 영성과 연결되어 있는데, 만일 하나님이 하시고 있는 일을 인식하지 못한다면 하나님이 하시는 일을 받아들일 수가 없게 된다. 모르기 때문에 생기는 당연한 결과다. 뿐만 아니라 비록 안다 하더라도 하나님의 사역은 그렇게 쉽게 받아들일 수 있는 일이 아니다. 예수님의 경우를 생각해 보면 된다. 사람들은 예수님을 통해 하나님이 하신 일을 이해할 수 없었던 것은 물론이고 받아들일 수 없었다. 그래서 예수님은 "영접하는 자, 곧 그 이름을 믿는 자에게는 ……"이라고 말씀하시면서 영접하는 일과 믿는 일을 동일하게 생각한 것이다.

세 번째 역시 앞의 두 개와 연관되어 있다. 인식하고 수용하지 못하는 사람이 분별하지 못하는 것은 당연한 일이다. 우리 주변에 일어나는 일들은 매우 다양하기 때문에 무엇이 하나님이 하신 일인지, 무엇이 사람이 행한 것인지, 무엇이 마귀에 의해 행해진 것인지를 분별하기가 쉽지 않다. 사도 바울 역시 로마서 12장에서 하나님의 뜻을 분별할 것을 강하게 권고하였다. 분별력은 지식을 전제하지만 또한 지혜가 필요하다. 지혜는 하나님을 경외할 때 비로소 얻어지는 것이다. 잠언서는 거듭 반복해서 "하나님을 경외하는 것이 지혜의 근본"이라고 말하고 있다. 하나님을 경외하는 일은 세상에서 하나님을 인정할 때만 가능하다.

네 번째 표현하는 능력은 앞의 세 가지를 전제할 때 가능하지만, 때로는 그것과 무관하게 나타나기도 한다. 다시 말해서 비록 인식하거나 수용하거나 분별하지는 못했어도, 하나님 경험은 성령을 통해 일어나기 때문이다. 사도 바울의 경우가 대표적이다. 그는 예수 그리스도를 알지 못했고, 받아들이지 못했고, 또 그리스도를 통한 하나님의 행위를 분별하지도 못했지만 강력한 하나님 경험을 하게 되었다. 그는 자신의 하나님 경험을 특별히 언어적으로 표현했는데, 서신서에서 볼 수 있듯이 매우 뛰어난 능력을 발휘하였다. 그의 영성을 알 수 있는 부분이다. 달리 말해서 영성의 네 번째 의미는 하나님의 행위에 따라 자신에게 일어난 하나님 경험을 언어적으로 혹은 몸으로 혹은 예술적으로 표현하는 능력이다. 이것은 특별한 능력을 갖춘 사람에 제한되어 있는 것이 특징이다. 그러나 비록 후천적이라 하더라도 자신이 할 수 있는 부분을 꾸준히 연습함으로써 개발할 수 있다. 다윗과 솔로몬은 각각 시편과 잠언과 전도서등을 통해 자신들의 하나님 경험을 표현해 내었다. 뿐만 아니라 다른 성경 저자들 역시 마찬가지 능력을 발휘하였다. 놀라운 사실은 배움이 짧았던 어부들 역시 성령의 능력을 힘입어 성경을 기록할 수 있었다는 것이다. 하나님의 능력으로서 영성 곧 표현의 능력을 갖춘다면 설교가 풍성해지고, 다양한 형태로 목회할 수 있는 능력이 개발된다.

끝으로 기도는 앞서 말했듯이, 누구나 할 수 있는 듯이 보이지만 사실 누구에게나 허락된 것은 아니다. 예수 그리스도의 십자가의 공로를 믿고 나아가는 사람만이 기도할 수 있기 때문이다. 기도는 하나님의 뜻을 구하는 행위이다. 기도의 능력은 믿는 자들에게 허락되고 또 주어진 능력이다. 기도하도록 함으로써 하나님이 원하시는 것은 인간이 하나님이 아니라 피조물이고, 인간은 하나님을 의지하며 살도록 되어 있다는 사실을 아는 것이다. 게다가 기도와 응답을 통해 하나님이 원하시는 일들을 세상에 알리고 그래서 세상 모든 사람들이 하나님을 참 하나님으로 인정하는 것이다. 그러므로 기도는 하나님의 은혜를 얻을 수 있는 방편으로 허락하신 것 가운데 하나다. 그러나 지나치게 기복적인 기도나 개인주의적인 기도는 지양되어야 한다. 공적이고 참여적이며 공감적인 기도가 될 때 하나님의 기적은 오늘에도 여전히 경험될 수 있다.

목사는 매우 복잡하고 다양한 영성의 의미로 지레 기죽지 말고 무엇보다 다섯 가지 의미를 갖는 영성, 곧 하나님의 능력으로 사역할 수 있기를 바란다. 그럴 때 비로소 바른 삶이나 태도를 갖는 목사가 될 수 있기 때문이다. 영성이 결여된 목사의 목회는 전혀 조율되지 않은 피아노로 앞에 앉은 연주자에 비유할 수 있다. 자신이 아무리 노력한다 해도, 인간적인 능력이 아무리 뛰어나다 해도 결코 좋은 음악을 만들어낼 수 없듯이, 영성이 없는 목사의 목회는 그와 같다. 모양만 목회일 뿐 진정한 목회가 일어나지 않는다. 그러나 목사에게 영성이 있다면, 목회는 매우 생동적이 된다.

오늘날 목회자에게 요구되는 갖가지 덕목들은 영성에서 비롯한다. 신학 역시 영성에 기원을 둔다. 따라서 바른 신학과 바른 목회를 위해 영성 함양은 필수적이다. 하나님의 능력으로서 다섯 가지 의미의 영성을 개발하기 위한 노력은 앞서 언급한 책을 참조하면 좋을 것이다.

목사, 슬퍼하다

고결한 마음의 가치를 알게 되는 것은 슬픔에 젖어 있을 때다

청소년 시절 독일 작가 안톤 슈낙(Anton Schinack, '쉬낙'이라 발음해야 옳을 것 같다, 아마도 처음 번역하여 소개한 분이 일본식 발음을 그대로 옮긴 것이 아닐까 추측한다)의 수필 『우리를 슬프게 하는 것들』을 매우 감명 깊게 읽었던 기억이 아직도 새롭다. "울고 있는 아이의 모습은 우리를 슬프게 한다"로 시작하는 그의 글은 우울한 정서로 가득했고 또 기쁨보다는 슬픔이 많았던 청소년 시절 필자의 마음에 깊은 울림을 일으켰다. 당시 내가 느끼고 있었던 슬픔의 정서는 가난한 삶과 불만족한 학교생활 그리고 이뤄질 것 같지 않은 첫사랑 때문에 생긴 것이었다. 그러나 슈낙의 정서는 차원이 전혀 달랐다. 서정과 낭만으로 가득한 그의 글은 필자의 슬픔을 한없이 부끄럽게 만들었다. 아마도 당시에 필자가 문학을 좋아했던 까닭에 한층 승화된 슬픔을 표현하고 있는 글을 접하면서 오히려 형이하학적인 차원에 머물러 있는 필자의 슬픔과 그 이유들을 반성하게 되었고, 그 결과 충격은 더욱 컸던 것 같다.

사실 우리를 슬프게 하는 것들은 시기와 지역에 따라 그리고 사람에 따라 달라질 것이라고 생각한다. 그래서 부끄러워할 일은 아니었다. 그럼에도 필자로 하여금 새로운 세계에 대해 눈을 뜨게 해 주었던 까닭은 슬픔의 이유가 지극히 개인주의적인 성격을 갖고 있었기 때문이었다. 곧 나에게만 집중되어 있었던 사실을 돌아보게 해주었기 때문이다. 나에게서 눈을 떼서 주변으로 돌리다보니 우리를 슬프게 하는 것들은 의외로 너무 많다는 것에 새삼 놀라지 않을 수 없었고, 그 결과 필자를 그렇게 오랫동안 사로잡고 있었던 우울하고 슬픈 정서에서 벗어날 수 있었다.

필자가 목사가 되기를 작정했던 이유는 바로 슬픔이었다. 성경을 읽기 시작하고 또 성경공부와 새벽기도 그리고 예배를 통해 은혜를 받은 후에 거리를 걸을 때마다 필자는 눈을 제대로 뜨고 다닐 수 없었다. 주님을 만나는 기쁨이 클수록 거리에서 느끼는 슬픔은 더욱 커졌다. 슬픔이 커질수록 개인적으로 경험하는 하나님의 은혜는 더욱 커졌다. 이해할 수 없는 일이었다. 구원의 주님이신 예수님을 믿지 않고 사는 사람들의 모습이 보였는데, 그들이 불쌍하게 여겨졌고, 그럴 때마다 눈물이 주체할 수 없을 정도로 흘렀기 때문이다. 구원의 도를 모르고 세상을 살아가는 모습을 차마 볼 수가 없었다. 어떻게 하면 그들에게 구원의 주님을 소개할 수 있을지, 예수 그리스도를 믿게 할 수 있는지 고민하기 시작했다. 결과적으로 이것을 하나님의 부르심으로 받아들이게 됐고 순종하는 마음으로 목회자가 되기로 결심하게 되었다. 슬픔은 목사인 내게 매우 중요한 신앙 정서인 셈이다. 슬픔을 통해 하나님의 부르심을 들을 수 있었기 때문이다. 누구의 말인지 모르지만 언젠가 들어본 적이 있는 말이 생각났다. "고결한 마음이 갖고 있는 소중한 멜로디를 알게 되는 것은 슬픔에 젖어 있을 때다."

이런 이유 때문만은 아니지만 목사의 슬픔에 대해 글을 쓰게 된 중요한 이유는 목사의 슬픔에는 일반인의 그것과 조금 다른 부분이 있기 때문이다. 무엇을 슬퍼하는지를 잘 살펴보면 그 사람이 무엇을 생각하며 사는지를 대충 가늠해 볼 수 있는데, 목사로서 산다는 것과 관련해서 다뤄질 충분한 이유가 있다고 생각했다.

경우에 따라 다르겠으나 슬픔은 모든 인간에게 공통적으로 나타나는 일이다. 특히 고독한 사람에게 나타나는 대표적인 정서다. 대개는 자신의 일 때문에 슬퍼하지만 다른 사람의 경우를 보고도 슬퍼한다. 이것은 인간의 감성적인 능력과 공감 능력에서 비롯한다. 아픔과 슬픔을 모르는 사람이라면 사이코패스를 의심해 보아야 한다. 사이코패스는 자신뿐만 아니라 다른 사람의 고통과 슬픔에 대해 아무런 감정적인 반응을 하지 못하기 때문이다.

인간인 목사에게도 당연히 슬픔은 있다. 어쩌면 목사는 자신보다는 다른 사람의 감정에 민감하게 반응할 수 있는 사람으로 훈련받는 것 같다. 아니 목사는 그래야 한다. 특히 공감의 능력은 목사에게 꼭 필요한 것이다. 공감의 능력은 인간에게 거울반사신경이 있기 때문에 누구에게나 가능한 일이다. 그래서 인간은 다른 사람의 경우를 보고 함께 공감할 수 있다. 그렇다고 해서 누구나 공감할 수 있는 것은 아니다. 어느 정도 노력과 훈련이 필요하다. 특히 상대방과 입장을 바꾸어서 생각해 보는 훈련은 꼭 필요하다. 세계적인 미래학자 제레미 리프킨(Jeremy Rifkin)은 방대한 저서 『공감의 시대』를 통해 다음세대는 공감이 중시되는 시대가 될 것임을 주장하였다. 공감의 능력이 다음 세대의 지도자에게 꼭 필요할 것이라는 말로 이해할 수 있겠다. 굳이 제레미 리프킨의 주장 때문은 아니지만 공감 능력은 공동체를 구성하고 유지하는 데에 매우 필요한 영성이다. 공감 능력은 하나님의 긍휼을 자신의 삶으로 드러내려는 노력을 통해 길러진다.

슬픔은 사람의 감성에 따라 정도와 빈도 그리고 슬픈 정서를 느끼는 때와 장소는 다르다. 그러니 목사의 슬픔에 대해 일괄적으로 말하는 것은 무리다. 안톤 슈낙의 수필에서 언급하고 있는 '우리'는 적어도 독일 문화권에 사는 사람들을 지칭하지만, 그런 정서에 공감하는 모든 사람을 가리킨다. 그러니 지금 쓰고 있는 목사의 슬픔 역시 일차적으로는 목사를 염두에 두고 있지만, 그밖에 목사의 슬픔에 공감하는 다른 사람들을 가리킨다고 보아도 되겠다.

이런 질문을 생각해 보자. '목사는 무엇 때문에 슬퍼하는가?' 왜 이런 질문을 던지는가? 목사가 슬퍼하지 않아서 그런 것인가, 아니면 목사의 슬픔이 잘못 되었기 때문에 그런 것인가? 혹 목사의 슬픔에 대해 알고 싶기 때문에 그런 것인가? 안톤 슈낙의 수필 때문에 나 자신을 돌아볼 수 있었던 오래전의 경험이 이 글을 쓰게 된 동기 가운데 하나이지만, 사실 목사의 슬픔에 관해 글을 쓰게 된 동기는 앞에서 제기한 질문 때문이었다. 이런 질문으로 고심하게 된 한 가지 예를 소개해 보겠다.

목사로서 당연히 슬퍼할 것이라고 생각했는데 슬퍼하는 모습을 내비치지 않았던 목사의 이야기다. 필자가 알고 지내던 모 교회에서 목회하던 목사를 통해 들은 이야기 가운데 하나다. 교회의 한 권사가 재정적으로 어려움을 당해 그야말로 슬럼가로 이사를 가야할 상황이었다. 남편은 일을 할 생각도 하지 않았고, 20대 초반의 딸과 고등학생인 남학생을 두고 있었다. 혼자 열심히 일하면서 아이들을 교육하고 생계를 유지했지만 역부족이었다. 상황이 더욱 악화되어 결국 살고 있던 전세금도 날리게 되었고, 결국 집값이 저렴한 집창촌 지역으로 이사를 가게 되었다. 생각해 보라. 20대 초반의 딸과 고등학생 아들을 둔 상태에서 이런 지역에서 살게 되었다는 것은 그야말로 비참함 자체가 아닌가! 이 사실은 담당 교구 목회자를 통해 보고되었다고 한다. 보고를 들은 담임목사는 "거 참 안 됐네"라는 반응을 보였다고 한다. 물론 성도를 위해 기도하시는 분이니 드러내 놓고 슬픔을 표현하진 않아도 분명 마음으로 슬퍼하실 것이며 기도할 것이며 어떤 방식으로든 도움이 베풀어질 것으로 생각하며 기대했다고 한다. 그런데 어떠한 도움도 베풀어지지 않았다. 오히려 얼마 지나지 않아 권사님이 신천지로 넘어갔다는 소식을 듣게 되었다. 아마도 신천지 쪽에서 권사님이 운영하는 가게에 집중적인 도움을 주면서 그쪽으로 넘어간 것으로 추측된다는 보고를 담임목사에게 했다고 한다. 그 말을 들은 담임목사는 오히려 담당 교구 목사에게 성도 관리를 제대로 하지 못했다는 말과 함께 역정을 내었다고 한다. 그것으로 끝이었다.

성도의 어려운 사정에 대해 함께 슬퍼했다면 과연 그런 반응을 보일 수 있었을까? 사람의 속을 알 수 없는 일이니 단정할 수는 없지만 그 말을 들은 필자는 그렇지 않았을 것이란 생각을 하였다. 권사의 상황을 전혀 공감할 수 없었던 그 담임목사에게는 교인의 수가 줄어든 것만이 문제였던 것이다. 사실 목사가 많은 성도들을 대하다보면 슬픔에 면역이 되는 경우가 있다. 처음 들을 때는 슬퍼해도 자주 들으면 슬픔의 정도가 약해지다가 결국엔 슬픔조차도 사라지는 경우다. 이런 일이 다반사다 보니 20년 넘게 목회하신 담임목사가 슬픔의 표현을 하지 않았다고 해서 슬퍼하지 않았다고 말할 수는 없다. 그러나 비록 슬픔을 표현하지는 않았다 해도 교회의 성도가 심히 어려운 상황에 처해졌는데도 담당 교구 목사에게만 심방을 일임한다면 문제가 아닐까? 이단으로 넘어간 것이 성도를 제대로 관리하지 못한 까닭일까? 도대체 진정 슬픈 정서는 갖고 있었던 것이었을까?

이런 비슷한 경우는 얼마든지 찾아볼 수 있고, 교인들은 바로 이런 문제로 목회자에 대해 불신하게 되고, 결국 교회를 등지게 되는 이유가 된다. 이단에 빠지게 되는 이유이기도 하다.

이와 반대되는 경우도 있다. 서울의 중형교회에 속한 젊은 여 집사님이 남편을 잃고 혼자가 되어야 했을 때, 소식을 듣고 장례식에 도착했던 한 목사는 홀로 남은 부인과 아이를 보자마자 주변에서도 난처하게 생각할 정도로 주체할 수 없는 울음을 터뜨렸다. 입관예배며 장례예배 그리고 하관예배를 드리면서도 그의 흐느낌은 계속되었고, 마침내 참석했던 모두의 눈시울을 붉히게 만든 일을 경험한 적이 있었다. 목사님의 슬픔은 그것으로 그치지 않았는데, 교역자들을 시켜 유족들을 배려하는 여러 가지 일들을 지시할 뿐만 아니라 아이의 교육을 염려하는 마음에서 장로님들과 대책을 강구하는 모습을 보았다.

교회가 유족을 전적으로 책임질 수 있는 형편은 못되지만, 사망 소식에 함께 슬퍼하면서 유족들의 미래를 염려하는 모습에서 진정한 공동체의 단면을 볼 수 있었다.

목사는 도대체 어떤 일로 슬퍼하는가?

여러 목회자에게서 들었던 이야기를 대충 나열해 보면 이렇다. 여기에는 인간으로서 공통적인 정서는 제외했다.

목사가 슬퍼하는 때는 교인의 사망 소식을 접할 때, 아끼던 교인이 이유를 말하지 않고 떠날 때, 교인에게 감당하기 어려운 일이 생겼음을 알게 되었을 때, 장로를 포함해서 교인들이 목사의 마음을 몰라줄 때, 설교가 생각보다 잘 안 되었다고 느꼈을 때, 회개해야 마땅한 사람이 자신의 죄를 모르고 회개하지 않을 때, 신앙의 진보를 위해 헌신해야 할 사람이 갖가지 이유를 대며 마다할 때, 오랫동안 구상해 왔던 목회 계획이 당회에서 부결되었을 때, 성경말씀에 위배되는 일이 아무런 제재 없이 사회에서 유행처럼 번질 때, 하나님의 이름이 훼손될 때, 목회가 잘 안 될 때, 교회가 성장하지 않고 정체되었다고 느낄 때, 교인들에게 아무런 근거 없이 욕을 먹게 될 때, 말과 행위가 교인들에게 오해 되었을 때, 공을 들여 행한 사역의 가치를 인정해 주지 않을 때 등 많은 수는 아니지만 정치, 경제, 교육, 환경과 관련된 문제들 때문에 슬퍼한다는 말을 듣기도 했다. 슬픔의 이유가 복지와 인권, 청소년과 노인 문제 같은 문제 때문이라고 말하기도 했다. 정의가 없는 사회 때문에, 부익부 빈익빈이 지배적인 부조리한 환경 때문에 슬퍼하기도 한다.

이밖에도 더 많은 이유들이 있다. 이곳에 옮겨놓지 않았을 뿐이다. 관심에 따라 혹은 공감의 정도에 따라 슬퍼하는 이유와 내용이 각각 다르다는 점은 꼭 명심해야 할 것이다.

이곳에서 필자가 말하고 싶은 것은 다른 데에 있다. 목사가 진정으로 슬퍼해야 하는 것은 무엇인가 하는 것이다. 목사의 슬픔은 하나님의 긍휼과 슬픔을 반영해야 한다. 그러니 구원 받지 못하는 자를 위해 슬퍼하는 것은 당연하며, 하나님의 뜻을 저버리는 사람들로 인해 슬퍼해야 한다. 또한 하나님의 영광을 위해서 살지 않고 자신의 영광을 위해 사는 사람들 때문에 슬퍼해야 한다. 자신의 죄를 알지 못하고 회개하지 않는 사람들, 권력과 재력에 의해 억압당하는 사람들, 부조리한 사회구조에서 신음하는 사람들, 어려움과 곤궁함에 빠진 사람들로 인해 슬퍼해야 한다. 슬픔을 당한 사람들과 함께 슬퍼할 수 있어야 한다. 이런 것에 면역이 되어 슬픔을 표현하지 않는 것을 당연하다고 볼 수 없다. 뿐만 아니라 목사가 목사로서 살지 못했을 때, 바로 이런 이유 때문에 슬퍼해야 할 것이다. 자신과 직접적으로 상관이 없고 단지 목회과정에서 일어나는 일이라고 해서 슬픔의 대상에서 제외한다면, 그것은 문제다. 목사는 개인이 아니라 공동체를 책임지고 이끌어가는 유기체의 하나이기 때문이다. 어쩌면 대부분의 목회자들은 그렇지 않겠지만 소수의 경우가 지나치게 개인주의적인 태도를 보임으로써 물을 흐릴 것이라고 생각한다.

한편, 슬퍼해야 할 일을 고르는 목회자도 있다. 이것은 삯군 목자의 전형으로서 더욱 안 좋은 케이스인데, 실제로 경험했던 일이기에 하는 말이다. 돈이나 명예나 권력이 있는 성도에게 일어난 경우, 집안이 좋은 성도, 친분이 있는 성도, 미모의 여신도에게 일어난 경우만을 슬픔의 대상으로 고려하는 일이 없지 않다.

목사에게는 공감 능력이 절대적으로 필요하다. 아무리 무뚝뚝한 사람이라도 목사가 되려고 한다면 이것을 위해 기도하며 노력해야 한다. 그렇지 않으면 아무리 자신의 진심을 발휘해도 성도들을 감동시키지 못할 뿐만 아니라 하나님의 긍휼과 슬픔을 나타내 보이지 못하기 때문이다.

공감 능력은 평소에 역지사지의 태도를 훈련함으로써 얻을 수 있다. 그러나 항상 훈련을 통해 얻을 수 있는 것은 아니다. 관계맺음의 능력 가운데 하나로 성령의 도우심을 필요로 한다. 보통은 전혀 느낄 수 없었던 일이지만 성령에 이끌리면 긍휼히 여기게 되고 또 슬픔을 느끼게 된다. 어떤 경우, 특히 정당하지 않은 경우는 모두가 슬퍼한다 해도 전혀 슬퍼하지 않게 되는 경우도 있다. 공감 능력은 하나님의 행위를 인식하고 분별하는 능력에 근거한다.

목사는 슬플 때 슬퍼할 수 있고, 기쁠 때 기뻐할 수 있어야 한다. 성경은 곤고한 날에 생각하고, 기쁠 때 기뻐하라고 했다(전 7:14). 이것은 세상에서 일어나는 일의 이유와 목적이 무엇인지를 감히 헤아릴 수 없는 인간이 하나님을 믿는 가운데 행할 수 있는 일이다. 그래서 목회가 쉬운 일은 결코 아니다. 목회자가 무엇을 슬퍼하느냐는 그가 어떤 사람이고 또 무엇에 목회적인 관심을 기울이느냐를 알게 해준다.

목사, 전도하다

전도하기 위해 우리가 누구를 필요로 하는지를
아는 것은 배워서가 아니라 본능적으로 안다

나는 왜 목사가 되었을까? 하나님의 은혜임을 모르는 것은 아니다. 그렇지만 내가 처음 목사로 부름 받았을 때 어떤 동기로 목사가 되기로 결정하고 또 순종했는가를 묻는 질문이다. 당시에 나는 하이델베르크 소요리문답을 알지 못했는데, 인간의 위로는 오직 예수 그리스도에 대한 신앙밖에 없음을 확신했다. 앞서 "목사, 슬퍼하다"에서 말했지만, 내가 목사가 되기로 결심한 데에는 구원에 대한 확신과 전도에 대한 열심 때문이었다. 예수 그리스도를 모르고 살아가는 사람들을 보는 것이 너무 슬펐고, 그들에게 하나님의 사랑과 예수 그리스도를 통한 구원을 알려주고 싶었다. 적어도 당시 내가 느꼈던 기쁨과 감격을 공유하고 싶었는데, 이것이 슬픔으로 표현된 것이다. 그러니까 전도는 내가 목사가 되는 일과 관련해서 매우 중요한 동기이며 또한 보기에 따라서 목적에 해당된다.

사실 중학교 때 나는 전도를 가장 많이 했다. 그래서 전도상을 여러 번 받았다. 게다가 내가 전도한 아이들이 또 다른 아이를 전도했으니 정말 신나는 일이었다. 심지어 나는 학교 선생님을 전도하기 위해 전도사님을 학교로 초대할 정도였다. 선생님 전도는 실패했지만, 대신 같은 반 학생들 몇 명을 전도했다. 내 소개를 할 때 찬송을 부르며 내가 기독교인임을 나타냈었다. 지금은 상황이 달라 아마도 이런 일을 하는 아이들이 없을 것이라고 생각한다. 당시에는 기독교에 대한 분위기가 지금처럼 그렇게 적대적이지 않았기 때문에 가능했다. 내가 교회 중등부 회장이었을 때 중등부에서 수년 동안 기도제목으로 삼으며 애를 썼던 목표 "100명 배가"가 이루어졌었다. 대단히 기쁘고 감격적인 순간이었다. 기억하기로는 고등부 때도 그러했던 것 같다. 고등부 역시 100명 배가 운동을 했던 것 같은데 내가 회장을 맡았을 때에 차고 넘치는 은혜가 있었다. 물론 100명까지 이르지 못한 80명으로 기억한다.

토요집회가 끝나면 전도사님과 함께 남산도서관 근처로 가서 노방전도를 했고, 서울역이나 후암동 시장으로 나가 길거리 전도도 했다. 학교에선 친구들을 전도했고, 집에선 가족들에게 전도했다. 결국 가는 곳마다 전도하며 다닌 셈이다. 아버지를 전도하려고 결심했을 때는 3일을 금식하며 기도했다. 놀랍게도 금식을 마친 주일에 아버지께서 교회에 처음으로 출석하셨다. 그 후로 한두 번 더 참석하신 것 같은데, 결국 세례를 받지 못하시고 돌아가셨다.

고등학교 2학년부터 갑작스럽게 매우 내성적인 성격으로 바뀌었다. 물론 중학교 3학년부터 그런 성향을 보였지만 고등학교 2학년부터는 심각할 정도로 우울한 시기를 보내야만 했다. 학교를 중퇴한 후에는 사람들 만나기를 꺼렸고, 홀로 책 읽고 음악을 듣는 때가 많았다. 당시에 충무로에는 "필하모니"라는 클래식 음악감상실이 있었다. 교회 선배의 소개로 처음 알게 되었다. 좋은 음향 시설을 갖추고 있어서 집에서 듣는 음악과는 비교할 수 없었다. 연주회장엘 찾아가서 듣는 일도 쉽지 않은 때여서 그 시절 난 그곳에 아침에 가서 오후까지 머물러 지냈다. 자주 그랬다. 그러다보니 급속도로 전도의 열이 식었는데, 대학 청년부 시절엔 직접적인 전도를 거의 하지 않았던 것 같다. 그럼에도 당시 청년 담당목사님(지금은 미국 알래스카에서 목회)의 인도로 일 년 사이에 재적 112여 명, 출석 100여 명까지 성장한 적이 있었다. 감사한 것은 내가 회장직을 맡았을 때 이뤄졌었다.

잊을 수 없었던 경험은 군 병원에 있을 때였다. 1984-85년까지 6개월 간 사고로 군병원에 입원해 있었던 적이 있었다. 환우회(크리스천 환자들의 모임) 모임에서 활발하게 활동했다. 환우회장을 하면서 새벽기도회를 만들었다. 병력이동이 엄격히 금지된 시간이니 원칙적으로는 가능한 일이 아니었지만, 군인병원이라는 특별한 환경 때문에 허락을 받을 수 있었다. 병실을 방문하면서 찬양 사역과 연극 사역을 했었는데, 나는 찬양보다는 주로 연극 대본을 쓰거나 직접 출연하였다. 무엇보다 새벽기도회를 만들어 활동했는데, 병원장(당시 대령)은 급속도로 성장한 군인교회를 보시고 당시 환우회 회장이었던 나를 불러서 칭찬해 주시고 특별한 배려를 베푸시기도 했다. 당시 쓴 대본은 "유다의 고백", "부활 전야", "베드로의 고백" 등이었는데, 지금은 모두 소실되었다. 그런데 어느 극단에서 같은 제목의 모노드라마와 연극 공연을 한다는 소식을 들었는데, 어떤 내용인지 궁금하다.

어릴 때부터 다녔던 교회를 떠나 당시 부목사로 사역하셨던 목사님과 우여곡절 끝에 함께 개척을 했을 땐 정말 대단한 결심이었다. 신혼 초였고, 총신대학교 신학대학원 1학년(한학기만 등록하였고 중퇴하여 독일로 유학을 갔다) 재학 중이었으며, 복음에 대한 열정이 대단했었다. 그러나 가장 피 말리는 순간이기도 했다. 6개월 동안 전도했는데 딱 한 사람만이 교회에 등록했다. 결국 얼마 지나지 않아 내가 독일로 유학길에 오르면서 교회 문을 닫게 되었는데, 이러한 경험 탓에 개척에 대한 의욕이 지금까지도 상실된 상태다. 최근에 목회지를 얻지 못한 나를 보고 안타까워하는 지인들이 충고하는 의미에서 개척하라는 말을 많이 하는데, 전도에 대한 불안과 두려움이 커서 결심을 못하고 있다. 개척을 할 당시의 부정적인 경험 때문이다. 전도와 관련해서 치유가 필요한 것 같다. 오, 주여, 나를 도우소서!

유학 후에 신대원에 다니던 전도사 시절엔 전도를 나가본 적이 없었던 것 같다. 청년부를 맡고 있었는데, 청년들에게 설교하고 또 제자교육을 하면서 전도를 하게 했을 뿐이었다. 간혹 청년들이 다니는 대학교에 찾아가 CCC나 IVF 회원들과 함께 예배를 드리곤 했어도 직접 거리에서 전도를 하진 않았다. 목사가 된 후에도 마찬가지다. 전도부를 맡아보지 못했고, 직접 전도할 기회가 있었던 전도 교육엘 참여하지 못했기 때문이었다. 그러니 사실 처음 목사가 되겠다고 결심했던 당시를 생각해 본다면 뭔가 잘못돼도 한참 잘못되었다.

흔히 하는 총동원 주일을 준비하는 과정이나 당일의 상황과 결과를 보면 재미있다. 전도를 가장 많이 하는 사람은 대개 교회에 출석한 지 얼마 되지 않은 사람들이다. 그들은 가족들을 포함해서 친구들을 많이 데리고 온다. 그만큼 친구들 가운데 믿지 않은 사람들이 많기 때문이다. 이에 반해 가장 전도를 못하는 사람은 목사를 포함해서 장로와 권사, 집사 순이다. 믿는 사람들과 주로 친구관계를 갖다보니 전도할 친구들이 없는 것이다. 물론 평신도 가운데는 전도에 아무런 관심도 갖지 않은 사람들도 있다. 또한 목사 가운데 전도를 잘하는 목사도 있다. 항상 예외는 있는 법이니까.

요즘 내가 목사로서 고민하는 것은 이것이다. 나는 왜 목사로서 전도를 하지 않을까? 참으로 답답한 마음이면서 또한 나 스스로를 비판하는 의미에서 던지는 질문이다. 전도를 하게 하는 것도 중요하지만, 직접 전도하는 것은 더욱 중요한 일이 아닐까?

심각한 고민 끝에 이른 결론은 이것이다. 목사는 전도하도록 가르치는 일만으로 만족해서는 안 되고 직접 전도하는 기회를 스스로 마련해야 한다. 왜냐하면 그 일을 위해 부름을 받은 사람이기 때문이다. 경험에 비추어 보면, 전도를 해보아야 영혼이 소중한 것을 알고, 구령의 열정이 생기며, 성도의 눈높이를 맞출 수 있는 능력도 생긴다. 게다가 설교에 열정도 생긴다.

그래서 얼마 전부터 난 전도하기로 결심을 했다. 그런데 옛날식으로 전도하는 것은 비효율적인 것 같다. 물론 여전히 효력을 입증하기도 하지만 경우에 따라 전혀 예상치 못한 다른 결과로 이어지기도 한다. 그래서 선택한 것은 관계 전도다. 불신자들과 관계를 맺는 경우에 매우 조심을 한다. 좋은 관계맺음을 통해 복음을 전할 기회를 갖는 것이다. 예컨대, 가게에 갈 때 의도적으로 친절한 인사말을 던진다. 엘리베이터를 탈 때도 만나는 사람들에게 반갑게 인사한다. 길을 가다 마주치는 사람들에게도 가능한 한 웃는 얼굴로 대한다.

문제는 아무리 꾸준히 친절하게 대해도 만나는 사람이 계속 바뀌고 또 우연히 마주쳐 인사를 나누는 사람과 계속적으로 만나는 것이 아니라서 전도할 기회가 도무지 생기지 않는 것이다. 내가 하는 행위는 굳이 전도할 의지가 없어도 스마일 운동, 친절 운동 등으로 행해지는 일이었다. 무엇을 하지 못하고 있는 것일까? 실질적으로 볼 때 예수 그리스도를 말로 전하는 일을 못하고 있는 것이다. 이것이 가장 큰 문제였다.

이쯤 되면 목사인 내가 전도를 하지 못하는 것은 심각한 문제가 아닐 수 없다. 그래도 '내가 목사인가?'라는 자괴감마저 들 정도다. 이럴 때 슬그머니 고개를 들고 나오는 것이 신학교에서 가르치는 일, 글을 통해 도를 전하는 일, 가끔 교사세미나 강사나 헌신예배 설교자로 초대되는 일 등을 나의 할 일로 여기는 합리화다. 누군가 꽃 중의 꽃은 자기합리화라고 했다고 하는데, 합리화를 하니 전도라는 부담감에서 한결 자유로움을 느낄 수 있었다. 그렇다고 전도의 부담감에서 완전히 자유로울 수는 없었다. 왜냐하면 목사는 전도인이기 때문이다.

예컨대, 대한예수교장로회(통합) 총회 헌법에 규정된 목사의 직무에 따르면, 목사는 하나님의 말씀으로 교훈하며, 성례를 거행하고, 교인을 축복하며, 장로와 협력하여 치리권을 행사한다. 목사의 의의, 그러니 목사로서 사는 것의 의미로 제시된 것은 목자, 종 또는 사자, 장로, 교사, 전도인, 청지기 등이다.

목사는 전도하는 사람이다. 그것만이 전부는 아니지만 결코 빠질 수 없는 직무 가운데 하나다. 단지 설교하고 가르치는 일로 환원될 수 없는 일이다. 그러기에 전도하지 않는 목사는 문제가 있는 목사다. 어디를 가든 말씀을 전하는 일에서 자유로울 수 없는 존재가 바로 목사이기 때문이다.

자동차 사고 현장에서, 병실에서, 여행 중, 시장에서, 거리에서, 토론의 장에서, 정치에서, 학교에서, 이웃과의 관계에서, 친구와의 관계에서 목사는 말씀을 전하는 일에서 벗어날 수 없다. 목사가 이 일에 실패하여 매스컴에 오르내리는 경우를 종종 본다. 나 역시 그렇기도 하다. 예컨대, 일전에 자동차 사고가 났는데, 그쪽이 전적으로 과실이라고 여겨지는 일인데도 우기는 통에 화가 나서 소리를 지른 적이 있었다. 그런데 차 뒤쪽 창문에 있는 성경책을 본 그 분들이 "기독교인이면서 그러세요?"라고 말하는 것이었다. 대단한 잘못을 들킨 것 같아 더욱 화가 나서 소리를 지르며 시비를 따지고 있었는데, 그 차 안에는 내가 목회하는 교회에 다니던 청년 여학생이 타고 있었다. 즉, 청년의 부모님 차였던 것이다. 그때의 심정이 어떠했겠는지 여러분의 상상에 맡긴다. 그 이후로 난 성경책을 뒤쪽 창문 위에 결코 올려놓고 다니지 않는다. 그리고 차 사고가 나면 안에 누가 있는지 먼저 살핀다. 물론 다친 사람이 없는지 물으면서.

암튼, 씁쓸한 일이었지만 내겐 큰 교훈이 되는 일이었다. 그래서 사고가 날 때는 일단 내가 목사임을 염두에 두고 행동한다. 자주 실패하지만 그렇지 않으려고 노력하는 편이다. 어떤 상황에서도 목사에게 중요한 일은 하나님을 드러내는 일이기 때문이다. 적어도 전도인으로서 목사에게는 사적인 일과 공적인 일이 구분되지 않는 것 같다. 죽으나 사나 그리스도를 전하는 일로 부름을 받은 사람이 목사이기 때문이다.

그런데 간혹 악착같이 손해 보지 않고 살려고 하는 목사를 본다. 무엇을 잃고, 무엇을 얻게 되는지를 잘 살펴야 할 것이다. 목사는 개인이 아니라 하나님의 사랑, 예수 그리스도의 복음을 전하기 위해 부름을 받았기 때문에 어떤 상황에서든 공적인 존재로서 살아야 한다. 다시 말해서 개인은 날마다 죽고 대신 그리스도와 하나님의 사랑을 나타내는 일을 가장 우선으로 삼아야 하는 것이다. 심지어 가족 안에서도 그런 것 같다. 가장으로서 목사다운 말과 행위를 실천하지 못할 때 가족의 비난을 받기 때문이다.

전도인으로 사는 것이 꼭 말로 전해야 한다는 것은 아니다. 목사는 다른 사람들이 예수 그리스도를 알 수 있도록 하는 일에 최우선의 가치를 두는 사람이기 때문에 행동을 통해 성품을 통해 삶을 통해서도 드러낸다. 누구를 만나든, 어떤 종류의 사람을 만나든 그래야 할 것이다. 인간의 연약함 때문에 자주 실패하지만, 그럼에도 성령에 의지하여 노력하는 일에 있어서 포기하지 말아야 한다. 어디에 있든 비록 말은 하지 않더라도 다른 사람들이 우리들을 통해 하나님을 볼 수 있고 예수 그리스도를 만날 수 있도록 살아야 할 일이다. 이 일을 위해 성령의 도우심을 구하는 일은, 목사이기 이전에 연약한 인간으로서 마땅한 일이다.

목사, 유혹을 받다

우리는 유혹에 빠져있을 때 비로소 일어설 수 있다

목사를 이해하는 방식은 크게 두 가지다. 하나는 인간학적인 관점에서 보는 것이고, 다른 하나는 소명에 따라, 즉 신학적으로 이해하는 것이다. 신학적으로 이해한다 함은 하나님의 뜻 혹은 그분의 행위와 관련해서 목사의 인격과 사역을 이해하는 것이다. 쉽게 말해서 소명에 따라 이해하는 것이다. 좀 더 세분해서 질문의 형태로 이해한다면 이렇다. 목사의 성경적인 기원은 무엇인지, 목사의 인격과 사역에 대해 성경에서는 어떻게 말하고 있는지, 목사와 목사직에 대한 이해는 역사적으로 어떻게 변했는지, 신학적 곧 하나님의 행위와 관련해서 목사는 누구이고 또 무엇인가 하는 것이다. 이런 관점에서 조명되는 목사는 그야말로 "성직자" 이미지다. 목사의 성직을 지나치게 강조하는 사람들은 대개 신학적인 관점에서 스스로를 보기 때문이다.

인간학적인 관점은 목사이기 이전에 먼저 인간이라는 사실을 중시한다. 목사는 인간으로서 본질과 인간으로서 강점과 약점을 공유한다. 특별하지 않다는 말이다. 인간으로서 목사가 다뤄지는 까닭은 목사의 인격 때문이지만 또한 그것이 인간을 위한 목사의 사역과 깊은 관계를 갖고 있기 때문이다. 인간으로서 목사의 사역은 인간학적인 조건들을 고려해서 이루어져야 하기 때문이다. 신학적인 관점보다 인간학적인 관점을 특별히 강조할 때는 목사의 성직을 지나치게 강조하여 생기는 부작용에 대해 비판할 때이지만 주로 인간의 약점과 관련되어 있다. 목사에 대한 기대치가 워낙 높을 뿐만 아니라, 또한 신학적으로 규정되는 목사상을 모두 충족시킬 수 있는 사람은 사실 없기 때문이다. 그래서 목사는 은혜로 되는 것이라고 말하는 것이다. 목사를 이해할 때 인간학적인 관점이 배제된다면, 목사는 어쩔 수 없이 이중인격자로서 살아갈 수밖에 없다. 현실적으로 목사는 한 인간으로서 강점과 약점을 모두 가진 존재이기 때문이다. 이것을 인정한다면 목사라고 해서 굳이 자신의 한계와 약점을 숨길 필요가 없다.

엄밀히 말해서 양자의 입장은 결코 분리되지 않는다. 목사를 인간학적인 관점에서만 보아도 안 되며, 그렇다고 이것을 배제하고 오직 신학적 입장에서만 규정해서도 안 된다. 목사의 인격과 사역을 이해하는 데에 양자는 모두 동원되어야 한다. 최근에 공적 신학의 맥락에서 목사의 역할이 확장되고 있는데, 심지어 정치 사회학적인 의미를 생각하기도 한다. 목사에 대한 이해는 변하고 있고 또 외연은 더욱 확장되어 가고 있다.

한편, 인간학적인 관점이라는 것은 무엇인가? 인간학도 다양한 관점이 있기 때문이다. 인간은 실로 다양해서 어떻게 보느냐에 따라 달라진다. 목사가 종종 스스로의 한계를 인정받기 위해 손을 뻗는 인간학적인 관점은 무엇인가? 사실 기독교 인간학도 있지 않은가? 인간학적인 관점과 신학적인 관점을 함께 모은 것이 기독교 신학적인 인간학이다. 그렇다면 목사가 인간을 이해하는 관점은 적어도 기독교적 관점이어야 하지 않을까? 왜 자신의 한계와 약점과 관련해서 비기독교적인 인간 이해에 도움을 청하는 것일까? 혹시 비난과 원망에서 빠져나가기 위한 전략은 아닐까?

사실 목사들이 잘못을 저질러 놓고는 인간이기 때문에 어쩔 수 없었다는 궁색한 변명을 늘어놓는 것을 많이 보았다. 나 역시 그런 경우가 없지 않다. 인간으로서 한계 때문에 어쩔 수 없었던 것이다. 예컨대, 앞서 언급한 바 있지만, 목사가 가족과 성도 사이에서 갈등을 겪는 경우가 종종 있다. 가족과 시간을 보내야 하는데, 그렇다면 성도의 요청을 거절해야 할 때가 있다. 그렇다고 무조건 성도들을 위해 시간을 할애하다보면 목회자 가정이 건강하게 성장하지 못한다. 따라서 어떤 경우를 선택하든 인간으로서 겪는 고통에서 자유로울 수는 없다. 이럴 때 목사이기 이전에 인간의 한계를 느끼지 않을 수 없다. 특히 목회자의 덫으로 알려진 성과 재물의 문제와 관련해서 실수했던 사람들이 교인들 앞에서 목사이기 이전에 먼저 인간임을 이해해 달라고 읍소하는 말을 종종 들었다. 게다가 다윗 같은 성군에게도 일어난 일임을 환기하면서 자신도 한 인간이었음을 이해해 달라고 말한다. 사실 누구도 자유로울 수 없는 문제인 것은 사실이다. 조심할 뿐이지 이것에 대한 유혹은 언제나 상존한다.

유혹은 본질적으로 선택의 문제이지만, 사실 다른 맥락에 서 있다. 유혹을 생각할 때 흔히 나 자신의 밖에 존재하는 어떤 것의 작용을 생각한다. 외부에서 자극이 있어야 유혹이 성립된다는 것이다. 의도적으로 유혹하기 위해 접근하는 자가 있기는 하다. 이런 경우에 사람들은 흔히 사탄 혹은 마귀라고 부른다. 대체로 의지와 생각과 감정을 압도하는 힘으로 경험된다. 하와가 에덴동산에서 유혹을 받았을 때, 예수님이 시험을 당하셨을 때 등장한 존재는 사탄이었다. 그러나 유혹자를 모두 사탄이라고 규정할 수는 없고, 넘어뜨리기 위해 혹은 보복의 차원에서 악한 생각에 사로잡혀 행하는 경우도 있다. 경우에 따라서는 어떤 목적을 이루기 위해, 스스로 은폐하여 유혹자로 나타내기도 한다. 단순한 유혹과 유혹자의 차이는 의도가 있느냐 없느냐에 있다.

현저한 의도가 개입된 경우를 제외하면, 엄밀히 말해서 유혹은 자기 자신과 심각한 갈등을 겪는 상태를 일컫는 심리적인 불안 현상이다. 자신 안에 내재해 있는 원칙과 그 원칙에 위배되는 일에 대한 욕심이 작용한 결과가 유혹으로 나타난다. 그런 원칙이 없으면 유혹이라는 상황이 일어나지 않는다. 그냥 행하는 것이다. 후안무치의 경우를 종종 보는 것은 이런 경우다. 그러나 적어도 정상적인 신학교육을 받았다면 원칙이 없을 리가 없다. 예컨대, 목회자는 재물의 문제에 있어서 깨끗해야 한다는 원칙이 있기 때문에 돈과 관련해서 유혹을 받는 것이다. 이런 원칙을 숙지하고 있는 상태에서 돈에 대한 욕심이 생길 때 유혹이 발동한다. 성(性) 문제 역시 마찬가지다. 그렇기 때문에 유혹은 나 자신의 문제이지 외부의 문제가 아니다. 물론 올무를 씌워 넘어뜨리기 위해 의도적으로 접근해 오는 경우도 있지만, 이 경우 역시 유혹은 본질적으로는 자기 자신과의 갈등이 표출된 것이다.

아무리 많은 돈이 있어도 욕심이 발동하지 않으면 전혀 유혹을 받지 않는다. 아무리 아름다운 여성 혹은 멋진 남성이 온갖 교태를 부리거나 혹은 대단히 지적인 면모로 다가온다 해도 성에 대한 욕심이 발동하지 않으면 유혹이 성립되지 않는다. 예수님을 보라! 그는 인간학적인 관점에서 견디기 쉽지 않은 상황에서 세 번에 걸쳐 시험을 당했지만 유혹을 받아 비틀거리지 않으셨고 또 결코 넘어지지 않았다. 오히려 유혹에 직면해서 스스로를 하나님의 아들로서 분명히 세울 수 있었다. 그 비결은 무엇이었을까?

여하튼 이 질문에 대한 대답은 다음으로 미루고 먼저 유혹에 대해 더 말해보도록 하자. 인간으로서 성인군자가 아니면 도대체 누가 유혹에서 자유로울 수 있겠는가? 인간으로서 그럴 수 있는 사람은 몇 안 된다. 대부분의 인간은 유혹에서 자유로울 수 없다는 말이다. 인간은 욕심과 욕망에 사로잡혀 사는 존재이다. 여기서 자유로울 수 없기 때문에 할 수 있는 한 욕심을 품지 않도록 노력해야 한다. "욕심이 잉태한 즉 죄를 낳고, 죄가 장성한 즉 사망을 낳느니라"는 야고보서의 말씀은 언제나 진리이다.

인간에게 숙명적인 욕심과 욕망의 본질은 하나님처럼 되려는 것 혹은 나 스스로를 다른 사람보다 더 높게 보이려는 것에 있다. 그리고 하나님의 은혜에 만족하기보다는 자신의 가치관과 판단능력에 따라 살려는 의지에 있다. 다른 사람을 도우려는 동기가 아니라 자신의 이익을 얻으려는 동기에 발동하여 일을 하는 데에 있다. 자기에게 주어진 책임을 면하기 위해 남에게 책임을 떠넘기는 데에 있다. 누구든지 이런 욕망과 욕심에서 자유롭지 못하다면 유혹의 굴레에서 결코 벗어나지 못한다. 유혹은 욕망을 따라오는 것에 불과하다.

유혹의 대상으로 나열되는 것에는 끝이 없다. 욕심을 품는 모든 것에서 유혹의 상황은 일어나기 때문이다. 최근 한국 교계에서 오르내리는 목사들의 경우를 살펴보면 재물과 성은 물론이고 명예와 권력 역시 매우 큰 욕심과 욕망을 불러일으키고 있음을 알 수 있다. 박사 학위와 관련해서 생기는 표절이나 대필, 좁게는 당회에서 넓게는 노회나 총회에서 권좌에 오르려고 갖은 애를 다 쓴다. 심지어 국가 권력을 가진 자와 밀착하는 삶의 태도를 보기도 한다.

목사는 욕심과 욕망이 없어야 할까? 인간으로서 불가능한 일이긴 하다. 그러나 목사이기 때문에 포기할 수 있어야 하지 않을까? 목사로서 훈련받는 기간은 결국 유혹의 빌미가 되는 욕심과 욕망을 포기하는 삶을 훈련하면서 습득하는 기간이 되어야 하지 않을까?

사실 신앙생활은 유혹에서 자유롭게 되기 위한 훈련이라고 보아도 과언이 아니다. 세상에서 사는 그리스도인의 모습이다. 비전을 품는 것은 좋은 일이다. 그것이 욕심이나 욕망으로 변질되지 않도록 해야 한다. 목사에게 유혹이 되는 순간도 비전이 욕심과 욕망으로 변질되었기 때문이다. 비전은 하나님의 뜻을 개인적으로 내면화한 것이지만, 욕심은 내 것을 하나님의 것인 양 포장하는 것이다. 이 차이를 분명히 분별하고 또 인지할 수 있어야 한다.

그러니까 유혹에 넘어지지 않는 비결은 욕심과 욕망을 내려놓는 것이다. 내 것을 하나님의 것인 양 포장하지 말고, 반대로 하나님의 것을 받아들이고 그것을 신념으로 삼고 또 그것을 인생의 목표로 삼는다. 그러면 넘어지지 않는다.

예수님이 유혹자의 강력한 시험에도 결코 넘어지지 않으셨던 비결은 인간과 하나님의 차이를 분명히 아셨으며 또한 하나님의 아들 됨의 정체성에 대한 확신이었다. 예컨대 하나님의 아들이라면 돌을 빵으로 변하게 해보라고 하고, 하나님의 아들이라면 높은 데서 뛰어내리라고 했을 때, 예수님은 유혹자의 말에 넘어가지 않으셨다. 오히려 하나님의 아들이 그런 일을 하는 자로 부름을 받지 않았음을 분명하게 밝히셨다. 또한 인간으로서 최고의 영광을 주겠다는 유혹에 대해 예수님은 아들의 위치를 분명히 아셨고 또 인간으로서 아들인 자신이 하나님에 대해 어떤 태도를 취해야 할지를 아셨다. 인간은 오직 하나님만을 섬겨야 할 것을 선포하신 것이다.

한 가지가 더 있다면 사도 바울이 예수님의 삶의 태도를 모범으로 해서 빌립보 교인들에게 주는 말씀에서 찾아볼 수 있다. 그것은 2장에 나오는 것인데, 사람과의 관계에서 나보다 남을 더 낮게 여기는 것이다. 다른 사람의 구원을 위해 희생하고 봉사하고 또 겸손한 삶을 사신 것이다. 하나님의 뜻이 자신을 통해 이뤄지기 위해 이런 삶을 사는 것을 바울은 하나님께 영광을 돌리는 삶이라고 했다. 바울이 고린도전서 10장 31절에서 "그런즉 너희는 먹든지 마시든지 무엇을 하든지 다 하나님의 영광을 위하여 하라"고 말했는데, 유혹을 이기는 길은 남을 나보다 더 낮게 여기며 다른 사람의 구원을 위해 희생하고 봉사하고 겸손한 삶에 있다. 달리 말해서 유혹은 나를 남보다 더 낮게 여기고, 다른 사람을 위해 희생하지 않고, 봉사하지 않고 오히려 군림하려 하며, 겸손하지 않고 교만한 삶을 살게 될 때 강하게 작동하고, 누구든 이런 유혹에서 자유로울 수 있는 사람은 없다.

목사는 인간학적인 관점에서 생각한다고 해도 그것은 기독교 인간학적인 관점이어야 한다. 다시 말해서 하나님 앞에 서 있는 인간의 모습으로 조명되어야 한다. 단지 자신의 실수와 욕망을 합리화하기 위해 인간학적인 관점 운운하는 것은 그야말로 파렴치한 행위이다. 잘못 했으면 잘못한 것이고 그것을 깨끗이 인정해야 한다. 인간학적인 관점은 변명하기 위해 동원되는 것이 결코 아니다. 목사도 원죄의 굴레에서 자유롭지 못한 존재이기 때문에 무엇보다 중요한 것은 욕망과 욕심이 발동하지 않도록 평소에 노력하는 일일 것이다. 예수님이 시험을 이기셨던 것처럼 그리고 바울이 예수님의 삶을 통해 정리해 낸 것처럼 그런 방식으로 살기를 노력한다면 비록 인간으로서 유혹을 받지 않을 수는 없겠지만, 넘어지지 않을 수 있는 길은 있지 않을까? 인간은 유혹에 직면했을 때 자신이 누구인지 진지하게 생각할 기회를 얻는다. 유혹을 받을 때 넘어질 수도 있지만 일어설 수도 있다.

재물과 성 그리고 명예와 권력에서 자유롭다고 확신할 때 넘어지는 목사들을 종종 본다. 죄인인 인간으로서 목사는 결코 자유롭지 못하다. 이 문제에 있어서 분명한 원칙을 세우고 지켜나가며, 사전에 예방하고 준비하고 또 만나지 않기를 바라지만 혹시라도 만나게 될 경우 내가 누구인지를 고민하면서 이겨낼 수 있도록 도움을 구해야 하는 것이 최선의 길이다.

2부

시간강사로서
산다는 것

시간강사의 삶과 신앙 그리고 학문

이 글은 기독교 월간 잡지 「목회와 신학」에 익명으로 게재됐던 글이다. 내용은 현 시기에 맞게 여러 부분을 고쳤다. 당시 익명으로 출판했던 이유는 내용 가운데 필자의 경험과 관련된 글에서 특정인에 대한 오해를 불러일으킬 수 있다고 생각했기 때문이다. 그러나 어떤 경로를 거쳐 알게 되었는지는 모르지만, 이미 많은 사람들에게 필자의 글이라는 것이 알려지게 되어 더 이상 숨길 이유가 없게 되었다. 목사 혹은 목회자로서 사는 일 가운데 중요한 부분을 차지하는 가르치는 일에 관해 쓰려고 했지만, 필자의 경우 그것은 시간강사로서의 삶이었기 때문에 이곳에서 다루기로 했다.

유학을 마치고 보낸 첫 1년

2013년 현재까지 필자의 강사 생활은 14년이 되었다. 약 8년 동안은 겸임교수와 연구소 연구원으로 재직했지만, 말이 그렇지 시간강사와 다르지 않은 직책이었다. 정확한 연도는 기억하지 못하겠지만 2005년쯤 되었을까 시간강사로서의 삶을 돌아보면서 글을 써보겠다고 생각한 적이 있었다. 당시는 강사생활 7년 차라 그랬는지 필자의 감정은 좀 특별했다. 교수청빙에 번번이 실패하면서 나 자신과 대학의 교수임용 제도에 대해 반성적으로 생각해 보는 기회가 있었기 때문이었다.

암튼 그때는 그 시기가 대학에서 전임 자리를 얻고 난 후라 짐작했는데, 아직도 전업 강사의 허물을 벗어버리지 못한 지금 이 이야기를 쓰게 되는 데는 나름대로 이유가 있다. 시간강사 몇 분의 자살 비보를 접했기 때문이다. 전혀 안면이 없는 사람임에도 마치 잘 아는 사람들의 부음을 들었을 때의 느낌이었다. 처음 이 글을 익명으로 발표한 것은 사실 부끄러운 일이었다. 처음에는 그럴 의도가 없었다. 동료 시간강사들에게 기획의 의도를 밝히면서 함께 시간강사의 삶과 실태를 에세이 형태의 글로 발표하자는 제안을 했었다. 그런데 나의 제안을 받았던 강사들의 100%가 부정적인 답변을 했다. 글의 성격상 분명 문제가 생겨 강사자리마저 사라질 것이라는 두려움 때문이었다. 그러니 시간강사의 현실을 드러내면서 대학의 제도를 비판하는 내용으로 글을 쓰려고 했던 필자 역시 두려움에서 자유롭지는 않았다. 그래도 각오하고 쓰긴 했지만 다행히 아무런 불상사가 일어나지는 않았다. 몇명의 지인들로부터 나의 글이 아니냐는 질문을 받았을 뿐이었다. 어떤 목회자는 후원을 하고 싶다는 마음을 갖고 잡지사에게 전화를 해서 저자를 알려달라고 했다고 하는데, 저자의 사정을 잘 알고 있었던 잡지사에서 내게 문의를 하고 난 후에 나의 신상을 알려주었음에도 후원과 같은 일은 전혀 일어나지 않았다. 분명 저자에 대한 정보를 빼내려는 계획에서 그런 전화를 했던 것 같았다.

당시 이 글이 신학교 운영과 교수임용 제도와 관련해서 그리고 신학교에 출강하는 시간강사에 대한 대우에 어떤 영향을 미쳤는지는 모르겠다. 교계 신문이나 인터넷 신문에 인용되어 소개된 것만 알고 있을 뿐이다.

사실 모두가 그러했겠지만 자살 소식을 접하면서 마음이 개운치 못했다. 자살한 사람에게는 미안한 말이지만 따지고 보면 그분들은 다른 시간강사들보다 비교적 좋은 조건에 있었다고 생각했기 때문이다. 일반대학은 신학대학보다 시간당 강사비도 많았다. 만일 그런 조건에서 자살했다면 나와 같은 사람이나 아니, 나보다도 더 못한 조건에서 보따리 장사를 하는 많은 동료들은 수십 번도 더 했을 것이라는 생각을 한다.

자살사건이 보도되자마자 이슈를 일으키며 이름을 내기 좋아하는 수많은 글쟁이들에 의해 시간강사의 자살에 관한 동정의 글들이 매체를 통해 쏟아져 나왔고, 방송사들은 앞 다투어 시간강사의 치부를 드러냈다. 시간당 강사료와 한 달 생활비며 연봉 그리고 가족의 생계 문제 등등. 이런 일이 있게 되면 시간강사들은 몸 둘 바를 모르게 된다. 조건은 비록 열악하고 형편없어도 연구자로서 대학에서 가르친다는 사명 하나로 자부심을 갖고 살아가는 시간강사들에게는 얼마 되지 않는 강사료와 눈덩이처럼 불어나는 빚을 재촉하는 턱없이 부족한 한 달 생계비 등이 낱낱이 공개되는 순간에는 그저 고개를 떨굴 수밖에 없었다. 매스컴이 앞 다투어 나팔을 불어댈 때는 사람들을 만날 때마다 마치 모두가 나를 동정하는 듯이 느껴 한동안 사람 만나기를 피하기도 했고 시간강사로 소개하길 꺼렸다. 피해서 될 일은 아니지만 소위 박사학위를 가진 사람의 한 달 수입이 백만 원도 못 된다고 하니 얼마나 안타까운 일이랴. 더군다나 교통비와 강의 준비를 위한 서적 구입과 같은 필요경비를 빼고 나면 실수입은 훨씬 더 적어진다. 부끄러운 일은 아니지만 동정을 사기에 충분한 일이었다.

돌이켜보면 누구의 탓도 아닌 것 같다. 독일 교수님들로부터 기적 같은 일(wie ein Wunder!)이라는 소리까지 들어가며 공부를 예상보다 빠른 시기에 마치고 돌아와 보니 국내 경제 사정은 외환위기의 터널을 통과하고 있었다. 구조조정 탓에 수많은 실업자가 양산되는 때에 금의환향은 애초부터 꿈을 꾸지 못했다. 더군다나 국내에서 신학을 하지 않은 터라 필자에게 강의를 소개해 줄 동기나 선후배가 없었고, 나를 책임지고 이끌어 줄 스승도 없었다. 그래도 안면이 있어 찾아간 몇 분이 계셨는데 매우 안타까워하며 내게 줄 강의가 없다는 말을 들었다. 그런데 내가 찾아가 강의를 요청했던 그 학기에 본교 출신의 학위자에게는 없다던 자리가 주어지는 것을 보며 씁쓸한 마음을 달래야 했다. 대학교 강의 자리는 요술램프와 같다고 생각했다.

그래도 가만히 있을 수 없어서 여러 대학교 교수임용 공고를 보고 지원했고, 최종 면접까지 갔던 적이 두 번 있었다. 그런데 표면적인 낙방 이유는 목사로 안수를 받지 않았다는 것이었지만, 가만히 살펴보면 면접 때 바르트(Karl Barth)의 신론을 석사학위 논문의 주제로 연구했다고 해서 노골적으로 비판받은 사실을 쉽게 떨쳐 버릴 수가 없다. 바르트를 연구한 것과 교수 임용의 결격 사유는 서로 관계가 있었다는 말이다. 합동측에 속한 보수 교단이니 그런 것이라 생각했지만, 당시로서는 도저히 이해할 수가 없었다. 후에 나의 박사학위를 위한 연구를 지도했던 은사님께 이 소식을 전하니 천국에 가서 바르트에게 따져 묻고 손해배상이라도 청구하라고 웃으시며 말씀하셨다.

귀국 후 도무지 강의를 얻을 수 없는 상황이어서 처음에는 무작정 모교인 서강대학교를 찾아갔다. 가톨릭 신학이 있어서 간혹 개신교 학자들이 성서신학 분야에서 강의하는 것을 보았기 때문이다. 그래서 혹시 모교에서 어떤 기회를 얻을 수 있지 않을까 생각했다. 다행히 그 즈음에 학교 다닐 때에 허물없이 지내던 선배 한 분이 교수로 임용되었다는 소식도 들은 터라 내심 기대가 컸다. 그러나 신학박사(Dr. Theol.)가 일반대학에서 교수자리나 시간 강의를 얻기를 바란 것은 처음부터 잘못된 판단이었다. 필자 역시 큰 기대를 하지는 않았지만 신학박사로는 속수무책이라는 선배교수의 말에 힘없이 교문을 나서야만 했다. 사정을 이해하지 못한 것은 아니었다.

우연히 나보다 먼저 귀국했던 여자 후배 한 명을 만나 모 대학교를 소개받았다. 그곳에 몸담고 계신 선배 교수를 소개해 준 것이다. 대학 선배로서 학부 때에 가끔 만난 적이 있는 분이었다. 가곡 "명태"를 잘 부르신 분으로 기억한다. 친절하게 맞이해 주셨다. 그러나 한 학기 이상은 힘들다는 말씀을 하셨다. 내 학위가 신학박사이기 때문이었다. 그래도 철학박사라면 은근히 학교에 들이밀 수 있다고 했다. 학위 이름을 바꿀 수 없느냐고 물어오셨을 정도로 끔찍이 생각해 주셨다. 선배는 이래서 좋은 것인가. 여하튼 선배는 교양과목으로 자신이 맡고 있던 과목을 내게 넘겨주셨다. 한 학기 동안 강의하면서 다른 곳을 알아보아야 할 것이라고 말씀해 주셨다. 사실 그때에는 이 말이 무슨 의미인지 잘 이해가 되지 않았다. 강사들의 운명이 한 학기이고 매 학기마다 새로운 대학, 혹은 새로운 강의를 찾아 다녀야 한다는 것을 알게 된 것은 그 이후의 일이었다.

3학점 강의에 한 달 강사료가 144,000원이었다. 그러니까 한 달이면 총 12시간 강의에 이 정도면 시간당 일만 이천 원인 셈이다. 게다가 강의 날이 공휴일이면 그 시간은 계산되지 않았다. 야간에 다니는 학생들 사정으로 보강할 시간을 갖지 못하니 그런 것이었다. 한국에서 처음으로 강의하는 것이었고, 또 강사료의 수준을 알만한 정보도 얻을 수 없었던 나로서는 아무런 불평도 불만도 할 수 없었다. 그러려니 생각했다. 시간이 지나 다른 학교 다른 강사들의 경우를 알게 되면서 그것이 얼마나 적은 강사료인지를 알고 놀라지 않을 수 없었다.

귀국할 때 그야말로 빈손으로 왔던 필자는 처가댁의 도움이 없으면 살 수가 없었다. 처가 지하실 방에 빌붙어 살아가면서 아이들 학원비도 못되는 돈으로 한 학기를 버텨나가야 했다. 아내가 장인 장모의 눈치를 보며 하루하루를 지내는 것이 가슴 아팠다. 적어도 아이들 학원비는 지불할 수 있어야 했다. 왜냐하면 외국에서 태어나고 학교에 다녔던 아이들의 한국어 실력은 한국의 초등학교에서 수업을 따라가기에 역부족이었기 때문이었다. 학원에서 보충을 받지 않으면 가능하지 않은 일이었다. 그나마 아내의 정성으로 아이들이 한국어를 배우며 집에서 보충할 수 있었다. 아이들의 이해수준은 정말 형편없었다.

이런 일이 있기도 했다. 하루는 학원에서 받아쓰기 시험을 치렀는데 0점을 받았다. 독일에서 0점은 최고 점수를 말하는 것이었다. 잘못이나 실수가 없다는 의미이기 때문이다. 아이들이 좋아하며 집에 들어서는 데, 시험지는 0점으로 표시되어 있었다. 아이들은 점수를 자신들이 다녔던 방식으로 생각해서 좋아했던 것이다. 물론 전혀 모르고 그런 것은 아니었지만 웃지도 울지도 못할 상황이었다. 이해 수준이 이 정도이니 학원에서 보충을 받아야 하는 것은 당연한 일이었다. 그런데 학원비도 안 되는 돈을 받고 있으니 얼마나 답답했겠는가!

학기 말의 염려와 불안

학기말이 되면 학생들은 시험으로 걱정하지만 시간강사는 다음 학기 강의를 얻느냐 못 얻느냐의 문제로 노심초사다. 강의가 더 이상 없게 되면 어떻게 되나, 다른 대학에서 강의 제안은 없나, 어디서 강의를 얻을 수 있는지 등 학기마다 계약을 갱신해야 하는 상황에서 겪을 수밖에 없는 숙명이다. 그래서 시간강사들에게 학기 말은 실존의 위기이며 아울러 생계문제로 가장 크게 고민해야 할 시기이다. 더욱 난처한 상황은 강의가 더 이상 없다는 통보를 받을 때이다. 다음 학기에는 무엇으로 살아야 하는지, 어떤 알바를 하며 살아야 할지, 누구를 찾아가서 말해야 강의를 얻을 수 있는지 등등의 걱정이 시작되었다.

더욱 큰 문제는 통보조차 하지 않는 것이다. 내 편에서 먼저 문의해야 알게 된다. 전화해서 묻기도 쉽지 않거니와 없다는 말을 들으면 그야말로 만감이 교차한다. 내게 문제가 있어서 그런가 아니면 인사차 찾아가지 않아서 그런가 아니면 강의 평가가 좋지 않았는가. 처음에는 많이 고민했지만 지금은 대충 사정을 알게 되었다.

학교마다 사정이 각각 다르겠지만, 대부분의 경우는 강의라는 것이 경력 쌓기로 주어진다. 따라서 이제 막 학위를 마치고 돌아온 혹은 국내에서 학위를 마친 동문들을 키우기 위한 방법으로 강의를 배정해 주기 때문에 특별한 경우가 아니라면 대개 동문들에게 우선순위로 강의가 주어진다. 나 같은 경우는 한국에 적을 둔 신학교가 없었기 때문에 강의를 얻는다면 길어야 2-3년이다. 대개는 1년 정도로 끝난다. 물론 나중에 호신대학교 신대원에 입학했다. 신대원에 다닐 때까지는 야간에 학생들을 가르칠 기회가 있었지만, 졸업한 후에는 한 두 강의를 맡은 후에 지금까지 강의를 얻지 못하고 있다. 동문이라고 해서 모두 동일한 취급을 받는 것은 아니라는 것을 알았다. 내게 문제가 될 만한 일이 무엇인지 모르겠지만, 알려지지 않은 어떤 내부사정이 있을 것이라고 생각하며 강의와 관련해서 더 이상 미련을 두지 않았다.

모 대학 교수 임용 면접에서 어떤 면접관은 왜 이렇게 많은 대학에서 강의하게 되었는지를 물은 적이 있다. 사정을 잘 모르시는 것이었는지 아니면 내게 어떤 문제가 있었는지 의심하시는 것인지는 모르겠지만, 사실 간혹 강의하는 대학의 변화를 대학과의 마찰이나 혹은 어떤 다른 문제가 있어서 그렇게 된 것으로 생각하는 분들이 없지 않다. 필자 같은 경우는 아무런 마찰도 없었고, 또 강의를 들었던 학생들로부터 늘 좋은 평가를 받았기 때문에 문제로 인해 대학을 바꾼 것은 아니다. 우선순위에 밀리거나 혹은 거리가 너무 멀리 떨어져 있을 경우 혹은 강의 시간이 맞지 않아 그만둔 경우가 대부분이다. 물론 다른 문제가 있었다면 그것은 내가 알지 못하는 것이니 말할 수 없는 일이다.

지금까지 강의해 온 대학의 수를 헤아려 보면 총 9개 대학이다. 다른 분들과 비교해 보면 참 많은 대학에서 강의한 것 이다. 10년간의 겸임교수와 연구소전임연구원을 거쳐 지금은 계약직이 만료가 되어 다시금 시간강사로 전락했고 또 대학도 두 개 대학으로 압축되었다. 비교적 매 학기마다 강의를 주는 대학의 수가 둘이라는 말이다. 이것도 언제 줄어들지 모르는 일이다. 학위를 받은 동문들이 매학기 들어오고 있기 때문이다. 방학 중에 가끔 있는 강연이나 설교, 잡지와 신문사로부터 청탁 받아 글을 쓰는 것으로 생계의 부족한 부분을 채워나가고 있다. 요즘에는 내가 가르쳤던 제자들 가운데 부목사로 혹은 담임교역자로 자리를 잡은 경우가 있어서 그곳에 다니며 설교를 한다. 어떻든 식구를 부양하기에는 턱없이 부족해 빚지지 않고는 삶이 가능하지 않다. 시간강사의 삶의 세월과 빚은 비례한다.

강사배정의 우선순위에 대한 이야기를 더 해보자. 모 대학의 경우는 내게 공개적으로 그렇게 말하기도 했다. 2년 동안 강의를 계속해 오면서 학생들로부터 많은 사랑을 받아온 터였다. 당연히 있을 것으로 예상했는데 예상과 다르게 다음 학기에 강의가 없었다. 조심스럽게 문의한 결과 동문에게 우선적으로 강의를 주고 남은 것이 있을 경우에 타학교 출신들에게 주는 것이 관례라는 말씀을 주임교수로부터 듣게 되었다. 오해가 없도록 양해를 구하는 말씀이었는데, 그렇게 말씀을 해주신 것 자체가 고마웠다. 아무런 통보도 없이 마냥 기다리게 만드는 것보다는 낫다고 생각했기 때문이다. 그 이후에 다른 대학에서도 이런 일을 계속 경험하게 되었다.

필자의 경우는 한국에서 신학을 공부하지 않았기 때문에 동문이라는 연줄이 없다. 그러니 번번이 동문들에게 밀려 강의 자리를 내놓기가 일쑤였다. 뒤늦게 다녔던 학교에서조차도 강의가 없다는 이유로 강의를 받지 못하고 있다. 거리가 멀어서 그런가보다 생각하며 스스로 위안을 삼을 뿐이다. 그런데 교수의 자제와 제자 그리고 출신 대학의 동문이 귀국하자 없다던 강의가 생기는 기현상도 목격하게 된다. 처음에는 의아하게 생각했고, 때로는 속으로 아쉬워하며 비판도 많이 했지만, 이제는 내게 강의를 주지 못하는 이유가 있을 것이라고 생각하며 마음을 정리한다. 그것도 하나님의 뜻일까, 의심하지만 모를 일이다. 모든 것을 합력하여 선을 이루신다는 말씀을 믿고 살 뿐이다.

모 대학에서는 박사학위 과정에 있는 학생들에게 강의가 주어져야 한다면서 박사학위자인 나보다 우선적으로 배정을 받는 일도 있다. 동문들의 학위자가 많아지면서 강의자리가 부족하게 되어 타대학 출신의 학위자들은 강의를 얻을 꿈도 꾸지 못하는 경우도 생긴다. 한국에 스승을 두지 못한 필자는 그런 피해의 제1순위가 되는 것 같다. 아주 유명해지지 않는 한 언제나 시한부적인 강사 생활을 각오해야 한다. 그렇지 않으면 아쉬움과 섭섭함이 쌓이고 쌓여 나중에는 원망과 불평으로, 심하면 사회에 대한 불신으로 이어질 수밖에 없다. 이럴 심정에서 자살을 한 것이었나?

다행스럽게 필자는 이러한 굴레에서부터 일찌감치 벗어나려고 노력했다. 한편으로는 학연에 연연하지 않고 강의를 주시는 분도 있었고, 다른 한편으로는 하나님이 깨달음을 주셨기 때문이다. 신학을 강의하는 것도 하나님의 일이라고 생각한다면, 결국 강의 자리를 얻게 되는 것도 하나님이 쓰셔야 주어지는 것이라고 생각하니 맘이 편했다. 많은 기대가 무너지면서 나름대로 터득한 '지푸라기라도 잡는 신앙'이다. 썩 건전하지 않은 것임을 잘 알면서도 어쩔 수 없이 받아들인다. 사실 누구를 원망하거나 섭섭하게 생각하는 것이 더 큰 스트레스다, 그래서 강의가 없는 학기면 하나님이 내게 쉼을 주신다고 생각하며 위로를 받았고, 강의가 많으면 하나님이 나를 통해서 열심히 일하신다고 믿었고 또 그것을 피부로 느끼려 노력했다. 물론 내게 문제가 생겨서 이런 변화가 생겨서는 안 되었기 때문에 내가 할 수 있는 일은 오직 하나뿐이다. 매사에 성실한 삶을 사는 것이었다. 그래서 글도 부지런히 쓰고 또 강연 요청이 오면 거리와 주제를 물론하고 수락했다. 강사료에 상관없이 강의해야 했다. 보통 강연에는 교통비를 포함해서 한번에 20-30만 원을 받았지만, 교회 재정사정이 좋지 않아 4시간 강연에 10만 원을 받은 경우도 몇 번 있었다. 심지어는 왕복 총 교통시간이 10시간 정도의 거리에 있는 곳에 가서 30분 정도의 설교를 하고 사례비로 10만 원을 받은 적도 있다. 이런 경우에는 필자에 대한 쥐꼬리만 한 명성과 존경으로 초대했지만 강연을 개최하는 곳의 사정이 열악한 경우이기 때문에 되돌려준다. 그러나 한사코 받지 않아 감사한 마음으로 다시 받게 된다. 정말 감사한 일이다.

요즘은 비정규직이 많아 공감할 수 있는 사람도 있겠지만, 사실 누구도 시간강사들만큼이나 학기말의 시기를 불안과 염려로 보내지는 않을 것이다. 특히 동문의 후원도 없고 출신 대학의 배려도 받지 못하는 나로서는 하나님의 후원만을 믿을 수밖에 없다. 종종 가슴을 검게 태우는 일은 하나님의 후원조차도 느끼지 못할 때이다. 시간강사들의 학기말 행사는 변함이 없다. 다음 학기 강의를 위해 신학과 주임교수에게 전화를 걸어 확인해 보기도 하고, 당연히 주어질 것으로 기대했다가 없게 되면 부랴부랴 다른 대학에 강의 자리를 알아보러 다닌다. 속을 모르는 학생들은 당연히 다음 학기에 다시 만날 것을 기대하며 한 학기를 마감한다. 나를 다시 만날 것으로 기대했던 학생들에게는 미안한 일이지만 하나님은 이번 학기에 나를 쉬게 하시니 어떻게 하랴! 등록금 걱정을 하는 학생들에게는 학기 초가, 강의 걱정을 하는 시간강사들에게는 학기 말이 항상 문제다.

시간강사에게 방학은 괴로워

앞에서 다룬 주제에 조금 더 머물러 보자. 시간강사들에게 방학은 실업의 기간이다. 아무런 소득도 없이 다음 학기를 준비해야하기 때문이다. 요즘에는 한국연구재단에서 시간강사들을 위해 1년 단위 연구프로젝트를 운영하고 있다. 6개월 단위로 나누어서 두 번에 걸쳐 총 천만 원을 지급하는 것인데, 연구계획이 채택이 되면 수혜의 대상이 된다. 매우 큰 도움이 되는 것인데 사실 연구를 위한 필요경비를 빼면 다섯 식구(대학생이 셋이었는데, 지금은 첫째는 졸업하여 구직자로 있고, 둘째는 휴학하여 군에 입대했고, 막내는 재학 중이다) 생활비에 큰 도움이 되진 않는다. 암튼 연구를 돕는 것이니 그나마 감사한 일이다.

방학 때 수입이 없다고 저소득자로 신고해서 정부보조금을 받을 수도 없는 입장이다. 자존심이 허락하지 않기 때문이다. 그런데도 국민연금 재단에서는 강사비의 일부를 연금으로 떼어갈 뿐 아니라, 방학에는 한국연구재단으로부터 받는 것이 수입으로 잡혀 있기 때문에 의무적으로 기본연금을 들라고 강요하는 편지를 보낸다. 나중을 위해 지금 굶어야 하느냐고 물었는데, 자기로서는 수입에 따라 부과할 의무밖에 없단다. 성과를 올리기 위해 가난한 서민을 옥죄는 그의 고압적인 자세에 놀랄 뿐이다. 그러니 시간강사에게 방학은 쉼의 기간이 아니라 괴로운 기간이다. 방학을 잘 보내기 위해서는 전략을 잘 강구해놓아야 한다. 가장 쉬운 방법은 무수입, 무지출 원칙을 지키는 것이다. 이를 위해 소위 방콕(방에만 콕 쳐 박혀 있는)족이 되어야 한다. 강의를 준비하기 위해 필요한 책도 맘대로 사볼 수 없어서 가능한 한 공공도서관을 이용한다. 아무리 힘든 시기라도 다음 학기 강의 준비는 게을리 할 수 없기 때문이다. 다들 알겠지만 공공도서관에는 신학전문서적이 없다.

귀국 후 첫 학기를 마치고 맞은 첫 방학 때 보낸 이야기가 가슴 한 곳에서 사라지지 않는다. 첫 학기가 끝나갈 무렵 다행히 외국에서 함께 공부하고 일찍 귀국해 교수로 재직 중인 모 교수의 소개로 모 대학교에서 그리고 친구의 아내가 재직하고 있는 대학교에서 다음 학기를 맡게 되었다. 비록 서울에서는 멀리 떨어진 곳이었지만 강의를 할 수 있게 되어 천만다행이라 생각했다. 조금씩 지경을 넓혀 가리라 생각했다(물론 교통시간과 교통비는 전혀 고려하지 않았다. 나중에 알게 된 사실이지만 지방에 있는 대학의 경우는 왕복 차비를 빼면 남는 것이 별로 없었다. 차비가 포함되었지만, 귀가 시간이 새벽 1시경이었기 대중교통이 없어 심야 택시를 타야 했다). 그래도 하나님의 도우심이라 믿으며 다음 학기 강의 준비를 충실히 해 나갔다. 처음으로 강의했던 과목은 "인간학", 사실 전공 주제는 아니었어도 유학시절부터 관심을 가졌던 분야라 다행히 가지고 있는 서적이 꽤 있었다. 새롭게 책을 사지 않아도 되었다.

그런데 문제는 지방 대학에서 외국어 서적을 읽을 수 있을 정도로 실력이 있는 학생들은 드물고, 있어도 초보적인 수준이어서 책을 소화해 낼 수 있는 정도는 아니라는 말을 대학교 교수에게서 듣게 되었다. 따라서 한국어로 된 책을 소개해 주어야 했다. 사정이 이렇다 보니 내 자신이 한국어로 된 책을 먼저 읽어보아야 했다. 그런데 그럴만한 경제적 여유가 없었다. 강의를 준비하기 위한 책을 구입할 돈이 없었다는 말이다. 지금은 많이 좋아졌지만, 당시 학교 도서관은 시간강사들에게 매우 까다로운 조건을 제시했다. 시간강사들이 책을 빌리기 위해서는 특별한 증을 만들어야 했는데 방학 중에는 강사로서도 인정받지 못하기 때문에 증을 활용할 수도 없었다. 출입은 어느 정도 개방되었지만 책을 빌릴 수는 없었다. 먼 거리라 갈 수 없었기 때문에 가까이 있는 국회도서관과 같은 공공도서관을 이용해야 했다.

공공도서관을 이용하기 위해 지출되는 차비와 복사비도 만만치 않았다. 점심 값은 생각조차 못했고 그저 강의를 준비하는 데에 필요한 일에만 투자할 수 있었다. 아무런 수입도 없는 기간이라 지출을 최대한 줄여야만 했기 때문이다. 그래도 하루 이틀이지 3개월 정도의 방학기간 동안 아무 수입도 없이 지낼 수가 없어 일단 잡지사에 문을 두

드려 보았다. 그동안 틈틈이 썼던 글들을 보내본 것이다. 편집부로부터 걸려온 전화에서 반가운 소식을 듣게 되었다. 게재가 결정되었다는 것이다. 비록 시사적인 글이지만 그래도 방학 동안의 생활비 정도는 얻을 수 있을 것이라 생각했다. 그런데 이게 웬 날벼락 같은 말인가! 원고료는 게재 후 석 달 후에나 지불된다는 통보를 듣게 되었다(지금은 사정이 달라져 게재되는 달 말에 지불된다). 석 달 후면 방학이 끝나고 난 후였다. 방학동안의 삶은 그야말로 칠흑같이 어두운 밤일 수밖에 없었다. 누구는 영혼의 어두운 밤을 말하지만, 시간강사인 나에게는 삶 자체가 어두웠다. 더군다나 외출을 하지 못하니 식구들과 내내 얼굴을 맞대고 살아야 했다. 어떤 분은 이런 사정을 듣고 '얼마나 행복한 일인가!'라고 감탄한다. 끼니 걱정하며 서로 얼굴을 맞대고 사는 일이 얼마나 고통스러운지 전혀 경험하지 못한 사람의 너스레가 아닐 수 없다. 사실 가족의 얼굴을 볼 면목이 없었다. 친정 식구들과 내 눈치 그리고 아이들을 다독거리며 살아야 했던 아내의 고생은 정말 헤아릴 수 없을 정도였다.

지인을 통해 방학 기간에는 교수들을 만나야 새로운 강의를 얻을 수 있다는 말을 듣고 고민하게 되었다. 방학은 사람 만나는 시간이어야 한다고 했다. 무엇보다 큰 고민이었던 것은 신학분야에서 개인적인 친분을 가지고 있는 분이 없었기 때문에 만날 만한 분이 없었다는 것이었다. 학회에 가면 사람들을 사귈 수 있을 것이라는 조언을 듣고 학회에 문을 두드리게 되었다. 처음 참석했던 학회는 한국문화신학회다. 다행히 학위논문과 관련이 있었던 몇몇 분이 학회를 소개해 주어서 처음으로 학회의 문을 두드리게 되었다. 모임에 참석해보니 그동안 글로만 접했던 여러 신학자들을 만날 수 있었다. 처음으로 참석한 필자를 매우 반갑게 맞이해 주셔서 귀국 후 처음으로 편한 마음을 가질 수 있었다. 잘 기억은 나지 않지만 그때 참가자들에게 회비를 걷었는데 자료비와 식사비로 2만 원인가 했던 것 같다. 내 수중에는 돈이 한 푼도 없어서 내지 못한 채 부끄럽게 식사에 참여했었다. 당시에 학회에 참여했던 학생들도 다 회비를 냈던 것 같다. 생각만 하면 지금도 미안한 생각이 든다. 방학 때에는 무일푼을 지내야 했기 때문에 어쩔 수가 없었다.

방학 때에 사람을 만나야 한다는 조언을 듣고 문을 두드렸던 학회에서 정말 좋은 분들을 많이 만날 수 있었다. 기독교 신학자로서 한국 문화와 종교에 큰 관심을 가지신 분들이 모인 곳이라서 그런지 한국의 기독교에 대한 건전한 비판정신을 확인해 볼 수 있었다. 그런데 문제는 개인적인 만남에서 나타났다. 만나는 곳이 개인 연구실이면 관례적으로 빈손으로 찾아가기가 쉽지 않았고, 밖에서 만나는 일이면 내가 식사비를 준비해야만 했다. 내가 만나기를 원했기 때문이다. 만나주시는 분들이야 시간강사의 사정을 아시고 기꺼이 자신들이 내는 것으로 알고 있었지만 찾아가는 사람의 입장으로서는 맘이 편치 못했다. 그러다 보니 방학 중의 프로젝트는 거의 무용지물이 될 수밖에 없었다.

언젠가 이런 형편을 전해들은 형이 하루는 10만 원 수표 한 장을 내밀면서 교수님들과 만나 식사라도 하라고 했다. 매우 귀한 돈이었다. 집에서는 늘 돈이 필요한 상태였기 때문에 10만 원을 받고 이것을 어디에 써야 바른 것인가를 오랫동안 생각했다. 아무래도 교수들과의 만남에서 사용하라고 준 것이니 미래를 위해 투자하는 마음을 갖고 전화를 걸고 약속을 잡았다. 그런데 만나는 곳과 음식점이 다르니 돈은 이중으로 들었고, 아무리 저렴한 곳에 간다 해도 교수님들의 격에는 맞아야 한다고 생각했기 때문에 커피 값과 식사비를 내면 남는 돈은 대략 4-5만 원. 게다가 강의 이야기는 꺼내지도 못했다. 부담 없이 말할 수 있는 일이었지만 괜히 식사 한 끼가 뇌물 증여 같다는 생각이 앞섰기 때문이다. 잘 알아서 해결해 주실 것으로만 믿고 발길을 돌렸다. 그런데 돌이켜보면 이렇게 해서 얻은 강의는 하나도 없었던 것 같다. 강의는 주로 발표된 논문이나 잡지에 게재된 글을 통해서 알게 되거나 혹은 아는 사람들을 통해 직접 연락이 닿아 얻었다.

아이들의 방학숙제 가운데는 체험학습이라는 것이 있다. 독일에서는 경험하지 못했던 것이라 이것이 무엇인지 가까운 친구에게 물었다. 박물관이나 고궁, 혹은 일정한 여행지를 다녀와서 경험담과 느낀 점을 적는 것이라는 말을 들었다. 어딘가를 반드시 다녀와야 하는 것이었다. 당시에는 차도 없는 상황이라서 멀리 갈 수 없었지만, 돈도 없는 터라 다섯 식구가 나가는 것 자체가 고민거리였다. 다행히 형이 준 돈 가운데 남은 것이 있어 가까운 고궁에라도 가보기로 했다. 값싸게 체험할 수 있는 곳이고 또 그곳에 가면 독일에서 태어나고 자란 우리 아이들도 한국문화를 접할 수 있고 또 박물관에서 한국의 전통 문화의 여러 가지를 볼 수도 있을 것이라 생각했다. 지하철을 타고 고궁에 도착하니 아이들을 동반한 사람들로 가득했다. 그 아이들 역시 모두 체험학습을 위해 온 것이라 생각했다. 이렇게 많은 사람들로 복잡한데 과연 아이들이 우리나라 전통을 충분히 익히고 체험할 수 있을까 하는 의구심이 들었다. 그저 스쳐지나가며 보는 것일 뿐, 음미할 만한 시간과 여유가 없었다.

귀국한 후에 처음으로 방문하는 고궁이었다. 한국인임을 새삼스럽게 느끼는 순간이었다. 유학시절에 보았던 독일의 웅장한 고성들과 많이 비교되었다. 흔히 한국 문화와 관련해서 사용되는 아담하고 우아하다는 말이 그대로 느껴졌다. 곡선과 직선의 조화 역시 눈에 들어온다. 프랑스에서 베르사유 궁전을 보고 그 위엄과 장대함에 많이 감탄했었는데, 우리의 궁전문화로부터는 그런 성에서는 찾아볼 수 없는 멋과 우아함을 느낄 수 있었다. 아이들보다는 내게 더 소중한 시간이었다. 이런 감격의 여운으로 인해 나는 지금도 고궁 방문을 좋아한다. 고풍스런 건축물이며 한국의 정원 그리고 고궁 곳곳에서 우러나오는 한국인의 체취가 괜히 좋기 때문이다. 지난 구정 때에는 영하 14도나 되는 추운 날씨에 혼자 경복궁에 가서 옛 중앙청 건물을 헐고 새로 지었다는 궁을 보고 왔다.

오는 길에 아이들과 함께 맥도널드에 들러보니 수중에 있는 돈으로 배불리 먹을 수 있었다. 아이들이 좋아했다. 물론 이 지출로 나의 방학 중 프로젝트는 끝나게 되는 것이었다. 더 이상의 외출이나 만남도 가질 수 없었다. 외출이야 걸어서 가까운 곳에 있는 한강 고수부지나 보라매공원은 갈 수 있었지만 강의를 위한 전략은 세울 수가 없었다. 시간강사로서 맞는 첫 번째 방학은 힘들었지만 그럭저럭 잘 보낸 것 같다. 아무 일도 하지 않는 동안에 가지고 있는 책을 중심으로 연구에만 전념해서 다행히 두 편의 연구 논문을 쓸 수가 있었다. 방학이 끝나자마자 그것을 학회와 잡지에 발표했으니 힘들고 괴로운 방학이었지만 소득이 전혀 없는 것은 아니었다.

시간강사의 연구 성과

교수로 임용되기 위해서는 많은 연구 업적을 쌓아야 한다. 모든 연구물들이 점수로 환산되어 교수임용이나 재임용 시에 중요한 참고 자료가 된다. 예컨대 학위논문, 단행본 저술과 논문 그리고 번역물 등이 각각 다른 평가를 받는다. 그 가운데 학위논문과 단행본 저술이 가장 높고 그 다음이 학술연구논문이다. 요즘에는 등재지라는 것이 생겨서 단행본보다 학술연구 논문을 더 중요하게 여기는 학교들도 있다. 여하튼 연구하는 자가 연구 결과를 논문으로 쓰는 것은 사실 대단하게 여겨질 일은 아니다. 당연한 일이기 때문이다. 그런데 교수로 임용된 후에는 연구 활동을 중단하다시피 하는 분이 없지 않다 보니 학교는 이런 평가 제도를 통해서 교수 재임용을 결정하게 된다. 그런데 모 출판사 사장이 하는 말을 듣고 매우 놀라게 되었다. 교수평가제로 바뀌다보니 출판에 적합하지 않은 수준의 글들을 가지고와서 자비출판이라도 해달라고 요청한다는 것이었다. 일부 교수에 국한된 일이겠지만 참으로 안타까운 일이다.

연구 논문은 시간강사에게 매우 중요한 의미를 갖는다. 자신의 능력을 입증하는 가장 중요한 매개이기 때문이다. 강사들의 연구는 교수 임용에 절대적인 영향을 미친다. 그런데 문제는 시간강사로서 연구할 시간을 얻는다는 것이 쉽지 않다는 것이다. 요즘에는 한국연구재단의 전업시간강사를 위한 프로젝트가 있어서 사정이 조금 나아졌지만, 뼈를 깎는 아픔이 동반한 노력이 없이는 연구를 위한 시간을 얻을 수 없다. 대학을 지척에 두고 있거나 경제적 사정이 좋다면 사정이 달라지겠지만, 대학이 지방에 있거나 늘 빚에 허덕이는 사람들에게는 그 문제가 매우 심각하다. 시간이 없다고 핑계할 수 없기 때문이다. 시간이 없어서 연구하지 못했다는 사정을 들어줄 사람이 없다. 교수 임용은 아주 냉정한 경쟁관계 속에서 이루어지기 때문이다. 그럼에도 교수 임용은 실력으로 평가되는 것이 아니라는 말은 시간강사들 사이에서 흔히 듣는 말이다. 실제로 나는 모 대학교의 총장으로부터 직접 들었다. 본교 출신을 선호한다고, 그래서 내가 임용되지 못한 것이라고, 나에 대해 미안한 마음을 늘 가지고 있다고. 교수들의 결정이니 어쩔 수 없었다고.

그러나 필자는 그런 일에 별로 개의치 않는다. 그것이 어느 정도 영향력을 미치겠지만 하나님의 일로 생각한다. 잘못된 일은 근절되어야 하겠지만, 그것을 가지고 불평거리로 삼는다면 한도 끝도 없다. 또한 그것이 사실이라고 할 때 만일 그렇게 말하는 사람들이 교수로 임용된다면 그 역시 그렇게 임명되는 꼴이 될 것이기 때문이다. 남들이 하면 불륜이고 내가 하면 로맨스라는 논리가 그대로 적용된다. 남들은 학맥, 인맥으로 임용되고 나는 실력으로 임용되었다고 말할 수 있는 용기가 내게는 없다. 신학분야이기 때문이라서 그런지 몰라도 하나님이 하시는 일이라고 생각하면 가장 속 편해진다. 사실 또 그렇지 아니한가! 다소 불의한 일을 들은 바가 있어도 그럴만한 사정이 있었을 것으로 믿는 편이다.

가끔은 내정된 채 임용공고가 나왔다는 뒷소문을 듣기도 한다. 사실이 아니라고 애써 우기지만 당사자 스스로가 은근히 그렇게 내비치는 경우도 없지 않다. 분명한 사실은 나는 많은 연구실적을 갖고도 임용되지 않았다는 사실이다. 그 자세한 이유를 도무지 알 수가 없다. 논문이나 단행본의 내용과 관련해서 불만이 있었을 것이다. 여하튼 임용관련 책임자에게서 듣기로는 자기 대학에 필요한 사람을 뽑았다고 말하는데, 공고할 때 자신들이 필요로 하는 사람은 어떤 종류의 사람인지 구체적으로 명시할 수는 없을까? 임용공고가 제시하는 조건을 채우기 위해 동분서주하는 일이 쉽지 않기 때문이다. 수많은 서류들을 갖추는 일이 장난이 아니다. 게다가 추천서까지 요구하면 추천서를 써주시는 분께는 면목이 없게 된다. 어차피 서류전형을 먼저 할 바에는 서류에 기재된 것만 보고 평가한 후에, 결정되었다 생각하면 그때 증빙서류를 첨부하도록 하면 안 될까? 서류 갖추는 일들이 솔직히 참 번거롭다. 서로 믿지 못하는 사회다보니 거짓 이력들이 난무하기 때문이라는 말도 듣는다.

나의 경우 보통 새벽에 일어나 부족한 연구 시간을 보충하는 셈이다. 먼 거리를 다니며 강의를 하면서 많은 시간을 강의를 하는 시간 외에는 이동시간으로 보내야 했다. 처음에는 매형 차를 빌려 타고 다니면서 이동시간의 일부를 벌기는 했지만, 고속도로 통행료와 기름값은 물론이고 겹치는 피로에 몸살을 앓아 고생하기가 일쑤였다. 시간 빼앗기는 것은 마찬가지였다. 그래서 결국에는 대중교통을 이용했는데 버스나 기차 안에서는 책을 읽기보다는 대부분 잠을 잤다. 부족한 잠을 보충할 계획이었다. 경험상 느낀 것이지만 버스나 기차 안에서 잠을 자는 것은 직접 차를 몰고 가는 것보다는 한결 낫다. 그러나 그것이 결코 피로를 보충해주지는 못한다. 잠자리가 불편해 오히려 피로가 더 쌓이는 것 같았다. 일반 고속이나 무궁화호를 이용하는 내 경우만 그런지 모르겠다. 여하튼 KTX는 탈 생각도 하지 못한다. 우 등 고속도 마찬가지다. 그렇게 되면 강사료보다 더 많은 교통비가 지 불되기 때문이다. 비좁고 느리지만 일반 고속이나 저렴한 기차를 타 야 그래도 조금은 건질 수 있게 된다.

새벽에 일어나는 것이 내게는 워낙 잘 다져진 습관이어서 별 어려 움은 없었지만, 수면시간이 절대적으로 부족해 쉽지 않았다. 그래도 새벽 시간에 일어나 연구하다 보니 비교적 많은 글을 읽고 또 쓸 수 있었다. 요즘 새벽형 인간이 많은 인기를 끌고 있는데 필자가 직접 경 험한 바로는 정말 많은 시간을 벌 수 있다. 특별히 필자가 글을 많이 쓸 수 있었던 이유도 새벽에 더 많은 것들에 집중할 수 있기 때문이 다. 그런데 모 대학의 교수는 내가 다른 대학에서 맡은 강의 때문에 자신의 수업에 2-3번 빠졌다고 게으른 사람이라고 소문내고 다녔단 다. 나보다 훨씬 앞서 교수가 되었는데도 나의 연구 편수가 자신보다 더 많은 것을 보고도 그런 말을 하니, 사람 일이라는 것이 알다가도 모를 일이다. 그냥 무시하려고 해도 이미 날개를 달고 전국으로 날아 다니는 소문의 결과가 두렵기도 하다. 하나님이 해결해 주시길!

필자는 학술잡지보다는 주로 일반 잡지에 많은 글을 썼다. 학술지 는 게재료를 지불해야 했기 때문이다. 물론 지금은 시간강사를 배려 해 교수들보다 적은 금액으로 책정되어 있고, 게재료를 받지 않는 곳 도 있다. 등재지 제도가 생긴 후로는 게재비를 받지 않는 학술지도 늘었다.

처음에는 궁한 살림에 보탬이 되어볼까 하고 시작한 기고가 이제는 제법 꾸준한 청탁으로 이어지고 있다. 유학시절에 인연을 맺게 된 잡지 「목회와 신학」은 고정적으로 청탁을 해주어 거의 연속적으로 글을 쓰는 편이었고 2008년까지는 매월 기고했다. 원고료를 주는 잡지에 글을 쓰는 것이 생활에 도움은 되지만, 잡지에 실리는 글들은 연구업적에 포함되지 않는다. 그래서 힘들어도 시간강사는 연구논문에 대해 집착할 수밖에 없다. 돌아보면 시간강사로서 필자는 연구논문도 꽤 많이 썼던 것 같다. 그런데 연구논문과 관련해서도 시간강사들에게는 어려움이 있다. 연구논문을 게재할 곳이 많이 제한되어 있다는 것이다. 요즘에는 각종 학회지가 연구재단의 등재지로 인정되었지만, 과거에는 학술지로 인정하는 잡지는 몇 개 없었다. 잡지의 편집의도에 맞지 않으면 게재되지 않아서 필자는 한 번도 시도해 보지 못했다. 사실 잡지의 취향을 알지 못해 주저했다는 말이 옳다. 몇 번 기고해 보았지만 게재되지 못했다. 장로회신학대학교를 제외하면 대학 교수들의 논문을 게재하는 곳은 시간강사에게 열려있지 않다. 교수들의 연구비를 지불하는 수단이기 때문일 것이다. 뿐만 아니라 연구업적으로 인정해 주는 학회 잡지는 회원으로 가입하여 학회 활동을 하는 사람들에게 제한되어 있었다. 회비를 내고 게재료를 내야 했다. 시간적으로나 경제적으로 학회활동을 제대로 할 수 없었던 필자는 그 기회마저 갖지를 못했다. 다행스런 것은 요즘에는 몇 개의 대학에서 논문을 공개적으로 공모하는 것 같다. 바람직한 일이다. 그런데 대학 소속 전임강사 이상의 자격제한을 두고 있는 경우도 있다. 씁쓸한 일이다.

암튼 그나마 몇 군데에서 게재료를 내지도 않고 또 소정의 원고료도 주는 것이니 시간강사들에게는 더할 나위 없이 감사한 일이다.

그래도 평소에 연구해서 썼던 글들을 발표해야 연구 업적에 포함되기 때문에 글을 게재하기 위한 노력은 그야말로 눈물겹다. 필자의 경우 일단은 몇 개의 잡지 편집부에 글을 보낸다. 혹시라도 게재 결정이 나면 덧붙여 오는 말이 있다. 원고를 줄여달라는 부탁이다. 연구논문이라서 글을 줄인다는 것이 논리 전개상 쉽지가 않지만 그래도 울며 겨자 먹기 식으로 글을 줄인다. 학문적인 성격의 글보다는 대중잡지이기 때문에 대중성도 고려되어야 했기 때문이다. 논증을 위한 글과 개념 그리고 각주를 빼고 나면 연구논문이 아니라 시사성을 띤 글로 바뀌게 된다. 사실 연구의 결과이지만, 사람들은 내용보다는 어디에 게재되었느냐에 더 많은 관심을 가지는 것 같다.

특히 비교적 긴 연구 논문을 확장해서 단행본으로 출판하려고 할 때 사정은 더욱 힘들어진다. 경기의 불황은 출판계에 지대한 영향을 미쳐 웬만한 책은 출판하려고 하지 않기 때문이다. 출판사들의 결정을 좌우하는 것은 내용이어야 한다. 그러나 솔직히 말하면 극히 드문 경우를 제외하면 대개는 저자의 인지도와 대학내 지위에 좌우된다. 간혹 편집장 혹은 사장과 친분이 있는 분들의 책들이 출판되기도 한다. 출판사에 오랫동안 몸담고 있었던 분의 말이니 믿을 만한 정보다. 사실 현직 교수나 대형교회에 속한 목사가 아닌 사람의 책이 베스트셀러로 오른 것이 있었는지 전혀 기억이 없다. 인지도가 높은 저자나 현직 교수들의 경우에는 대개 책 출판에 있어서 어려움을 겪지 않는다고 한다. 인지도가 높을 경우에는 책 판매율이 높아지는 것은 당연한 것이고, 현직교수의 경우에는 비록 짧은 시간에 다량으로 판매되지는 않아도 학교의 학생들에게 충분히 소화될 수 있다고 믿기 때문이다. 소위 스테디셀러를 기대하는 것이다. 이름 없고 소속도 분명치 않은 시간강사들이 책을 출판할 때는 자비가 아니면 출판이 쉽지가 않다. 비록 자비는 아니더라도 인세를 기대하는 것이 쉽지 않다. 아예 줄 생각조차도 하지 않는 곳도 있고, 먼저 일정한 분량이 팔려야 주겠다고 말하는 출판사도 있다. 전문서적이다 보니 판매가 저조해 결국 한 푼도 받지 못하는 경우가 많다. 나중에 알게 된 사실이 있었는데, 내게는 인세를 주지 않았던 사장이 현직 대학교수에게는 인세를 선지불을 했다는 말을 들었다. 씁쓸한 마음을 금할 수 없다.

기독교 독자들은 유명 출판사에서 출판된 책을 선호하고 또 쉽고 간단하게 읽힐 수 있는 내용을 선호하기 때문에 연구서적을 내기 위한 시간강사의 책 출판은 좌절을 겪기가 다반사다. 필자를 알고 또 글의 내용을 인정해 주는 출판사에서 출판하려고 하면 대개는 무명의 출판사들이나 출판 단가를 높이 책정하는 출판사다. 이렇게 되면 책값이 비싸지게 된다. 시간강사가 연구서적 하나 내는 것은 정말 어려운 일이다.

그래도 필자의 경우는 많은 책을 출판할 수 있어서 감사하다. 언젠가는 필자의 글을 읽고 가치를 인정해준 학생들이 논문을 모아 출판하라며 돈을 모아서 출판비를 대주었던 경우도 있었고, 한 독지가의 도움으로 책을 출판하기도 했기 때문이다. 출판사에서 기획을 해서 내 책을 모두 출판해 주겠다는 말도 들었다. 비록 많이 팔릴 것을 예상하지는 않았지만, 학생들의 도움으로 찍은 책이 반응이 좋아 2쇄까지 찍을 수 있었고, 또 모 출판사의 관리 명단에 오른 나는 내가 쓰는 모든 글들을 출판할 수 있는 가능성을 보장받았다. 이게 다 하나님의 도움이 아니고 무엇이랴!

한편, 업적 평가를 위해 너도 나도 책을 출판하는 경향 때문에 출판사는 자신들에게 유익이 되는 조건을 맘껏 내세우는데, 그래도 시간강사에게만은 은혜를 베풀 수는 없을까?

문제는 또 있다. 필자는 어떤 경로를 거치든 많은 글을 썼고 또 책도 많이 출판한 경우에 해당된다. 그런데 하루는 모 대학의 종강모임에서 여러 교수들과 대학원생들과 함께 식사를 하고 돌아오는 중에 한 교수로부터 이런 말을 듣게 되었다. "강사가 교수보다 학생들 사이에서 더 유명해지면 강의 얻기가 힘들어지지요." 함께 동석했던 사람들 모두는 농담으로 알고 웃었지만 간과할 수 없는 의미심장한 말이라는 것을 뒤늦게 알게 되었다. 당시에 함께 자리에 있었던 한 학생이 이 일을 회상하면서 과거에 교수님들 앞에서 나를 치켜세워 주었던 일이 있었다고 말하면서 내게 미안하다는 말을 했기 때문이었다. 아마 내 수업을 들었던 대학원생들이 교수님들과의 모임에서 나를 치켜세워주었던 모양이다. 기쁘고 감사한 일이었지만 정말 아찔했던 순간이었다. 강의 평가가 좋게 나오는 다음 학기에는 강의를 얻지 못한다는 강사들의 뒷담화는 제발 사실이 아니길 바란다. 그러나 사실인 경우가 많다고 한다.

시간강사는 연구업적을 쌓아야 교수임용의 가능성을 갖게 되지만, 많은 업적은 오히려 해가 될 수도 있다는 사실을 독자들은 믿을 수 있을지 모르겠다. 그런데 이것이 그냥 흘려들을 수 있는 성질의 것은 아니다. 언젠가 한 신학계 원로이신 교수님의 말씀을 들었기 때문이다. 내가 강의를 얻을 수 있도록 도우시려는 목적으로 이력서를 요구하셔서 이력서를 갖다 드린 적이 있었다. 그분은 목회경력과 강의경력 그리고 연구업적이 포함되어 있는 나의 13쪽이나 되는 이력서를 찬찬히 살펴보시면서 "대학에서 자리 얻기가 쉽지 않겠어. 강의는 제대로 하고 있는지"라고 물어 오셨다. 그 이유를 여쭈었더니 이력서에 기재된 논문의 제목 그리고 그 주제와 양에 있어서 현직 교수들이 시샘을 낼 정도라는 말씀을 하셨다. 정말 그럴까? 당시에는 나를 칭찬해 주시는 말씀으로 들어 감사의 표시와 더불어 지나쳐 들었지만 나중에 여러 사람들에게서 동일한 말을 들었다. 논문은 남겨 놓았다가 교수가 되면 발표하라는 말은 늘 듣는 말이다. 그러나 당시에 필자가 그 말들을 사실로 받아들이지 않는 이유는 내가 교수직에 임명되지 못하는 것은 글 때문이 아니라고 믿었기 때문이다. 혹시 내 글들이 그들의 마음에 들지 않았을 수도 있을 것이다. 그런데 혹시 내 글들을 읽어는 보았을까? 요즘 이런 생각이 가끔 든다.

여하튼 시간강사는 글을 쓰고 발표하는 데에 있어서 여러 가지 제약을 받는 것은 사실이다. 지면이 많이 개방되었으면 좋겠다는 바람이 간절하다. 논문게재와 관련해서 시간강사들을 많이 배려해 주는 대학이 없지는 않다. 모 대학교는 글을 게재할 대상을 꼭 현직 교수에 제한하고 있지 않다. 교수들의 심사에 통과만 되면 신분을 묻지 않고 게재해 준다. 그러나 경쟁은 경쟁이다. 학자들의 연구라면 이 시대의 문제를 훌륭히 진단하고 해결하며, 또한 시대를 이끌어갈 수 있는 안목을 제시해 주는 그런 연구가 되어야 마땅하다.

바라기는 학회 참가비와 관련해서도 시간강사들에게는 면제해 주면 어떨까 생각한다. 그렇게 되면 더 많은 시간강사들이 학회에 참여하게 될 것이다. 사실 전임교수들의 학회활동비는 학교에서 지불된다고 들었다. 영수중만 첨부하면 돌려받는다는 말이다. 모든 대학이 그런지는 모르겠지만.

그런데 시간강사들은 그런 혜택을 전혀 받지 못한다. 빈익빈 부익부의 현실이다. 필자에게도 그런 경우가 있었지만, 전업 시간강사들 가운데는 돈이 없어서 학회참석을 어려워하는 사람들도 꽤 있는 것 같다. 한번 참석하는 데에 10여만 원이 지출되기 때문이다. 차비까지 계산되면 그 이상이다. 게다가 학회지에 논문을 게재하게 되면 15-25만 원의 지출을 생각해야 한다. 필자에게 돈을 빌려서 학회비를 제출하신 분도 있었다. 마침 원고 게재비로 받은 것이 있어서 빌려줄 수 있었는데, 가진 자는 더욱 많이 가지고, 없는 자는 더욱 없게 되는 현실이 학회 참가비와 관련해서도 일어난다. 전임교수들은 학회비를 돌려받지 않아도 충분히 살아갈 수 있다. 그 돈을 전업 시간강사들의 학회 참여를 위한 비용으로 쓰자고 제안한다면 욕심 많은 사람이 될 것인가?

강사님인가, 교수님인가?

한국사회는 오랜 유교적 전통 때문에 명예를 존중히 여기는 사회이다. 그러다 보니 호칭 문제가 관계 유지에 있어서 매우 중요하게 여겨진다. 호칭문제가 제대로 정립되지 않으면 서로가 안면이 있음에도 관계가 제대로 지속되지 않는다. 예컨대 교회에서 한번 서리집사에 임명된 성도가 다음 해에 집사 임용에서 제외되었을 경우에도 여전히 '집사님'으로 불려진다. 담임목사 자신도 그런 우를 종종 범한다. 그래서 한번 집사는 영원한 집사가 된다. 장로를 종신제가 아니라 기간제로 바꾸지 못하는 어려움 가운데 하나가 장로로 재추대되지 못했을 경우에 그들에게 어떤 직분이 주어질 수 있으며 또 어떻게 불러야 할 것인지에 대한 고민이라는 말을 들은 적이 있다. 한국사회가 한 사람을 이해하고 또 관계를 맺는 데에 있어서 직분과 관련해서 이루어지는 것에 익숙해 있기 때문에 생겨난 결과이다.

시간강사들이 겪는 설움이 많이 있겠지만 그 가운데 큰 비중을 차지하는 것으로 호칭문제를 들 수 있다. 시간강사들은 자신을 소개할 때 '보따리 장사'라고 소개한다. 박사라는 호칭이 대부분이지만, 자조적인 어조로 표현하기까지는 사연이 없지 않다. 사실 '시간강사'라는 말에 대한 콤플렉스가 있기 때문이다. 학생들은 대부분 '교수님'으로 부른다. 물론 학기 중에만 해당되는 말이다. 학기가 끝나면 만날 일이 별로 없다. 그래서 별로 큰 문제가 되지 않는다. 그런데 교수들은 시간강사들을 '아무개 박사'로 부른다. 물론 박사라는 호칭은 당연한 것이고 결코 잘못된 것은 아니다. 그러나 어떤 일을 계기로 이런 호칭에 강사와 자신들을 구분 짓는 의식이 잠재되어 있음을 알고 나서부터는 맘이 편치 못할 때가 종종 있다.

한 동료 강사(모 대학교 겸임교수로 있다)로부터 들은 이야기다. 언젠가 모 대학의 교수를 만난 적이 있다고 한다. 그곳에서 다른 분(당시 시간강사)에 대한 이야기를 하는 데 자신의 입에서 '아무개 교수'라고 말했다고 한다. 대학에서 가르치고 있기 때문에 자세한 것을 몰랐던 그로서는 그렇게 말하는 것이 당연했다. 그런데 현직 교수로 있는 그분은 정색을 하면서 '시간강사가 무슨 교수냐'고 말했다고 한다. 물론 그분은 동료 강사가 겸임교수로 있기 때문에 다른 시간강사와는 다르다고 생각했던 것 같다. 그 역시 시간강사의 정체성을 짙게 갖고 있음에도 그분은 그것을 눈치 채지 못했다. 겸임교수는 강사와 가깝지 교수와 가까운 것이 아니라는 것은 내가 직접 경험한 것이기 때문에 잘 안다. 연구실도 없고, 연구비도 없다. 방학 중에 학기 중에 지불된 강사료의 일부가 지불된다는 특혜만이 있을 뿐이다. 매년 계약을 갱신해야만 한다. 1년 동안 보장된 강사라 생각하면 틀림이 없다. 사실 학교 역시

정교수보다는 3명의 겸임교수가 경제적으로 더욱 효율적이기 때문에 기꺼이 겸임교수 제도를 도입한 것이다. 좋은 취지의 제도가 편법적으로 사용되어 결국에는 폐지되었고 지금은 학술연구교수로 이름이 바뀌고 또 기한도 2년에 또 연장할 수 있고, 조건이 맞으면 연장할 수 있어서 형편은 많이 좋아졌다. 여하튼 강사를 교수라 부르는 것이 잘못임을 지적하면서 교수와 시간강사를 구분해서 사용할 것을 요구하였다고 한다. 사실이긴 하지만 씁쓸한 일이다.

이런 이야기를 동료에게서 전해 들으면서 평소에 서로를 구분 짓는 차별 의식이 없었으면 그렇게 반응을 했겠는가 하는 생각이 들기도 하고, 다른 교수들도 마찬가지일까 하는 의구심마저 들기도 했다. 그렇게 말씀하신 고명하신 모 교수께서는 시간강사에 대한 동료의 배려를 그렇게 뭉개버리셨다. 이분의 경우에만 제한되겠다고 생각은 하지만 꼭 그런 것은 아닐 것이라는 생각이 든다. 다같은 박사들이 모인 자리에서 교수들은 교수라고 부르고 시간강사들은 박사라고 구분해서 부르기 때문이다. 같이 연구하는 사람들끼리 꼭 그렇게 구분 지을 필요가 있을까 생각해 보지만 여하튼 교수는 교수이고 시간강사는 박사이다.

교수 자격제도를 시행하고 있는 독일에서는 Herr(Mr.), 혹은 Dokor라는 말로 서로를 부르고 있어서 교수와 강사가 서로를 그렇게 엄격하게 구분하지는 않는다. 물론 소개할 경우나 예우 차원에서는 꼭 Herr Professor를 앞에 첨가하기도 한다. 한국에 귀국했을 때 언젠가 나보다 더 늦게 학위를 취득한 사람이 교수가 되기 전에는 내가 대학에서 가르치고 있으니까 교수님이라고 불렀다. 전화할 때나 만남의 장소에서 그랬다. 그런데 정작 자신이 나보다 먼저 교수가 되었을 때 나에게 박사라 부르며 호칭의 변화를 주는 것을 보고 강사와 교수 사이에 놓여 있는 신분의 차이를 실감한 적도 있기는 하다. 아마도 교수가 되면 그렇게 바뀌는가보다.

학위 과정 중에 있을 때는 모두들 박사를 부러워한다. 그런데 박사가 되고 나면 이제는 교수가 달리 보이게 된다. 워낙 대학에서 강사 박사와 교수 박사가 차이가 있기 때문인 것 같다. 나 개인적으로는 그렇게 큰 차이를 느끼지 못한다. 왜냐하면 강사든 교수든 하나님의 부르심에 따라 각기 처한 위치와 신분에서 일하는 것으로 믿고 있기 때문이다. 중요한 것은 성실한 강의와 연구태도 그리고 연구결과일 것이다.

언젠가 강사와 교수의 차이가 아니라 다른 문제로 어려움을 겪었던 적이 있었다. 매우 난처한 경우라고 생각하는데, 모 대학의 한 학생이 갑자기 나보고 '최 박사님!'이라고 부르는 것이었다. 나에게 직접 배우지는 않았지만 같은 학교의 학생이고 보면 사실 잠재적으로는 나의 과목을 들을 수 있는 학생이었다. 그런데 내게 최 박사님이라고 부른 것이었다. 너무나도 당연하게 여겨져 온 사실이지만, 갑자기 그런 말을 학생으로부터 들었을 때는 어떻게 반응해야 할지 몰라 심히 당황했었다. 독일에서는 당연하게 여겨졌을 일이 갑작스럽게 심장 뛰는 일로 경험된 것은 분명 나 역시 변질되었기 때문일 것이다. 그 말을 듣고 잠시 심장이 뛰었지만, 강사이고 교수는 아직 아니니 당연하다 싶어 그냥 웃으며 넘어갔다. "강사님"이라고 부르는 학생도 있었다. 농담이었는지 진담이었는지 잘 모르겠다. 그것을 구별하는 것이 무슨 의미가 있겠는가! 실제로 교수가 아니고 강사이니 당연한 일이다. 강연에서 강연자를 보고 강사 혹은 박사라고 부르지 교수라고 부르지 않으니 강사님이라는 호칭도 틀린 것은 아니다. 그런데 나에게 배우는 학생마저도 교수가 아닌 강사로 부른다는 것이 사실 맘에 걸리기는 했다. 여하튼 현재 교수가 아닌 것은 분명하니 그들을 탓할 수만은 없는 일이었다.

사실 그때 나는 모 대학교 겸임교수로 있었을 때였다. 호칭문제는 다른 학교에서 일어난 일이지만. 여하튼 겸임교수 역시 교수는 아니고 강사에 불과하다는 결론이다. 사실 강사와 동일한 수준의 월급을 받고 다만 방학에 강사비의 일부가 지불된다는 것만 시간강사와 다르기 때문에 겸임교수 역시 강사임에는 부정할 수 없을 것이다. 겸임교수직이야 원래 충분한 인원의 교수를 채용할 형편이 안 되기 때문에 만든 편법적인 제도로서 학교 사정에 따라 만든 것이지 시간강사들을 배려해서 만든 것은 아니다. 겸임교수든, 시간강사든 교수가 아니면 다 박사로 불리는 것이 그렇게 자존심 상할 일은 아닌 것 같다. 그런 사람들이 없지 않아 안타깝다. 부모님이 지어주신 내 이름 석 자가 자랑스럽고, 또 하나님이 나를 교수나 강사, 혹은 박사가 아니라 하나님의 자녀로 여기시고 내 이름을 불러 주시면 그것으로 좋은 것 아니겠는가! 호칭문제로 긁힌 마음의 상처를 받는 강사들이여, 하나님 안에서 자유하길 바란다.

교회:세상=신학교:일반대학교

스위스 출신의 독일 신학자 칼 바르트는 일반대학교와 신학교의 관계를 세상과 교회의 관계에 빗대어 말한 적이 있다. 교회가 세상에서 빛이 되어야 하듯이, 신학교 역시 대학교 내에서 빛이 되어야 한다는 말이다. 내용에 있어서 그렇다는 것은 아니다. 그럴 수도 없다. 바르트의 의도는 신학교가 처한 상황이 교회가 세상과의 관계에서 처한 상황과 유사하다는 것이다. 필자는 바르트의 이 말을 조금 다르게 적용해 볼 수 있다고 생각한다. 특히 학교 운영에 있어서 신학교는 일반 대학교보다 모범이 되어야 한다. 그런데도 현실적으로는 그렇지 못하다. 굳이 대학교보다 못하다고 말할 수는 없지만, 대학교와 크게 다르지 않다는 말이다. 앞서지는 못하고 오히려 따라가는 추세다. 시간강사와 관련해서 말하는 자리니 이 문제와 관련해서만 말해보자.

시간강사들의 자살 소식과 더불어서 필자가 놀라는 일 가운데 하나는 시간당 강사료가 4-5만 원 한다는 보도였다. 사실 신학교는 현재 2-3만 원 정도이기 때문에 놀라지 않을 수 없었다. 신학교가 다른 대학보다 부유하지 못하니 당연하다고만 생각했다. 그런데 달리 생각해 볼 수 있겠다는 생각을 하게 된다.

신학교와 대학의 관계를 교회와 세상의 관계에 빗대어 생각할 수 있다면, 현재 대학교 내에서 고질적인 문제인 비정규직과 전업 시간강사의 문제에 대한 신학교의 태도는 지극히 소극적이다. 신학대학의 시간강사들은 대체로 담임목사나 부목사들이 많다. 고정 수입이 있기 때문에 일반 대학의 강사들과 비교할 수는 없다. 그러나 신학대학 안에서도 오직 강의에만 의존하며 살아가는 전업강사들이 많이 있다. 강사들 사이에서 자주 오가는 이야기이지만, 부목사 자리를 지원할 경우 부담스럽다는 말을 듣는다고 한다. 필자 역시 자주 들었던 말이다. 그러니 교회에서 자리를 얻지 못한다. 이것을 교회 잘못으로만 돌릴 수는 없다. 그러나 고급인력을 제대로 활용하지 못하고 담임목사의 형편만 생각하는 교회의 태도가 아쉽고, 또한 문제는 강의에만 의존할 수밖에 없는 시간강사들에 대한 생각에 있어서 신학교는 왜 선도적이지 못하는가 하는 의문이 든다. 신학교에서 먼저 시간강사들의 문제를 해결할 수 있는 방안을 마련하는 가운데 다른 대학들에게 자극을 줄 수는 없는 일인가? 교회는 언제까지 세상의 흐름에 대해서 항상 뒷북을 치고 있을 것인가? 전업강사를 위한 제도에 있어서 성공회대학교가 선도적인 계획을 실천했지만, 재정적인 문제로 중단해야만 했다는 말을 들었다. 아쉽다.

신학교 내의 시간강사들 역시 소명에 따라 연구하는 사람들이다. 그들의 연구는 교회와 신학에 적지 않은 기여를 할 수 있다. 단순히 먹고 사는 문제가 아니라, 신학연구를 통해서 교회에 더욱 큰 도움이 될 수 있기 위해서 그들을 재정적으로 지원할 이유는 충분하다. 선교에 기울이는 정성과 마인드로 신학연구를 위해 시간강사에게 지원하는 것은 결코 그릇된 일이 아니다. 사실 대학교수들이 연구비를 부탁하면 들어주는 교회가 많다. 그런데 시간강사로서 연구비를 지원해서 받았다는 사례를 듣는 것은 쉬운 일이 아니다. 있었다면 교회와 특별한 관계에 있었을 경우다. 그렇지 않은 한 시간강사들의 요청에 교회는 귀 기울여주지 않는다. 필자 역시 많은 대형교회에 편지를 보내며 연구를 지원해달라고 요청했지만 회신조차 받지 못했다.

한편, 어차피 대학에서 필요해서 강사들을 고용했다면 그들의 처우개선을 위해 기울이는 노력이 일반대학교보다도 더욱 선구적이었으면 좋겠다는 생각을 한다. 현재 강의 준비가 이뤄지는 방학기간은 강의시간에 포함시키지 않고 있는 현실은 지양되어야 한다. 많은 대학에서 시행되고 있는 강사들에게 학기 초나 학기 말에 식사를 대접하는 일은 매우 바람직한 일이지만, 실질적으로 큰 도움은 되지 못하고 있다. 실질적인 도움이 되기 위해서는 1년 단위로 계약하는 것이 필요하다(현재 강사법이 개정되어 그렇게 하도록 되어 있지만 오히려 강사의 신분을 더욱 위태롭게 만든다는 지적이 있어 시행을 보류했다는 말을 들었다). 신분이 보장됨으로 강의의 수준을 더욱 높일 수 있다. 또한 강의에만 의존하고 있는 강사들에게는 방학 중에라도 연구비 형태로 직전 학기 강사비 중 일정 부분의 금액이 지급이 된다면 아마도 천군만마를 얻는 기분이 될 것이다. 좋은 강의를 원하는 것은 대학을 책임지고 있는 모든 분들이 바라는 일일 것이다.

한편, 언젠가 광주에서 자살한 시간강사는 논문과 관련된 부조리를 지적했다. 시간강사와 교수의 관계에서 구조적인 문제가 드러난 것이었는데, 조사 중에 있지만 만일 논문대필을 강요했다는 것이 사실이라면 대학이 학문의 전당으로서 의미는 이미 사라진 것이다. 신학교에서는 아직 그런 일이 보고되지는 않고 있어 다행스런 일이다. 그러나 표절이나 논문 대필이 신학교에서도 자유롭지 못하다. 사실 시간강사들은 부당한 대우를 받으면서도 전혀 대응을 할 수가 없는 실정이다. 왜 그런지는 삼척동자도 알 것이다. 비록 논문 대필까지는 아니라 하더라도 시간강사가 겪는 부당한 일은 신학교에서도 종종 일어난다. 필자에게 충격적인 일이 있었다.

김대중 대통령은 마지막 재임기간에 박사급 실업자들을 위해 큰 선심을 쓰셨다. 당시 한국학술진흥재단(한국연구재단의 전신)에 인문학자를 지원하는 프로젝트를 많이 신설한 것이다. 박사급 실업자들의 생계와 연구를 돕기 위한 것이었다. 이 프로젝트에 참가하는 전임교수는 인건비로 1달에 30여만 원인데 비해 박사급 연구원은 200만 원을 받는다. 정확하게 기억하지는 못하지만, 세금과 기타비를 빼면 실수령액이 170여만 원 정도였던 것 같다. 인건비 외에도 도서구입비, 여행경비, 회의비, 등등의 지출항목에 따라 예산이 책정된다. 인건비에서 차이가 나니 나머지 금액은 모두가 전임교수 차지가 된다. 다른 대학에서는 이런 일이 관행적으로 이뤄진다는 말을 들은 적이 있고 또 필자의 경험에 비춰볼 때 실제로 일어난다. 그래서 필자는 이 일을 별로 문제 삼지 않았다. 비록 부당한 일이지만 관행이라는 사실은 어느 위치에 있느냐에 따라 하나의 규범이 될 수도 있다.

　한편, 동료 강사로 프로젝트에 함께 참여했던 분은 평신도로서 신학교에서 불법이 행해진다면서 만날 때마다 내게 불평을 토로하며 신학교와 기독교를 비판했다. 듣기에 하도 거북해서 필자는 이 말을 연구책임자인 전임교수들께 조심스럽게 전했다. 문제는 해결되었고, 경비는 적절하게 배분되어 실행되었다. 그런데 문제는 다른 곳에서 터졌다. 문제를 제기하며 비판했던 당사자가 자신에게 할당된 금액을 슬그머니 반납하였던 것이다. 결국 필자가 모든 비난을 뒤집어쓰게 되었고, 내가 매우 탐욕스런 사람이라는 소문이 교수들 사이에서 퍼지게 되었다. 다른 사람에게서 간접적으로 듣고는 하도 억울하기도 해서 그 경위를 물어보았다. 결국 프로젝트로 인한 것이었다.

일 년간의 프로젝트가 마친 후에 다음해 프로젝트를 위한 기회를
할 때, 이상한 소문을 퍼뜨린 교수는 내게 직접 전화를 했다. 자신의
모든 결정에 따르는 조건으로 참여를 시켜주겠다고. 정말 어이없는
일이라 그만 두겠다고 했고, 그런 식의 삶을 살지 말라고 경고하며 전
화를 끊었다. 그러나 연구 계획에서 이전에 했던 것과 연장선상에 있
는 것이라 나를 뺄 수는 없었는가보다. 명단을 올려주었는데, 채택이
되지 않았다. 정말 다행이라 생각했다. 더 이상 그 교수와 엮이기 싫
었기 때문이다. 그와는 지금까지도 소원한 관계인데, 신학교 교수라
고하기에 정말 불량한 사람이다.

뿐만 아니라 터무니없이 내 맘을 아프게 했고 여러 교수들 때문에
그 대학에 대해 가졌던 좋은 이미지를 송두리째 내던져야 했던 계기
를 만든 또 다른 교수가 있다. 어느 날 모 교수는 학교행정 관계자에
게 이런 말을 했다고 한다. 학술진흥재단에서 주는 연구기금이라도
학교를 통해서 지불되는 돈이니 학교에서 지불하는 강사료가 지급되
지 않아도 되는지 알아보라는 것이다. 결국 그런 사례가 없음을 보고
하자 포기했다고 하는데, 필자는 이 말을 관계자 본인에게 직접 들으
면서 그 교수는 도대체 어떤 의도에서 그런 지시를 했는지 소름이 돋
을 정도였다. 문제는 이런 일들을 들어 알고 있었던 다른 몇 명의 교
수들조차도 아무런 반응을 보이지 않았다는 것이다. 왜 내게만 이런
일이 일어나는 것일까? 오랜 고민과 고민 그리고 자괴감과 절망의 순
간들을 거친 후에 비로소 회복될 수 있었는데, 결국 이런 일들이 여러
가지로 부족한 필자에게만 일어났었기를 바라는 마음으로 정리할 수
있었다. 사실 다른 신학교에서 이런 일이 있었다는 보고는 나오고 있

지 않다. 관행으로 여겨지는 일들이 신학교에서는 제발 재현되지 않기를 바란다.

　거듭 반복되는 말이지만, 신학교는 운영에 있어서 다른 대학에 모범이 되어야 한다는 사실을 잊지 말았으면 좋겠다. 하기야 교회가 세상에 빛이 되지 못하는 상황이니 신학교로부터 크게 기대할 것은 못 된다. 그럼에도 포기하지 않는다. 누구든 총회에서 교육에 관계하는 위치에 있게 된다면 시간강사 문제에 있어서 여타의 일반대학교보다 더욱 모범적으로 문제를 해결할 것을 기대한다.